Almut Otto

FRED & OTTO unterwegs rund um München

Wanderführer für Hunde

Inhalt

Vorwort

Ob Nymphenburger Schlosspark, Englischer Garten oder Ostpark – München gehört zu den grünsten Städten in Deutschland. Fast jeder kann von seiner Haustür aus zu Fuß einen Park, einen Wald oder eine andere begrünte Freizeitanlage erreichen. Doch meist reicht deren Größe gerade mal für einen etwas längeren Spaziergang.

Und so wird auch der schönste Stadtpark beim täglichen Gassi-Gehen irgendwann einmal eintönig. Grund genug also, die Gegend rund um München zu erkunden und dabei Touren zu erforschen, die für den Vierbeiner genauso spannend sind, wie für den Besitzer. Dass hier Bedarf ist, stellte ich bei den unzähligen Wanderungen, die ich für die Recherchen dieses Buches machte, ziemlich bald fest. Immer wieder traf ich auf Gleichgesinnte, die von der Idee, einen speziellen Hunde-Wanderführer für das Münchener Umland herauszubringen, begeistert waren.

Denn Hundebesitzer haben ihre ganz eigenen Ansprüche an eine perfekte Tour: So sollten möglichst wenig Radfahrer oder Inlineskater unterwegs sein, so dass der Hund ungestört frei laufen kann. Schattige und wasserreiche Routen sind genauso wichtig wie wenig Autoverkehr oder gar Fluglärm. Außerdem sind hundefreundliche Restaurants, Übernachtungsmöglichkeiten mit dem Vierbeiner sowie zur Not auch ein Tierarzt in der Nähe ein wichtiges Kriterium.

Im Norden, Süden, Osten oder Westen von München gibt es zahlreiche Wanderwege. Aber nicht jeder ist auch für einen Ausflug mit Vierbeiner geeignet. So musste ich immer mal wieder eine anfangs vielversprechende Tour streichen, da sie für eine Hundewanderung ungeeignet schien. Nichtsdestotrotz finden mit Sicherheit nicht alle möglichen Wanderungen rund um München in diesem Buch Platz. Doch ich hoffe, mit der Auswahl an 30 meiner schönsten Routen den Hundebesitzern aus der Isarmetropole einige Anregungen geben zu können, neue Wege zu begehen.

Übrigens ist der Wanderführer natürlich auch für Nichthundebesitzer interessant: Denn neben der Hundetauglichkeit finden sich nach jeder Tourenbeschreibung auch Hintergrundinformationen zu Sehenswürdigkeiten, dem Gebiet oder zu weiteren Wandermöglichkeiten.

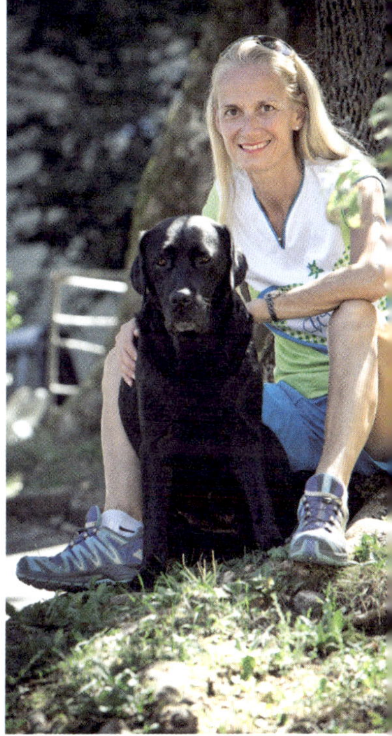
Almut Otto und Salome

Am schönsten ist es, draußen mit guten Freunden unterwegs zu sein. In diesem Sinne gilt mein Dank all denen, die mich auf den vielen Touren ins Münchener Umland begleitet haben. Dazu gehören Petra Albrecht, Doris Bimmer, Elisabeth Kövari und Stefanie Wagner-Fuhs mit Amy. Nicht zu vergessen sind auch die vielen Menschen, die ich unterwegs traf und die mir zahlreiche wertvolle Tipps zur jeweiligen Wanderung gaben.

Ich hoffe, möglichst viele Hundebesitzer mit meiner Wanderlust anzustecken und wünsche vor allem unvergesslich schöne Tage unterwegs in der Natur.

Almut Otto mit Salome

A. Otto

Wandern mit Hund

Allgemeines

Wandern mit Hund ist anders, als die tägliche Gassi-Routine. Die Touren sind länger, man ist in unbekanntem Terrain unterwegs und begegnet neuen Herausforderungen – z. B. dem Wild: Rund um München ist es viel zutraulicher und näher am Menschen, als im weniger urbanen Raum. Eine fast unwiderstehliche Herausforderung für Hunde, die ziemlich bitter enden kann. Andere Outdoorfreunde mit Rad oder Kind, die Kondition von Mensch und Hund, Wetterlage und Ausrüstung sind weitere Faktoren, die es zu berücksichtigen gilt. Umso mehr macht es Sinn, sich auf die jeweilige Wanderung entsprechend vorzubereiten. Nachfolgende Tipps und Infos dienen als Unterstützung dafür, dass die Wanderung zu einem möglichst unbeschwerten Erlebnis wird.

Der Wanderführer in Daten und Fakten

In diesem Wanderführer sind 30 der hundetauglichsten Routen rund um München beschrieben. Besondere Kriterien für die Auswahl waren möglichst wenig Autoverkehr, Radler oder Skater. Außerdem sollte zumindest bei einem Teil der Strecke der Hund frei laufen können. Gerade im Jahrhundertsommer von 2015, als der Wanderführer entstand, waren auch schattige und wasserreiche Wege ein wichtiges Thema. Nichtsdestotrotz sind die meisten Wanderungen sogar ganzjährig machbar.

Meist geht es über breite Forst- und Feldwege, asphaltierte Nebenstraßen und nur gelegentlich mal über schmale Pfade. Doch keine der Touren führt durch wirklich schwieriges Gelände oder über gefährliche Passagen. Aber: Die Touren haben unterschiedliche Längen und sind nicht immer ausreichend markiert beziehungsweise führen sogar über kaum sichtbare Wanderwege. Entsprechend werden die Wanderungen in dem Buch nach leichten und mittelschweren Touren unterteilt. Leichte Touren sind meist kürzere Strecken und/oder sind ohne großartige Orientierungsschwierigkeiten zu wandern. Mittelschwere Touren sind entweder länger und erfordern etwas Kondition oder eben Pfadfindergeschick, weil es durch wegloses Gelände geht. Alle Wanderungen sind nach bestem Wissen recherchiert, doch war es bei den Routen rund um München zu beobachten, dass manche, früher mal breite Wege, heute bewusst nicht mehr gepflegt werden und zuwachsen, andere, neue Wege aber entstanden sind. Auch tun das Indische Springkraut und weitere wuchernde Pflanzen ihr Übriges, um vor allem kleine Pfade nicht mehr erkennen zu lassen.

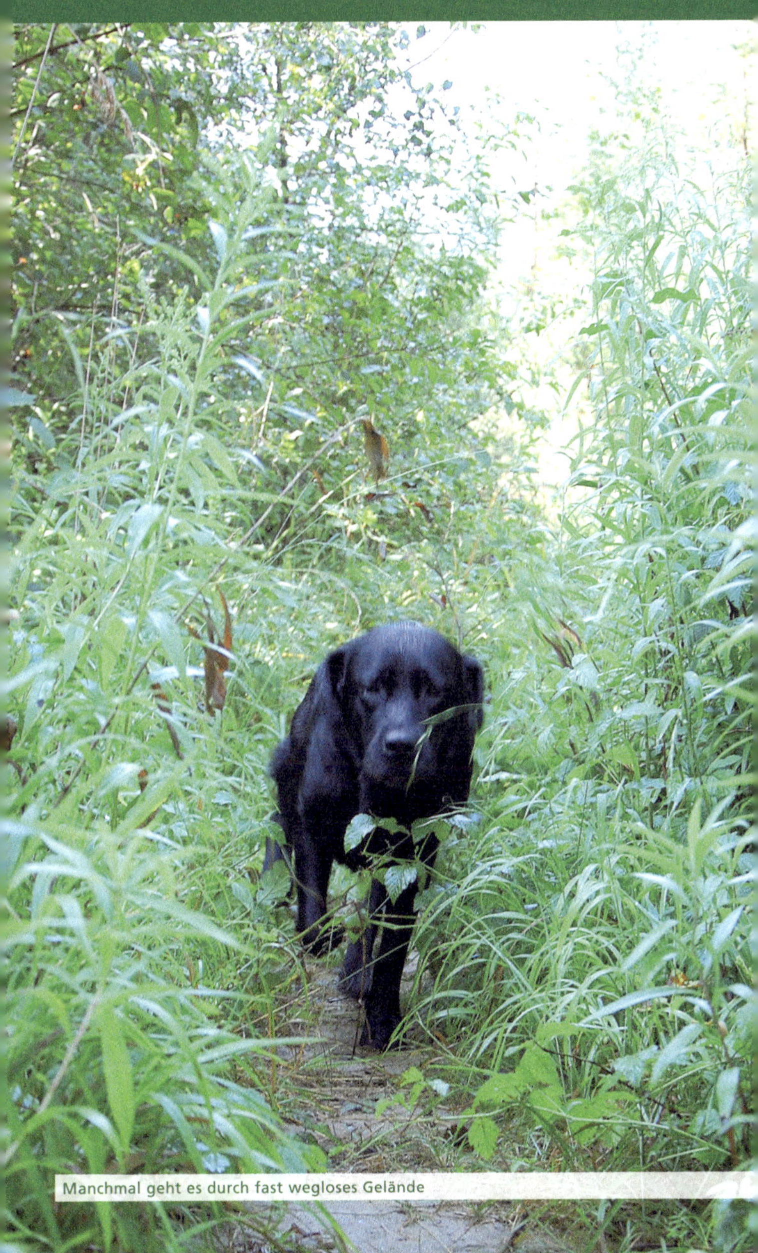

Manchmal geht es durch fast wegloses Gelände

Die Touren in dem Wanderführer sind – entsprechend des Kartenwerkes aus dem Kompass-Verlag – zunächst einmal in die Bereiche „Rund um München West (Karte 1)“ und „Rund um München Ost (Karte 2)“ eingeteilt. Danach sind sie sukzessive von West nach Ost geordnet und entsprechend nummeriert. Eine Übersicht über die Touren sind in den Klappkarten am Anfang und Ende des Buches eingezeichnet. Die Angabe der Gehzeiten bezieht sich auf die allgemein gültige Formel von ca. vier Kilometern beziehungsweise 300 Höhenmetern pro Stunde. Je nach Kondition, Wetter und eigener Lust und Laune können diese also etwas abweichen. Sämtliche Adressen, Preisangaben für Hotelübernachtungen sowie Öffnungszeiten von Gaststätten wurden im Sommer 2015 recherchiert, können sich aber natürlich im Laufe der Zeit ändern.

Alle Routen sind mit einem GPS-Gerät aufgezeichnet und in der App „Komoot“ hinterlegt. Im Buch ist ein Gutscheincode enthalten, der die Touren rund um München freischaltet. So können technikaffine Wanderer neben dem Kartenwerk für ihre Ausflüge auch ein Smartphone nutzen. Was durchaus zu empfehlen ist: Denn im Gegensatz zu Wanderrouten in den Bergen, sind viele Touren rund um München nicht einheitlich ausgeschildert. Ich hoffe zwar, dass meine Wegbeschreibungen klar und eindeutig sind, aber es ist nicht ausgeschlossen, dass sich Wanderer – vielleicht sogar aufgrund der vermeintlich sicheren Nähe zur Zivilisation – durchaus mal verlaufen können. Sollte das passieren, auf jeden Fall zur letzten bekannten Wegmarkierung zurückkehren oder breite Forstwege nutzen.

Das Schöne an Wanderungen rund um München ist, dass viele der Ziele umweltfreundlich per S-Bahn oder Bahn zu erreichen sind. Das zieht natürlich auch alle anderen Erholungsuchenden ins Grüne. Je nach Jahres- und Tageszeit sind manchmal dann auch Massen unterwegs. Entsprechend legen die Landkreise rund um München darauf Wert, dass die Natur vor einer Invasion der Großstädter geschützt wird. Es gibt also mehr Ge- und Verbote, als diese vielleicht in ländlicheren Gebieten zu finden sind. Und: Für Hundewanderer ist es unbedingt zu empfehlen, die Touren vor dem Massenansturm zu wandern. Also entweder unter der Woche oder früh morgens, bevor sich die meisten Menschen auf die Socken machen. Übrigens fährt je ein Hund pro Besitzer kostenlos im Münchner Verkehrs- und Tarifverbund (MVV) in und um München, vorausgesetzt natürlich, der Besitzer selbst hat einen gültigen Fahrschein. Für weitere Hunde wird eine Kinderfahrkarte benötigt. Falls der Hund sehr klein ist, sollte er in eine Hundetragetasche reinschlüpfen. An den S- und U-Bahnstationen muss das Tier angeleint sein. Falls es andere Fahrgäste gefährden könnte, ist ein Maulkorb Pflicht. Kampfhunde dürfen nicht innerhalb des MVV-Bereichs fahren.

Fast alle Routen in dem Buch sind Rundwanderungen. Oft ist entweder unterwegs bzw. zu Beginn oder am Ende der Tour eine hundefreundliche Gaststätte vorhanden. Doch ist natürlich klar, dass dort, wo Wirtshäuser mit dem Auto erreichbar sind, weniger Natur zu finden ist. Deshalb gibt es in diesem Führer einige Wanderungen, deren Fokus auf dem Outdoorerlebnis liegt und weniger auf der Möglichkeit eines Einkehrschwungs. Manchmal heißt es also: Picknick einpacken! Denn auf dem Heimweg in die Stadt per Auto oder Bahn ist bestimmt irgendwo noch ein toller Biergarten zu finden.

Planung einer Wanderung

Auch wenn die Stadt nicht weit scheint, sollte das Mensch-Hund Gespann beim Ausflug in die Natur nicht zu leichtsinnig werden. Es ist also sinnvoll, die Tour entsprechend vorzubereiten und einige Sicherheitsaspekte, die für alle Wanderungen gelten, zu berücksichtigen. Denn schließlich trägt der Hundebesitzer nicht nur die Verantwortung für sich selbst, sondern auch für seinen besten Freund, den Vierbeiner.

Wichtig ist dabei nicht nur die eigene Kondition, sondern auch die des Hundes richtig einzuschätzen. Entsprechend sollten dann Tourenlänge, Schwierigkeitsgrad und Pausen darauf abgestimmt werden. Lange Wanderungen sind für Hundewelpen und Junghunde – je nach Rasse von 12 Monaten bis zu 2 Jahren –, kranke sowie auch ältere Hunde nichts! Gleiches gilt für schwere und kurzbeinige Rassen oder untrainierte Hunde. Dementsprechend Tourenlänge und Schwierigkeitsgrad lieber zu langsam als zu schnell steigern. Nur der Vollständigkeit halber sei an dieser Stelle erwähnt, dass im Sommer mit Hund nicht während der Mittagshitze gewandert werden sollte. Hier dann lieber die Tour auf die ganz frühen Morgenstunden verlegen.

In diesem Buch sind alle wichtigen Infos von der Anfahrt über die genaue Route inklusive GPS-Daten bis hin zu Verpflegungs- und Übernachtungsmöglichkeiten enthalten. Nichtsdestotrotz macht es Sinn, sich bei der jeweiligen Touristeninformation bzw. online über eventuelle Änderungen und die Zugänglichkeit von Wegen zu erkundigen. Hier gibt es auch aktuelle Informationen über die Wetterprognosen und Schneeverhältnisse im Winter. Und: Gerade bei den Übernachtungsmöglichkeiten mit Hund ist es ein Zeichen von Respekt dem Hotelier und den Gästen gegenüber, wenn man sich mit dem Vierbeiner vorab ankündigt.

Wetter und Gewitter

Es schadet nichts, sich selbst ein wenig in das Thema Wetterkunde einzuarbeiten. Nicht nur wenn die Wanderung in ein Gebirge führt, hilft es, schnelle Wetteränderungen zu erkennen und

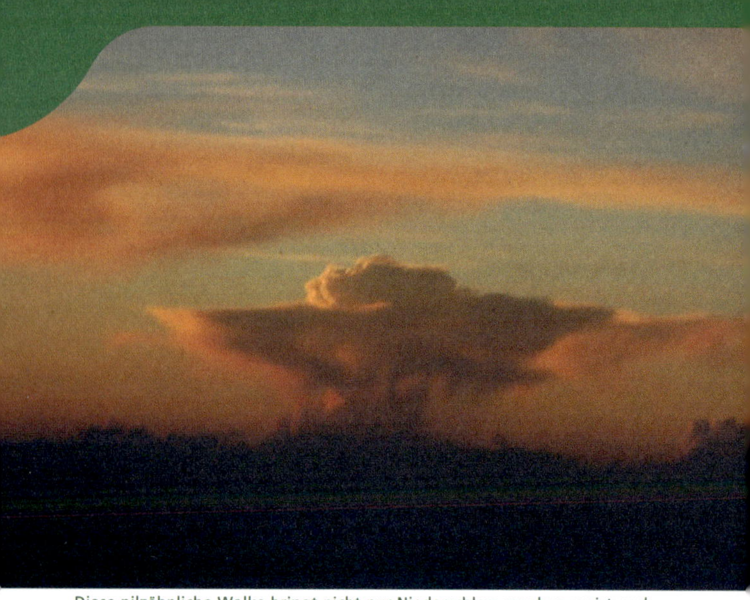

Diese pilzähnliche Wolke bringt nicht nur Niederschlag, sondern meist auch Gewitter

entsprechend agieren zu können. Erster Anhaltspunkt ist die Himmelsfarbe. Hier gibt es zwei ganz einfache Sprüche, die sich jeder schnell merken kann: Romantisches Abendrot – Schönwetterbot. Morgenrot – Schlechtwetter droht.

Ein weiteres aufschlussreiches Bild über die Wetterentwicklung gibt die Wolkenformation. Einzelne, weit auseinandergezogene Zirrus- oder Federwolken weisen auf schönes Wetter hin. Falls sich diese jedoch verdichten und der Luftdruck fällt, ist mit Niederschlag zu rechnen. Achtung bei den sogenannten Ambosswolken (Cumulonimbuswolken): Hier ist mit einem schweren Unwetter zu rechnen. Luftdruck, Tierwelt und sogar Pflanzen wie die Königskerze sind weitere Indizien für eine Wetterprognose. Doch eine genauere Ausführung führt an dieser Stelle zu weit.

Trotz aller Vorsicht ist keiner davor gefeit, vom Gewitter überrascht zu werden. Wer zwischen Blitz und Donner nicht mehr langsam bis drei zählen kann, sollte sich schleunigst in Sicherheit bringen. Ein Blitz schlägt meist in die höchste Erhebung, z. B. einen Baum, ein. Hier kann die Spannung auf den Menschen überspringen. Zudem birgen herabfallende Äste ein großes Verletzungsrisiko. Dementsprechend gilt bei Gewitter der Spruch: „Nicht nur vor Eichen sollst du weichen."

Als Wanderer sollte man auf jeden Fall das freie Feld verlassen, um nicht selbst die höchste Erhebung zu sein. Wer keine Chance mehr hat, Schutz zu suchen, hockt sich mit nah zueinanderstehenden Füßen – wobei jeder einzelne Wanderer gebührend Abstand zum Nächsten halten muss – auf den Boden. So gibt man eine möglichst kleine Angriffsfläche ab. Alle leitenden Gegenstände, wie z. B. Wanderstöcke, werden dabei möglichst weit weg von Mensch und Tier platziert. Sollte man in große Gefahr geraten: Beim alpinen Notsignal wird sechsmal innerhalb einer Minute in regelmäßigen Abständen ein sicht- oder hörbares Zeichen abgegeben. Nach einer Minute wird dies wiederholt.

Die richtige Ausrüstung für den Menschen

Das Allerwichtigste beim Wandern sind die Schuhe. Diese sollten etwas größer als der Fuß gewählt werden und vor einer Wanderung bei kurzen Spaziergängen gut eingelaufen werden. Wichtig ist zudem eine griffige, gut profilierte, rutschfeste Sohle. Ob man nun feste Bergstiefel oder leichte Trekkingschuhe bevorzugt, ist eher Geschmackssache. Um Blasen vorzubeugen, empfiehlt es sich zudem, funktionelle Wandersocken zu tragen. Für die Bekleidung gilt: Am besten ist es, sich im sogenannten Zwiebelschalensystem anzuziehen. Das heißt, mehrere aufeinander abgestimmte Bekleidungsschichten wie Funktionswäsche, Wanderbekleidung, Wärmeschutz und Regenschutz zu nutzen. So wird es einem nie zu heiß oder zu kalt.

Für Tageswanderungen reicht ein guter Rucksack von 20 bis 35 l Volumen vollkommen aus. Richtig gepackt, ist er beim Tragen kaum zu spüren und schont zudem den Rücken. Dafür sollte der Schwerpunkt relativ hoch, dicht am Körper und möglichst in Schulterhöhe liegen – so zieht der Rucksack beim Tragen nicht nach hinten. Während kleine Utensilien in das Deckenfach kommen, ist das Hauptfach für Bekleidung und Proviant vorgesehen. Die Last wird vom Hüftgurt und nicht von den Schultergurten getragen. Letztere also nicht zu stramm ziehen. In den Rucksack gehören auf jeden Fall 1 bis 2 l Wasser, Proviant wie Müsliriegel, Traubenzucker und (Trocken-)Obst sowie eine Wanderkarte. Standard sollten zudem ein Erste-Hilfe-Set mit Rettungsdecke, Taschentücher und Sonnenschutz sein. Außerdem empfiehlt es sich auch im Sommer, eine leichte Mütze und Handschuhe mitzunehmen. Bewährt haben sich als Zusatzgepäck zudem ein paar Ersatzsocken, Ersatzschnürsenkel, ein Multifunktionsmesser sowie eine Stirnlampe und Mückenspray. Mittlerweile geht kaum jemand mehr ohne Mobiltelefon aus dem Haus. Damit es auch unterwegs zuverlässig funktioniert, gibt es kleine, leichte Zusatzakkus, die den Handybetrieb nochmals um einiges verlängern. Fotofreunde packen zudem ihre Kamera ein. Pilz-, Kräuter- und Beerensammler haben eine Extra-Tasche für ihre Fundstücke im

Gepäck. Wer Knieprobleme hat, sollte sich gut verstaubare Teleskopwanderstöcke zulegen.

Das braucht der Hund unterwegs

Für die Wanderungen im Münchener Umland reicht die klassische Leine mit Halsband durchaus aus. Wer möchte, kann sich natürlich auch einen hochwertigen Fünf-Punkte-Gurt zulegen, so ist der Vierbeiner auch für eventuelle spätere Bergtouren gewappnet. Wer mit Wanderstöcken läuft, bindet sich zudem einen Hüftgurt für die Leine um oder befestigt diese per Karabinerhaken – mit entsprechender Notauslösung – am Gürtel. Ins Hundegepäck gehören ein faltbarer Napf sowie eine kleine Notfallapotheke, die neben den Standards für den Menschen zudem Watte, eine Zeckenzange sowie eine Maulschlinge enthält. Auch wenn man sich in der Natur befindet, sollte der Hundekot eingesammelt werden. Man mache sich dabei bewusst, dass, sofern der Kot auf den Wiesen liegen bleibt und von Kühen versehentlich verspeist wird, indirekt wieder in unserer Nahrungskette auf dem Tisch landet. Abgesehen davon wird vermutet, dass Hundekot im Viehfutter (Gras/Heu) für Kälbersterben verantwortlich ist. Eine gut verschlossene Plastikbox bringt die befüllte Hundetüte geruchssicher bis zum nächsten Mülleimer.
Im Gegensatz zum Menschen braucht der Vierbeiner unterwegs keine große Mahlzeit. Etwas Obst, Leckerlis o. Ä. tun es auch. Gefressen wird entweder rechtzeitig – also mindestens 1,5 Std. – vor der Wanderung sowie danach. Aufgrund des erhöhten Energiebedarfs auch gerne etwas mehr. Wer zwei leichte Mikrofaserhandtücher im Gepäck hat, kann einen nassen Hund vor dem Betreten des Gasthauses abtrocknen. Das zweite Tuch dient als Liegefläche für kalte Böden.
Zu guter Letzt sollte der Hund auch eine zuverlässige Grunderziehung mitbringen. Befehle wie „Sitz", „Platz", „Stopp" und „Bleib" sind Voraussetzung für ein entspanntes Wandern. Auch wenn man sich allein in der Natur befindet – spätestens im Gasthaus trifft man auf Menschen und eventuell andere Vierbeiner: Dementsprechend ist die Sozialverträglichkeit des Vierbeiners äußerst hilfreich für Wanderungen.

Verantwortung für den Hund, die Natur und Mitmenschen

Als Mensch und Wanderer müssen wir für unseren vierbeinigen Begleiter mitdenken, denn er macht in der Regel alles mit, was der Besitzer ihm vorgibt. Doch sollte er nicht überfordert werden. Ein paar wenige der in diesem Buch beschriebenen Wandertouren führen z. B. über Gitterroste oder an Bahngleisen entlang. Gerade ängstliche Tiere sollten auf solche Begebenheiten langsam vorbereitet werden. Das Gehen über Gitterroste

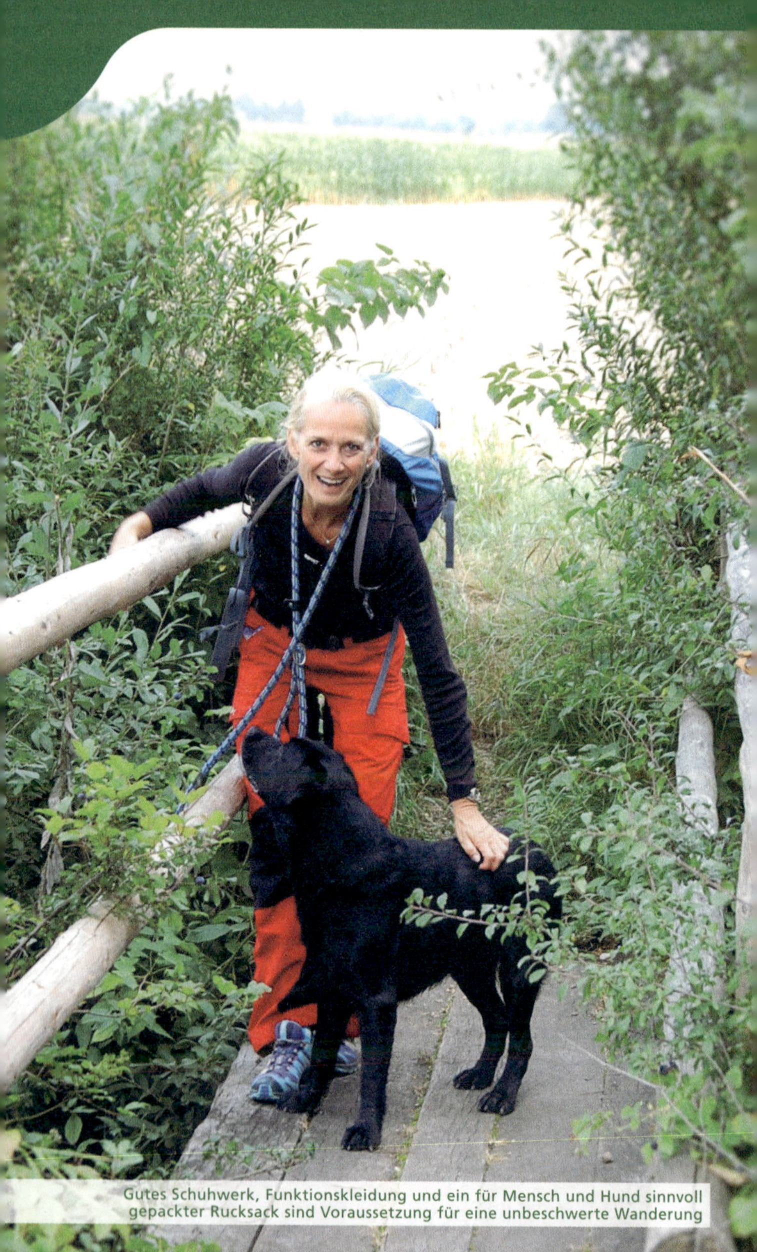

Gutes Schuhwerk, Funktionskleidung und ein für Mensch und Hund sinnvoll gepackter Rucksack sind Voraussetzung für eine unbeschwerte Wanderung

kann man gut in der Stadt lernen. Ebenso sollte er hier auch an die Geräuschkulisse einer sich nähernden Bahn gewöhnt werden. Was der Mensch aufgrund der Wanderschuhe kaum merkt, ist für den Hund eine Tortur: scharfe, spitzkantige Steine, gefrorenes Eis zwischen den Krallen oder im weglosen Gelände gar bodenwuchernde Dornenpflanzen. Im Zweifelsfalle Pfotenschuhe anziehen oder den Hund tragen. Am Ende der Tour sollten die Ballen geprüft und bei Bedarf mit Melkfett o. Ä. eingerieben werden.

Ein besonders heikles Thema ist die Kombination Hund und Kuh. Gerade im Frühjahr reagieren Mutterkühe empfindlich auf unsere Vierbeiner. Ganz besonders schlimm ist es, wenn Hunde auch noch bellen oder wild herumlaufen. Deshalb gilt in der Regel auf Weideland das Anleingebot. Doch erfahrene Landwirte geben mittlerweile eine andere Empfehlung. So schlägt Manfred Vitzthum vom Heutaler Hof in Unken folgende Alternative vor: „Der Hund sollte eigentlich bei Fuß gehen und nicht an der Leine. Wenn die Kühe auf den Menschen zulaufen, kann der Hund vom Herrchen weglaufen. Der Hund ist schneller als die Kuh, das Herrchen nicht. Und die Kuh hat auch nichts gegen Wanderer, sondern nur gegen Hunde. Auch sollte man auf den Weiden immer einen gescheiten Stock dabei haben. Und ich meine einen gescheiten! Einen, der groß genug ist, um der Kuh Respekt einzuflößen. Beim Angriff darf man auch nicht zögern, den Stock zu benutzen." Klingt logisch! Eine angriffslustige Kuh erkennt man übrigens am Schnauben, dann senkt sie den Kopf und prescht los. Wer von den tonnenschweren Tieren überrannt wird, hat kaum eine Chance, ungeschoren wegzukommen. Viele Angriffe dieser Art enden tödlich. Im Zweifelsfalle kann man natürlich die Wanderungen abseits von Kuhweiden unternehmen. Doch dann verpasst man viele schöne Erlebnisse wie blühende Wiesen oder einsame Pfade. Generell gilt: Wer Vorsicht walten lässt, wird kaum in brenzlige Situationen kommen.

Weitere Regeln für Weideflächen sind: Das Gatter immer schließen und Hunde nicht in den Viehtränken baden lassen!

Neben Kühen gilt es, unterwegs auf Wild zu achten. Denn auch der bravste Hund findet ein davonlaufendes Reh interessant. Man bedenke dabei: Ein wildernder Hund darf von Jägern erschossen werden!

Wer sich gerne in der Natur bewegt, dem liegt das Thema Naturschutz sicher auch am Herzen. Dementsprechend wandert der rücksichtsvolle Mensch in Naturschutzgebieten auf den markierten Wegen. So werden keine Anpflanzungen zerstört oder Bodenbrüter aufgeschreckt. Seltene Pflanzen dürfen zwar bestaunt, aber nicht abgepflückt werden. Und natürlich wird der eigene Müll mitgenommen und in der Zivilisation entsorgt.

An Bauernhöfen, in Naturschutzgebieten und im Biergarten/in Gaststätten muss der Hund angeleint sein. Alles andere ist purer Egoismus und wirkt dem wohlwollenden Miteinander von Hundefreunden und Nichthundebesitzern entgegen.

Zu guter Letzt sei noch daran erinnert, die ausgewiesenen Parkplätze zu benutzen. Wer an Wiesen oder Waldrändern parkt, sollte sich im Klaren sein, dass er auf fremden Eigentum steht. Man stelle sich einmal vor, wie es ist, wenn fremde Autos im eigenen Vorgarten parken und hier den Boden zerstören! Gleiches gilt für das Wandern durch hohe Wiesen: Niemand möchte, dass die eigenen Anpflanzungen zerstört werden. Wiesen dienen der Futtergewinnung und abgeknickte Halme erschweren das Mähen.

Das Münchener Umland

Von ländlicher Idylle im Nordosten bis zu bekannten Ausflugszielen im Südwesten sind rund um München zahlreiche unterschiedliche Wanderungen zu finden. Jede einzelne hat ihren eigenen Reiz und bietet die unwiderstehliche Möglichkeit, innerhalb kürzester Zeit dem hektischen Alltag der Großstadt zu entfliehen und in der Natur neue Energie zu tanken. Besonders schön: Bei klarer Wetterlage zeigt sich auf den meisten Touren immer mal wieder die imposante Alpenkulisse.

Geologisch wurde das Münchener Umland durch die letzten Eiszeiten geprägt. Viele der Touren führen über Moränenhügel und durch die Münchener Schotterebene, die wie ein Dreieck die Orte Weyarn im Südosten, Maisach im Westen und Moosburg im Nordosten umfassen. Mit einem Gefälle von insgesamt 300 m weist das Gebiet im Süden – aufgrund des tieferen Grundwassers – mehr Waldflächen auf, als der nördlichere Teil, in dem sich entsprechend viele Moore befinden. Darunter die Aubinger Lohe, das Dachauer oder auch das Erdinger Moos.

Dank der vielen Flüsse gibt es auch jede Menge Wassertouren zu entdecken: Am bekanntesten davon ist sicher die Isar, die die Münchener Ebene von Südwest nach Nordost in zwei gleiche Hälften teilt. Doch auch Amper, Würm, Sempt, Mangfall, Glonn und Kupferbach haben reizvolle, zum Teil renaturierte, wanderbare Flussauen zu bieten.

Das Alpenvorland ist zudem von vielen Seen geprägt. Hier gibt es beliebte Ausflugsziele wie den Starnberger See oder Ammersee aber auch kleinere Weiher, die oft für die Fischzucht genutzt werden. Einige wenige Seen, wie der Mallertshofener Weiher oder der Ludwigsfelder See, stehen sogar im Sommer für Hundeplanschvergnügen zur Verfügung.

Auch kulturell ist das Münchener Umland sehr interessant. So befinden sich rund um München ein paar recht gut erhaltene Keltenschanzen. Außerdem führten berühmte Römerstraßen wie die Via Julia und die Via

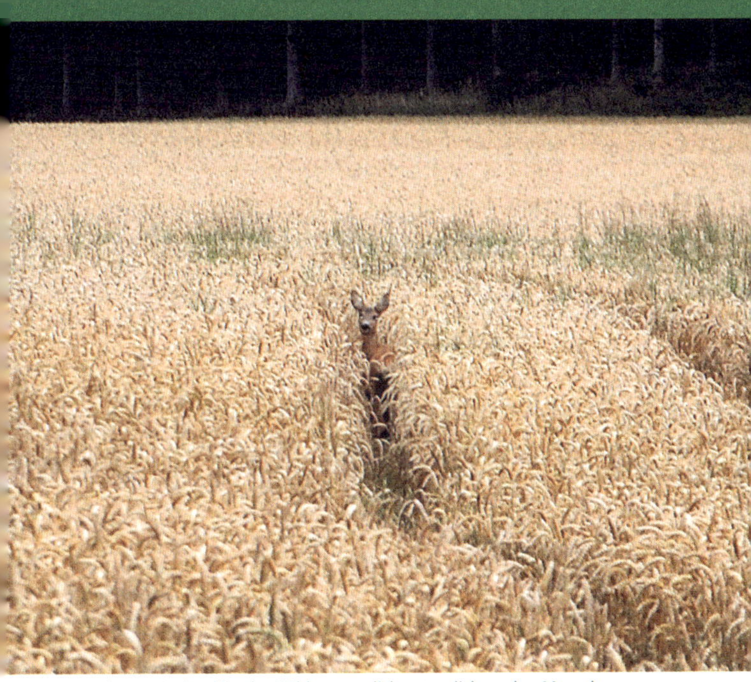

Im Münchener Umland ist das Wild erstaunlich zutraulich zu den Menschen

Raetica durch das Oberbayerische Gebiet. Dementsprechend sind einige römische Ausgrabungsstätten entlang der Wanderungen vorhanden. Nicht zuletzt lockt aber auch die bayerische Kultur mit zahlreichen Kapellen, Kirchen und wunderschön restaurierten, alten Bauernhöfen zu einem Ausflug aufs Land.

Jeder kennt den Spruch „Der frühe Vogel fängt den Wurm" – auf die Wanderungen rund um München übertragen heißt dies: Wer sich früh morgens auf die Socken macht, kann die faszinierende Natur meist ganz alleine genießen. Denn das Gros der erholungssuchenden Großstädter ist meist erst nach einem ausgedehnten Frühstück am späten Vormittag unterwegs.

Die Nähe zur Großstadt ist sicher ein Grund dafür, dass sich rund um München jede Menge Naturschutzgebiete befinden. Um auch selbst einen eigenen Beitrag für saubere Luft zu leisten, kann jeder Wanderer sogar bei fast allen Touren sein Auto daheim lassen und die Wanderung umweltfreundlich von der Stadt aus mit dem MVV oder der Bahn unternehmen. So wird München nicht nur in der Stadt, sondern auch rundherum noch lange jede Menge grüne Oasen bieten können.

Westen

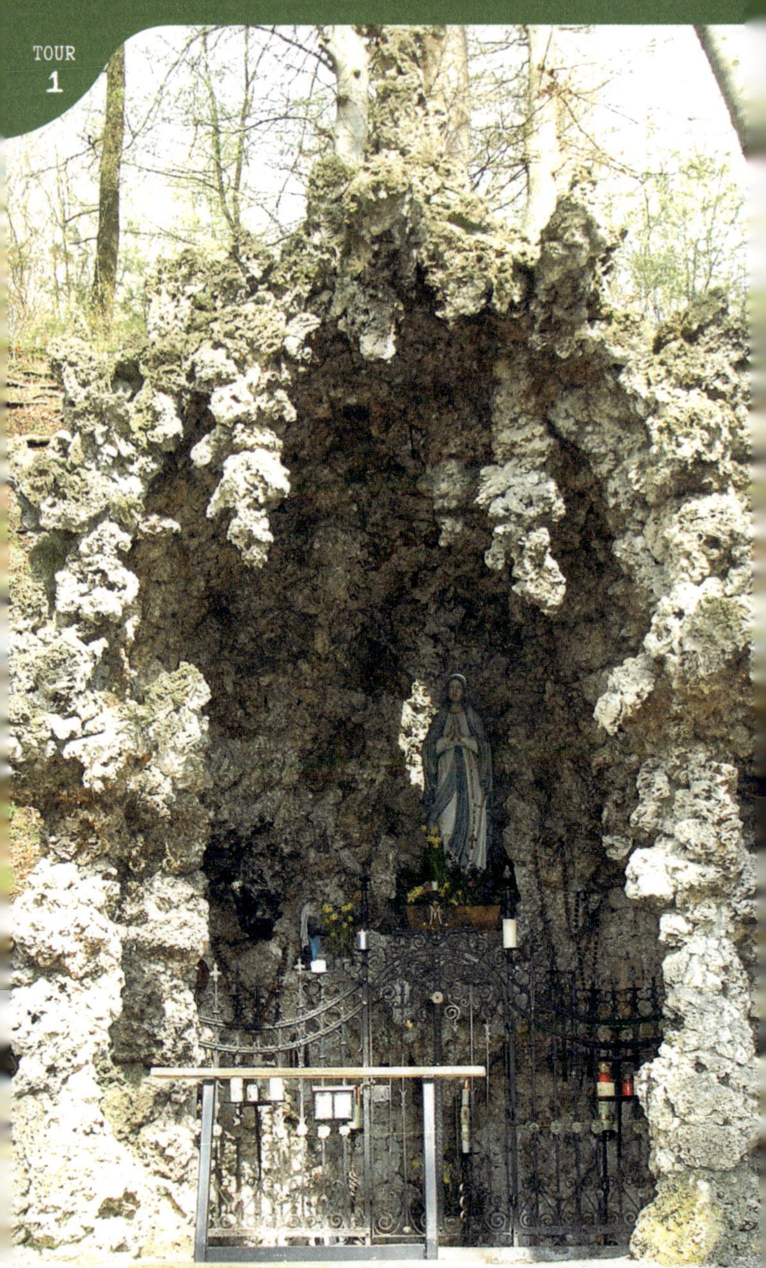

königliches Bier – Mittelalterambiente – UNESCO Weltkulturerbe

Zwischen Ritterruhm und Lourdes-Grotte

Hundefreundlichkeit: **Diese Wanderung führt durch das idyllische Flachland bei Geltendorf. Es geht über weite Wiesen und Felder, so dass sich der Hund beherzt austoben kann. Gelegentlich werden Straßen gequert, an denen der Vierbeiner angeleint werden muss. Da es unterwegs nur wenige Wasserstellen und auch kaum schattenspendende Bäume gibt, ist die Tour nichts für den Hochsommer. Am Ende der Wanderung lockt das Bier der König Ludwig Brauerei in Kaltenberg zum Einkehrschwung – auch Hunde sind hier willkommen.**

Tour-Info	↔ 15 km	4 Std.	607/562 m
Kategorie:	leicht – ganzjährig möglich		
Start-Ziel:	Kaltenberg, Schloss Kaltenberg		
GPS:	48°07'53.9"N 10°59'37.1"E		
Markierung:	keine Markierung, der Weg ist aber gut überschaubar		
Wegecharakteristik:	40 % Weg – 22 % Straße – 20 % Bergwanderweg – 16 % Nebenstraße – 3 % Wanderweg		

Ab Schloss Kaltenberg führt der Weg südwestlich die „Schlossstraße" hinunter auf die ! „Walleshausener Straße" (LL12). Dieser auf der linken Seite solange (ca. 500 m) Richtung Nordwesten folgen, bis linker Hand ein Feldweg nach Südwesten abzweigt. Über diesen geht es nach Nordwesten in einem großen Rechtsbogen um den Wald herum. Ab der nächsten T-Kreuzung im Zickzack um die Felder wandern. Dabei führt der Weg zunächst nach Nordosten. An der nächsten Möglichkeit geht es nach links. Es folgen zwei scharfe rechts-links-Abbiegungen bis die ! LL14 erreicht ist. Dieser kurz am Straßenrand für ca. 200 m nach Westen folgen, um dann bei nächster Gelegenheit auf den Weg Richtung Pestenacker nach Norden einzubiegen. In einem leichten Linksbogen geht es östlich um 1 Unfriedshausen herum und dann über einen breiten Wanderweg immer weiter gen Nordwesten bis zur

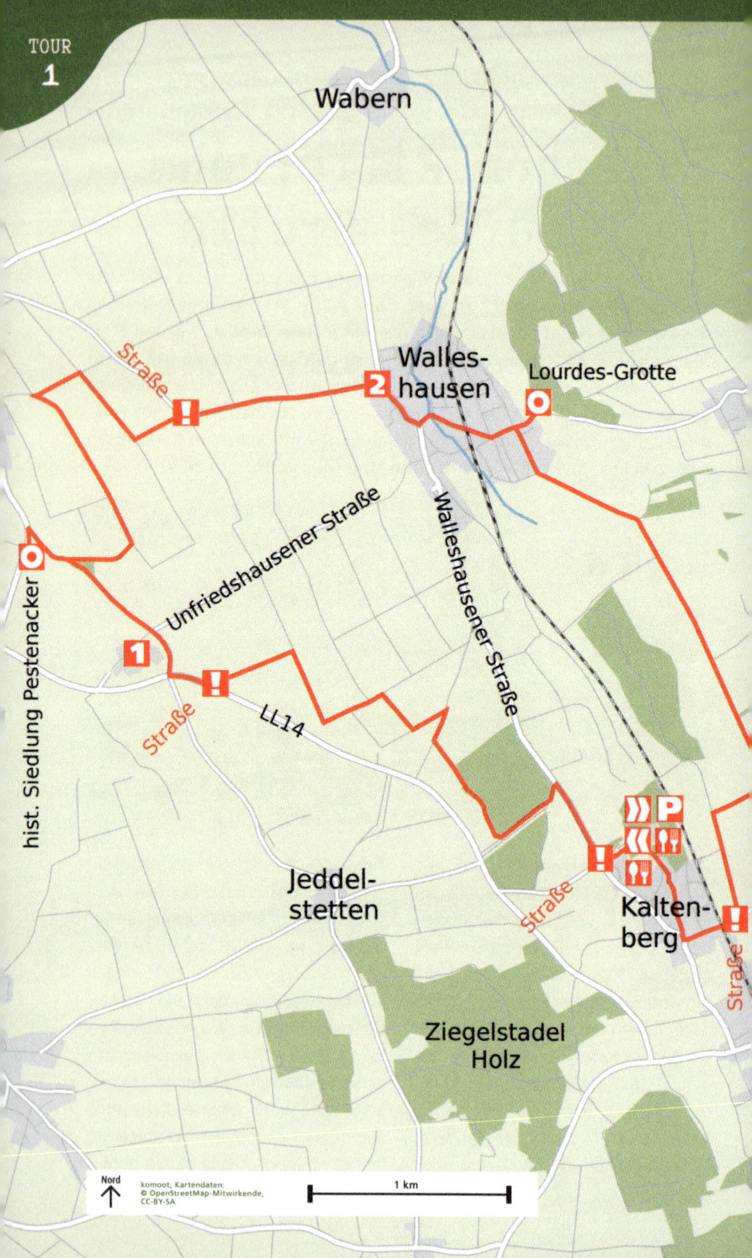
TOUR
1
Wabern
Walles-
hausen
Lourdes-Grotte
Straße
Unfriedshausener Straße
Walleshausener Straße
hist. Siedlung Pestenacker
Straße
LL14
Jeddel-
stetten
Straße
Kalten-
berg
Straße
Ziegelstadel
Holz
Nord
komoot, Kartendaten:
© OpenStreetMap-Mitwirkende,
CC-BY-SA
1 km

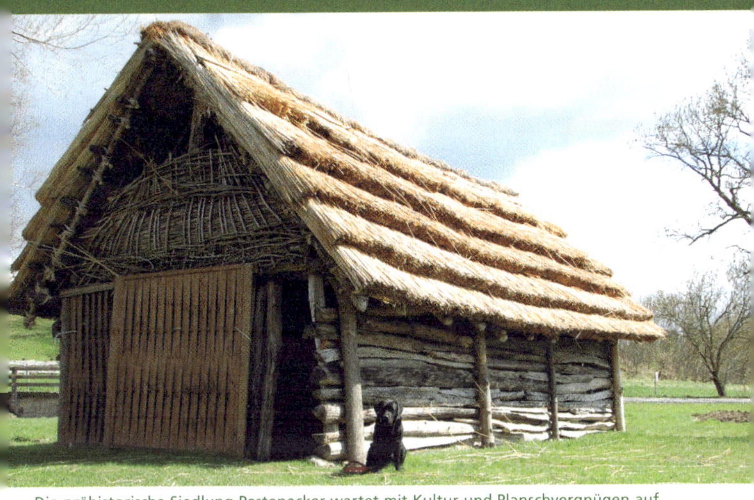

Die prähistorische Siedlung Pestenacker wartet mit Kultur und Planschvergnügen auf

Kreuzung ST2052. Hier liegt etwas südlich die prähistorische Siedlung Pestenacker. Hunde können sich im angrenzenden Loosbach erfrischen. Die Tour führt wieder zurück auf den Wanderweg, zweigt aber dann bei der nächsten Gelegenheit Richtung Osten, dann Nordwesten, Osten und wieder Südosten um ein Feld herum ab. Danach führt die Tour über die wenig befahrene Straße Richtung 2 Walleshausen. Hier geht es leicht bergab, östlich quer durch den Ort, über die S-Bahn-Brücke und weiter Richtung Osten. Die schattige Lourdes-Grotte liegt direkt hinter dem Ortsausgang nördlich der Straße nach Petzenhofen. Hier sind für Andachten einige Bänke aufgebaut, so dass der Platz auch zu einer kurzen Rast einlädt. Ab der Grotte geht es wieder zurück nach Walleshausen und gleich in die nächste Straße nach Südosten auf einem breiten Feldweg Richtung Kaltenberg zurück. Nach circa 3 km – das Schloss ist schon lange in Sicht – an der T-Kreuzung rechts halten und bei der nächsten T-Kreuzung südlich bis zur Verbindungsstraße von Hausen und Kaltenberg wandern. Nun wieder rechts halten und nach 300 m über die „Prinz-Heinrich-Straße" gen Norden zum Schloss zurückgehen.

Schloss Kaltenberg

Das Schloss Kaltenberg wurde 1292 erbaut und ist heute Eigentum von Luitpold Prinz von Bayern, dem Urenkel von König Ludwig III. Noch heute nutzt der Prinz mit seiner Familie das Schloss als Wohnsitz. Neben zwei Restaurants ist auf dem Areal auch ein Teil der Braustätten der König Ludwig Brauerei untergebracht. Ein Bier, das der Prinz gerne auch zu Ehren der Hochzeit seines Ururgroßvaters auf dem Oktoberfest ausschenken möchte. Doch bis jetzt dürfen dort nur die sechs Münchener

Knödeldreherei

Handgemachte Knödel gibt es hier nur während der Kaltenberger Ritterspiele

Brauereien ausschenken. Bekannt ist das Schloss vor allem für sein jährlich im Juli stattfindendes Ritterturnier inklusive Mittelalter-Spektakel mit Gauklern, Musikanten und Akrobaten sowie dem alten Handwerker-Markt.

Prähistorische Siedlung Pestenacker

Die Wanderung führt an der prähistorischen Siedlung Pestenacker vorbei, die 2011 als Weltkulturerbe eingetragen wurde. Dank des schützenden Moorbodens fanden Archäologen in den 1930er-Jahren in der Tal-Aue Werkzeuge, Schmuck und Keramikgefäße, die einen Eindruck vom hiesigen Leben vor 5500 Jahren vermitteln.

Lourdes-Grotte

Am östlichen Ortsrand von Walleshausen steht eine Lourdes-Grotte, die vermutlich 1905 von italienischen Gastarbeitern, die beim Bau der Ammerseebahn aushalfen, in einer Kiesgrube errichtet wurde. Die mit Tuff ausgestattete Grotte ist dem höhlenartigen Vorbild von Lourdes nachempfunden. Im Mai und zu Maria Himmelfahrt finden hier Andachten statt. Für Wanderer und Einheimische bietet der andächtige Ort einen Platz der Ruhe.

Tipp

Nach der Wanderung einen Abstecher zum Hofladen von St. Ottilien bei Eresing machen: Hier gibt es zahlreiche Produkte aus der Klostergärtnerei und dem Klosterweingut Jakobsberg.

Info

S4 oder Regional Express Richtung Geltendorf und dann Bus 60 Richtung ZOB Landsberg a. Lech oder Penzing

Kaltenberg, Schloss Kaltenberg

KOMPASS-Wanderkarte München und Umgebung WK 184, Karte 1 (West), 1:50000, Kompass Verlag

Bräustüberl zu Schloss Kaltenberg
Schlossstraße 8
82269 Kaltenberg bei Geltendorf
Tel.: 08193-2069341
www.schloss-kaltenberg-braeustueberl.de
Öffnungszeiten:
Täglich ab 11:00 Uhr

Ritterschwemme zu Kaltenberg
Schloßstraße 11
82269 Kaltenberg
Tel.: 08193-7575
www.ritterschwemme.de
Öffnungszeiten März – Dezember:
Di. bis So. von 9:30 bis 23:00 Uhr
Mo. Ruhetag (außer feiertags)

Landgasthof-Hief
St.-Nikolaus-Ring 2
82269 Geltendorf/Hausen
Tel.: 08193-5437
www.landgasthof-hief.de
ÜN Hund: kostenlos

Gemeinde Geltendorf
Schulstraße 13
82269 Geltendorf
Tel.: 08193-93210
www.geltendorf.de

Tierärztliche Praxis Dr. Thyssen
Dr. Christine Thyssen
Gut Lichtenberg 2
86937 Scheuring
Tel.: 08195-8473
www.praxis-thyssen.de

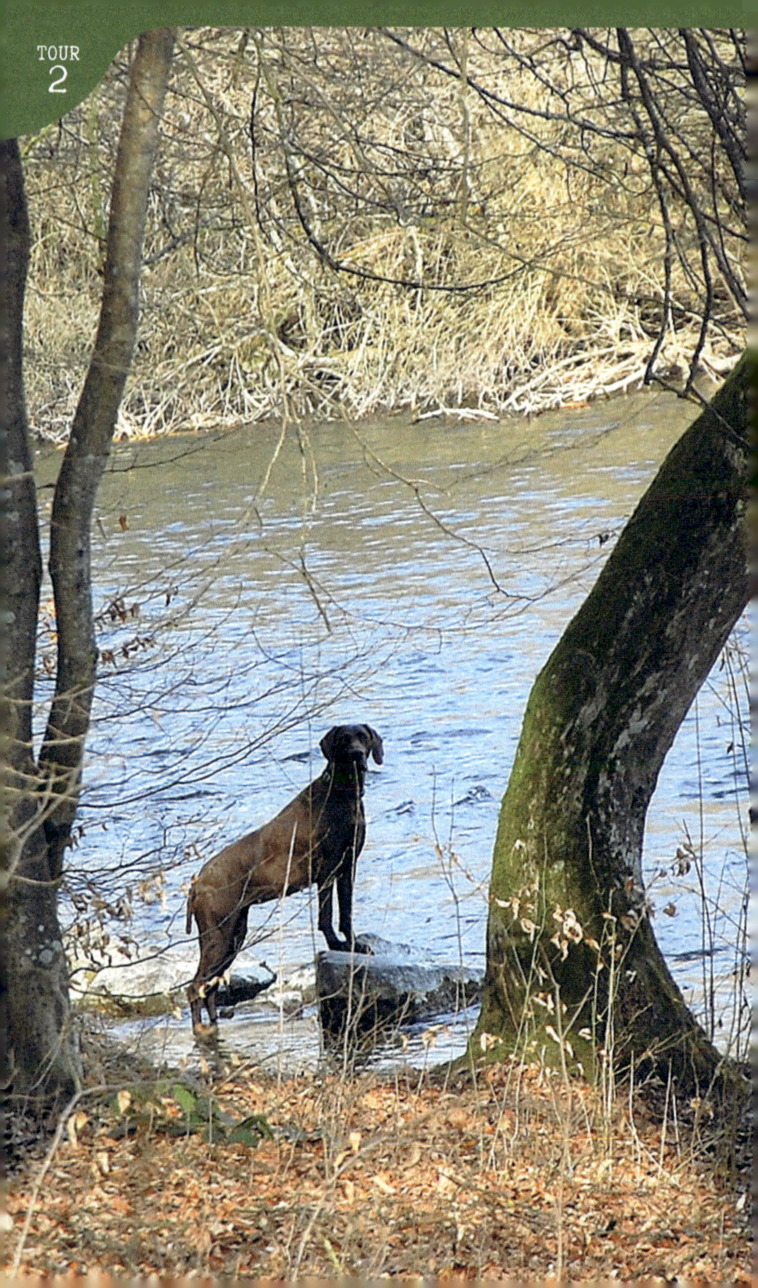

Planschvergnügen – barockes Kloster – Römerstraße

Durch die Amperauen bei Fürstenfeldbruck

Hundefreundlichkeit: **Der zum Teil sehr einsame Weg führt auf wildromantischen Pfaden an den wunderschönen Amperauen entlang. So bieten sich immer wieder kleine Badestellen für den Hund, die im Sommer auch schön schattig sind. Im Naturschutzgebiet muss der Hund angeleint werden. Da die Strecke von Fürstenfeldbruck bis nach Schöngeising gleichzeitig auch zum Amperradwegnetz gehört, ist hier gelegentlich mit Radlern zu rechnen.**

Tour-Info	↔ 12,5 km	3 Std.	558/520 m
Kategorie:	leicht – ganzjährig möglich		
Start-Ziel:	Fürstenfeldbruck, Kloster Fürstenfeld		
GPS:	48°10'17.2"N 11°14'55.3"E		
Markierung:	auf dem Hinweg Radwegmarkierung – Rückweg über unmarkierte Pfade		
Wegecharakteristik:	67 % Wanderweg – 29 % Weg – 3 % Bergwanderweg – 1 % Nebenstraße		

Vom Parkplatz zunächst die ! „Fürstenfelder Straße" in Richtung des gleichnamigen Klosters ⊙ queren. Der Gang durch den Klosterinnenhof lohnt mit dem imposanten Eindruck des alten Klostergebäudes. Eine Gaststätte lockt hier schon zum Einkehrschwung, aber dieser macht natürlich erst nach der Tour Sinn. Anschließend geht es am westlichen Tor wieder aus dem Klostergelände hinaus Richtung Süden. Der leicht ansteigenden Straße „Am Engelsberg" folgend, führt die Wanderung unter der Bahnunterführung durch. Nun nach Südwesten in die „Zellhofstraße" abbiegen. Der breite Weg führt durch das ! Naturschutzgebiet „Amperauen mit Leitenwälder" und später über freies Feld und entlang von Wiesen bis nach knapp 4 km der Zellhof 1 mit seiner hübschen romanischen Kirche St. Vitus erreicht ist. Kurz nach dem Zellhof verlässt der Wanderweg über einen kleinen Pfad – zunächst

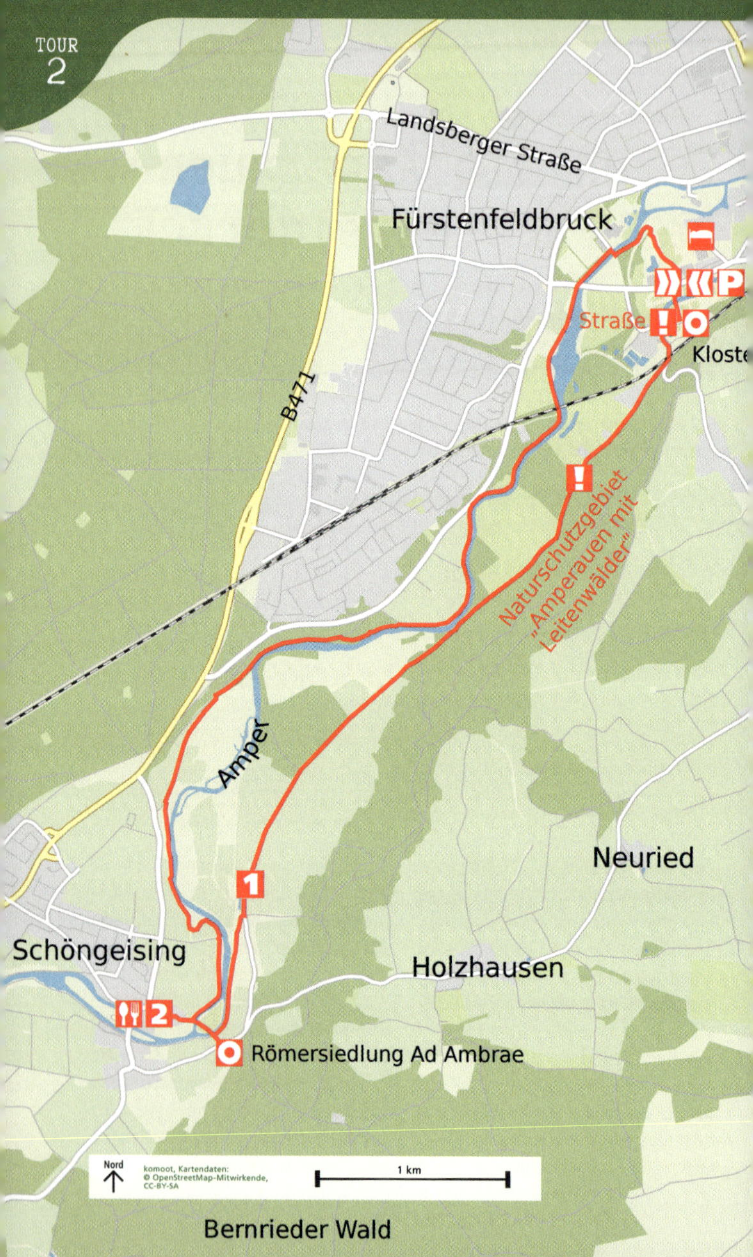
TOUR 2
Landsberger Straße
Fürstenfeldbruck
Straße
Kloste
B471
Naturschutzgebiet „Amperauen mit Leitenwälder"
Amper
Neuried
Schöngeising
Holzhausen
Römersiedlung Ad Ambrae
Nord
komoot, Kartendaten: © OpenStreetMap-Mitwirkende, CC-BY-SA
1 km
Bernrieder Wald

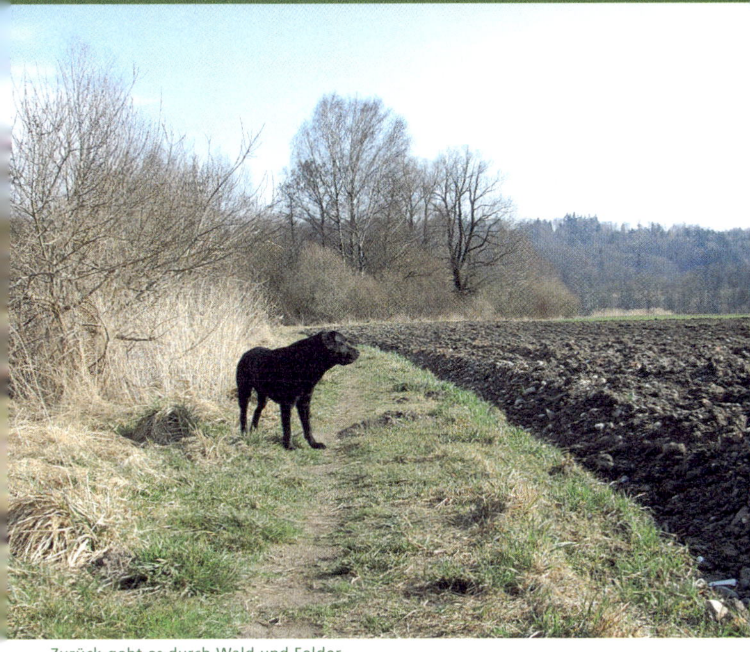

Zurück geht es durch Wald und Felder

kurz nach Westen, dann nach Süden – die „Zellhofstraße". Wer möchte, macht nach 1 km einen kleinen Abstecher nach Südosten zur ehemaligen Römersiedlung Ad Ambrae. Ansonsten geht es an der nächsten Kreuzung Richtung Nordwesten über zwei Amperarme nach Schöngeising. Hier lockt der 2 Gasthof zum Unter'n Wirt mit einer kleinen, aber feinen Speisekarte und Produkten aus der Region. Nach der Rast führt die Tour wieder zurück Richtung Amper, der nun am westlichen Ufer gen Norden gefolgt wird. Zwischendrin ist etwas Pfadfindergeschick gefragt, da der Trampelpfad nicht immer klar zu erkennen ist. Doch dank der Orientierung an der Amper kann man sich nicht verlaufen. Der anfangs fast schattenlose Feldweg führt später durch einen schönen dichten, wurzeligen Waldpfad. Auf dieser 5 km langen Strecke bieten sich immer wieder Planschmöglichkeiten für den Vierbeiner. Schließlich kommt der Weg nach der Eisenbahnunterführung in Fürstenfeldbruck raus. Jetzt wird es wieder lauter und umtriebiger. Entlang der Westseite der Amper die „Fürstenfelder Straße" queren und erst an der „Klosterstraße" die Uferseite wechseln. Noch ca. 300 m entlang der Amper gen Nordosten wandern. Nach der Rechtskurve führt die Wanderung an einer Gabelung gen Süden über den „Zisterzienserweg" zum Parkplatz zurück.

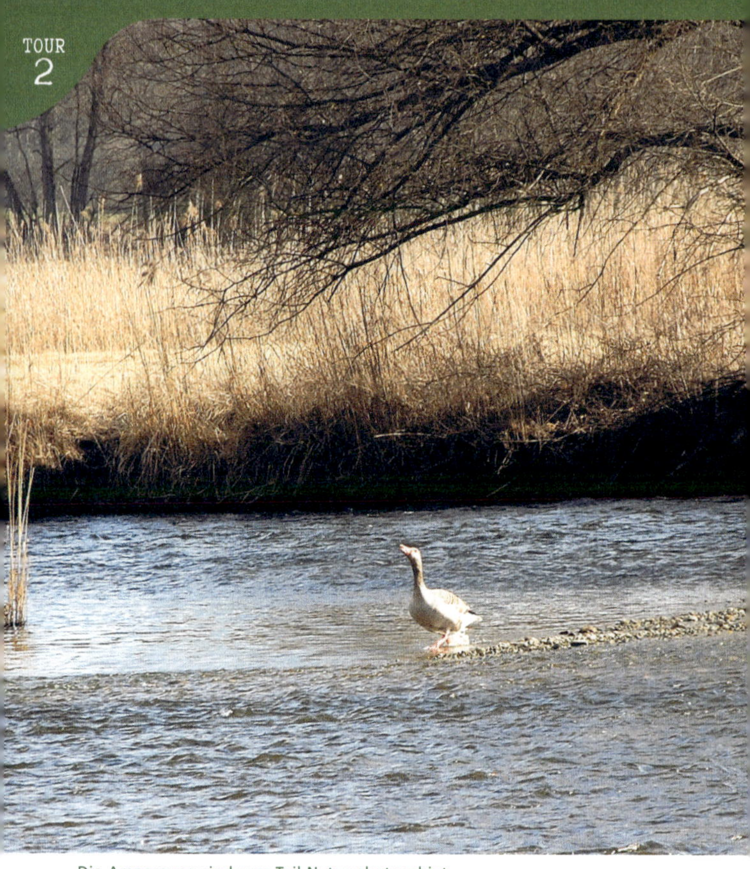

Die Amperauen sind zum Teil Naturschutzgebiet

Kloster Fürstenfeld

Herzog Ludwig II stiftete 1263 als Sühne für die unrechtmäßige Hinrichtung seiner ersten Gemahlin Maria von Brabant das barocke Zisterzienserkloster „Kloster Fürstenfeld". Nach der Zerstörung im 30-jährigen Krieg wurden Kirche und Kloster neu errichtet. Die Kirche – heutiges Herz der Anlage – wurde 1741 geweiht, die Klosterbauten aber erst Ende des 18. Jahrhunderts vollendet. Heute teilen sich der Freistaat Bayern sowie die Stadt Fürstenfeldbruck die Klosteranlage.

Römersiedlung Ambrae

In der Nähe von Schöngeising lag „Ambrae", eine Römersiedlung aus den Jahren 15 v. Chr. bis 400 n. Chr. Hier führte auch die römische Militärstraße Via Julia entlang. Schöngeising gilt als einziger Ort des Landkreises, dessen römischer Name schriftlich überliefert wurde.

Zellhof

Der Zellhof mit Gutshaus, Stadel, Austragshäusern und seiner romanischen Kirche St. Vitus ist seit 1314 bekannt. An der „Zellhofstraße" bei Schöngeising stehen zwei über 300 Jahre alte Eichen, deren Stämme einen imposanten Durchmesser von mehr als 1,5 m aufweisen.

Tipp

An heißen Sommertagen am Westufer der Amper bei Fürstenfeldbruck parken und von hier mit dem Hund zum schattigen Planschvergnügen wandern.

Statt einer Rundwanderung die Tour mit der S-Bahn machen und von Fürstenfeldbruck entlang der Amperauen durch die Amperschlucht nach Grafrath wandern.

Info

S4 nach Geltendorf

Fürstenfeldbruck, Parkplatz am Kloster Fürstenfeld

KOMPASS-Wanderkarte München und Umgebung WK 184, Karte 1 (West), 1:50000, Kompass Verlag

Gasthof „Zum Unter'n Wirt"
Kirchstraße 2
82296 Schöngeising
Tel.: 08141-12749
www.zumunternwirt.de
Öffnungszeiten:
Täglich ab 10:00 Uhr

Fürstenfelder Hof
Mühlanger 5
82256 Fürstenfeldbruck
ÜN Hund: 15,00 Euro/Nacht
(nach Rücksprache)
Tel.: 08141-888750
www.fuerstenfelder.com

Stadt Fürstenfeldbruck
Hauptstraße 31
82256 Fürstenfeldbruck
Tel.: 08141-281-3334
www.fuerstenfeldbruck.de

Tierärztin
Dr. Evelyne Stein
Fürstenfelder Straße 16
82256 Fürstenfeldbruck
Tel.: 08141-42440

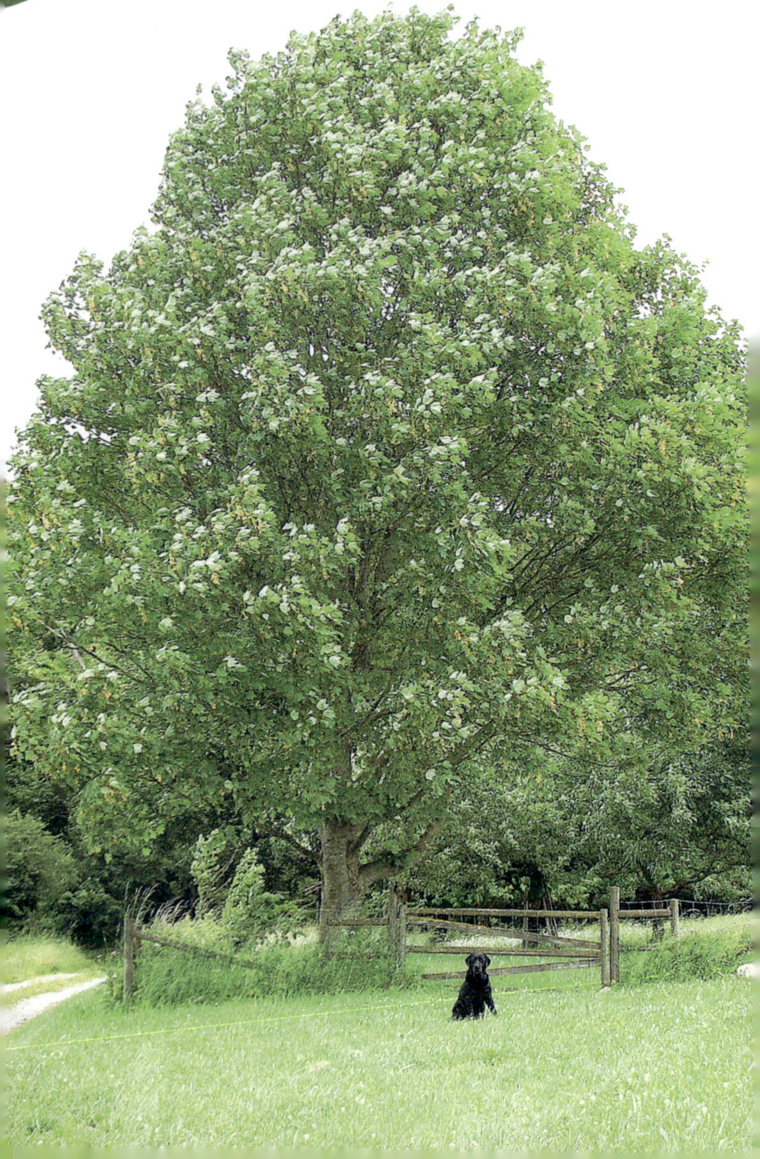

Bauernhofmuseum – einsame Wege – Landidylle

Wald- und Wiesenwanderung am Jexhof

Hundefreundlichkeit: **Da sich die meisten Wanderer entlang des Naturschutzgebietes und des archäologischen Lehrpfades östlich des Jexhofes bewegen, ist das Gebiet südlich des Bauernhofmuseums eher wenig besucht. Hier können Hunde größtenteils nach Lust und Laune herumtollen. Der Kellerbach sorgt am Anfang und Ende der Tour für etwas Erfrischung. Unterwegs gibt es keine Einkehrmöglichkeit, dafür ist es am Jexhof umso schöner.**

Tour-Info	↔ 12 km	◷ 3 Std.	⇅ 606/571 m
Kategorie:	leicht – ganzjährig möglich		
Start-Ziel:	Schöngeising, Wanderparkplatz unterhalb vom Jexhof		
GPS:	48°07'12.4"N 11°12'01.6"E		
Markierung:	keine Markierung		
Wegecharakteristik:	62 % Weg – 37 % Wanderweg – 1 % Straße		

Die Tour startet am Wanderparkplatz nördlich des Jexhofes. Hier geht es zunächst nach Südosten über den interessanten ⊙ Klang-Themenweg bis zum 1 Jexhof. Den Hof in südöstlicher Richtung umrunden, die Zufahrtsstraße überqueren, kurz links nach Südosten wandern und dann den breiten Weg nach rechts in den Wald gen Südwesten nehmen. Bei nächster Gelegenheit den linken Weg nehmen und dem Waldweg im Zickzack Richtung Etterschlag folgen. Dazu an der nächsten T-Kreuzung links halten und für ca. 300 m Richtung Südosten wandern. An der folgenden Abzweigung geht es nach rechts weiter. Hinter der Linkskurve nach rechts und geradeaus Richtung Südosten weiterwandern. Bei der nächsten Gabelung nach ca. 350 m den rechten Weg wählen und auf dem Hauptweg einen etwa 1 km langen Rechtsbogen – alle Abzweigungen ignorierend – folgen. An der nächsten Kreuzung den Weg nach links Richtung Süden einschlagen. Bald geht es aus dem Wald hinaus und über freies Feld, bis rechter Hand ein 2 Bauernhof

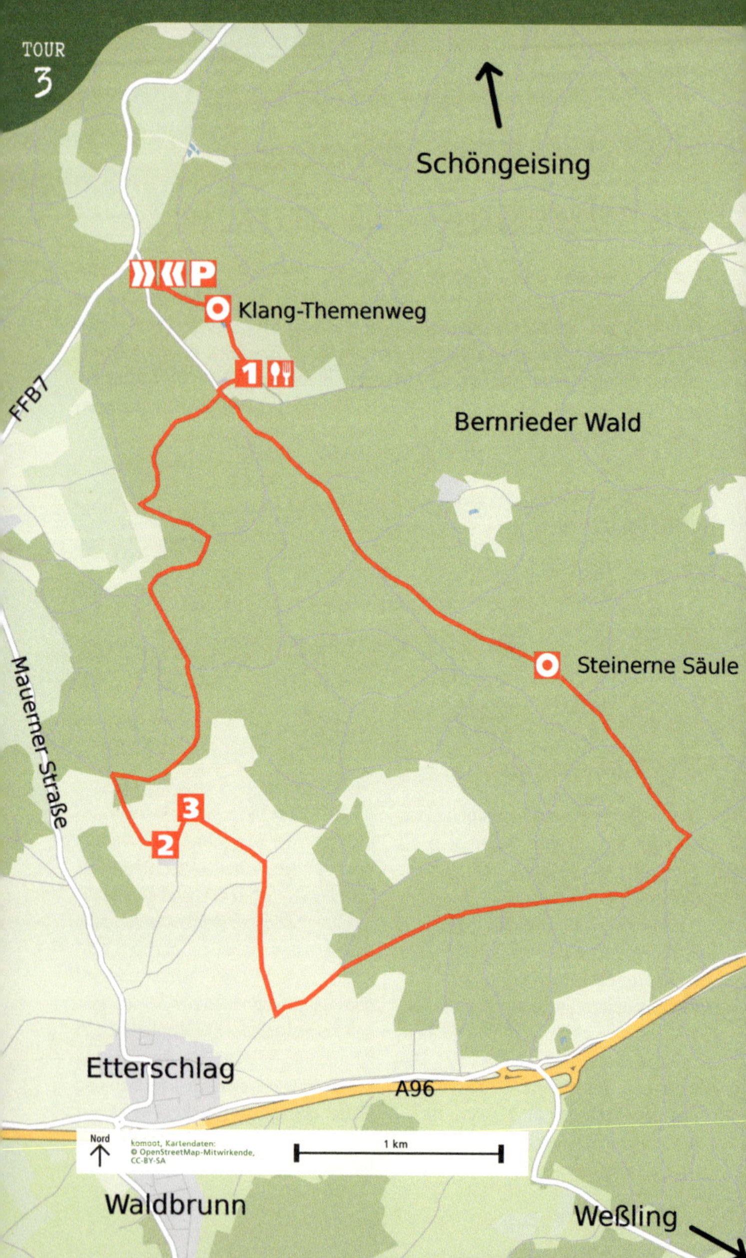
TOUR
3
Schöngeising
Klang-Themenweg
1
FFB7
Bernrieder Wald
Steinerne Säule
Mauerner Straße
3
2
Etterschlag
A96
Nord
komoot, Kartendaten:
© OpenStreetMap-Mitwirkende,
CC-BY-SA
1 km
Waldbrunn
Weßling

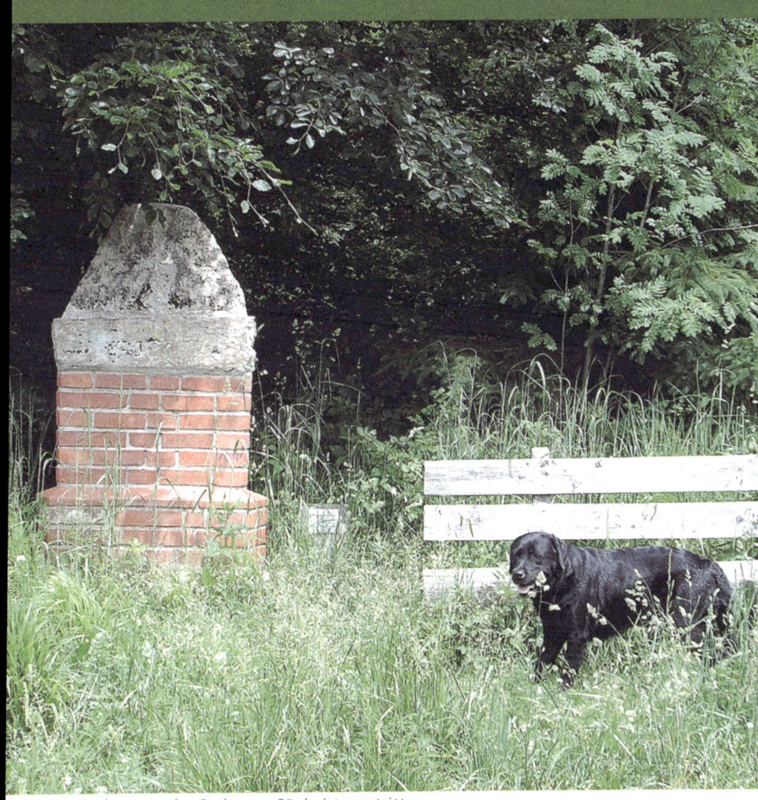

Die Bedeutung der Steineren Säule ist umstritten

erreicht wird. Hier an der T-Kreuzung den linken Weg nach Norden nehmen. Er führt an einem **3** Holzkreuz vorbei und verläuft dann über 1 km weiter südöstlich um die Felder des Hofes herum. An der nächsten Abbiegung weiter gen Süden Richtung Etterschlag wandern. Die Autostraße ist schon zu sehen. Doch bevor der Ort erreicht ist, führt die Tour – an einer wunderschönen alten Linde vorbei – nach links gen Nordosten in Richtung Wald. Hier geht es für über 2 km immer gen Nordosten geradeaus – alle Abzweigungen ignorierend – bis die Wanderung auf die ehemalige Römerstraße führt. Nun links halten und Richtung Nordwesten – an der Steinernen Säule vorbei – zum Jexhof zurückwandern. Hier locken frisch zubereitete Speisen und auch das zugehörige Bauernhofmuseum zum Einkehrschwung. Hunde dürfen in das Freigelände des Jexhofes mitgenommen werden. Nach der Rast führt der altbekannte Weg zum Parkplatz zurück.

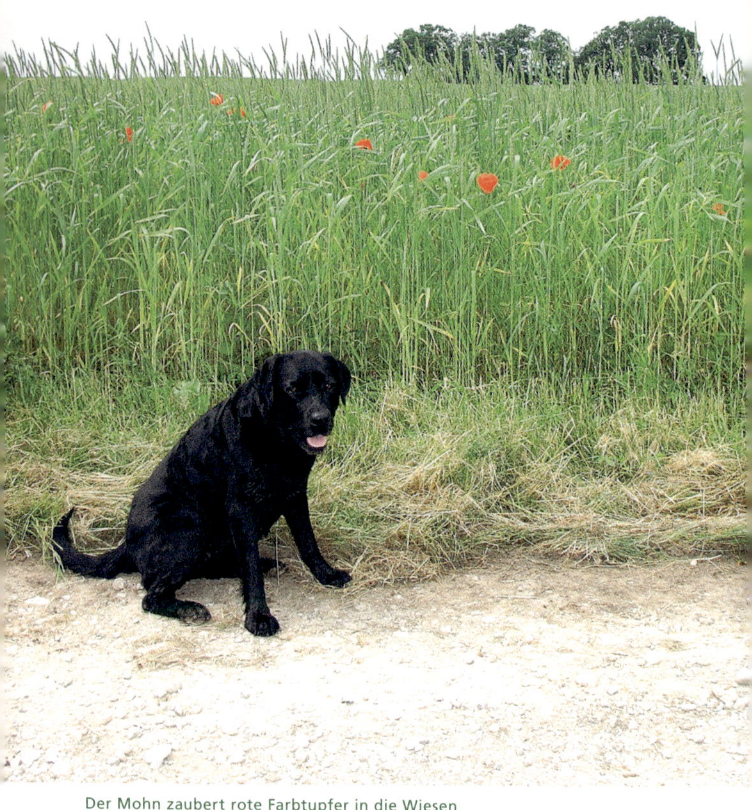

Der Mohn zaubert rote Farbtupfer in die Wiesen

Bauernhofmuseum Jexhof

Der Jexhof wurde vermutlich schon Anfang des 14. Jahrhunderts bewirtschaftet. Im Jahre 1564 kaufte ihn das Kloster Fürstenfeld auf. Zunächst bewirtschafteten Diener den Einödhof bevor er 1775 ein Wohnhaus erhielt. Heute ist in dem Anwesen ein Bauernhofmuseum untergebracht, in dem das landwirtschaftliche Leben und Arbeiten in der Zeit zwischen dem 19. und 20. Jahrhundert dokumentiert ist.

Steinerne Säule

Die Herkunft der 1,6 m hohen Steinernen Säule, die am „Mühlenweg" zwischen Wessling und Jexhof steht, ist historisch nicht eindeutig belegt. Sie könnte einerseits als Grenzstein für die Bistümer Freising-München und Augsburg gedient haben. Möglicherweise markiert sie aber auch die Mitte des Weges von Rom nach Köln/Aachen und hat somit römischen Ursprung.

Tipp

Für historisch und geologisch Interessierte gibt es im Westen und Norden des Jexhofes – und auch ab Gilching – einige ausgeschilderte Kulturwanderungen durch die historischen Zeiten.

Wer mit der S-Bahn unterwegs ist, kann den Jexhof durch eine Wanderung von Wessling bis nach Schöngeising besuchen.

Info

S4 nach Geltendorf und dann MVV Ruftaxi 8400

Schöngeising, Wanderparkplatz unterhalb vom Jexhof

KOMPASS-Wanderkarte München und Umgebung WK 184, Karte 1 (West), 1:50000, Kompass Verlag

Bauernhofmuseum Jexhof
82296 Schöngeising
Tel.: 08153-93250
www.jexhof.de
Mo. geschlossen

Hotel Seehof
Seeweg 4
82234 Weßling
Tel.: 08153-93 5-0
www.hotelseehof.de
ÜN Hund: 8 Euro/Nacht

Stadt Fürstenfeldbruck
Hauptstraße 31
82256 Fürstenfeldbruck
Tel.: 08141-2813334
www.fuerstenfeldbruck.de

Tierärztin
Dr. med. vet. Angelika Breitner
Oskar-von-Miller-Straße 7
82296 Schöngeising
Tel.: 08141-12085

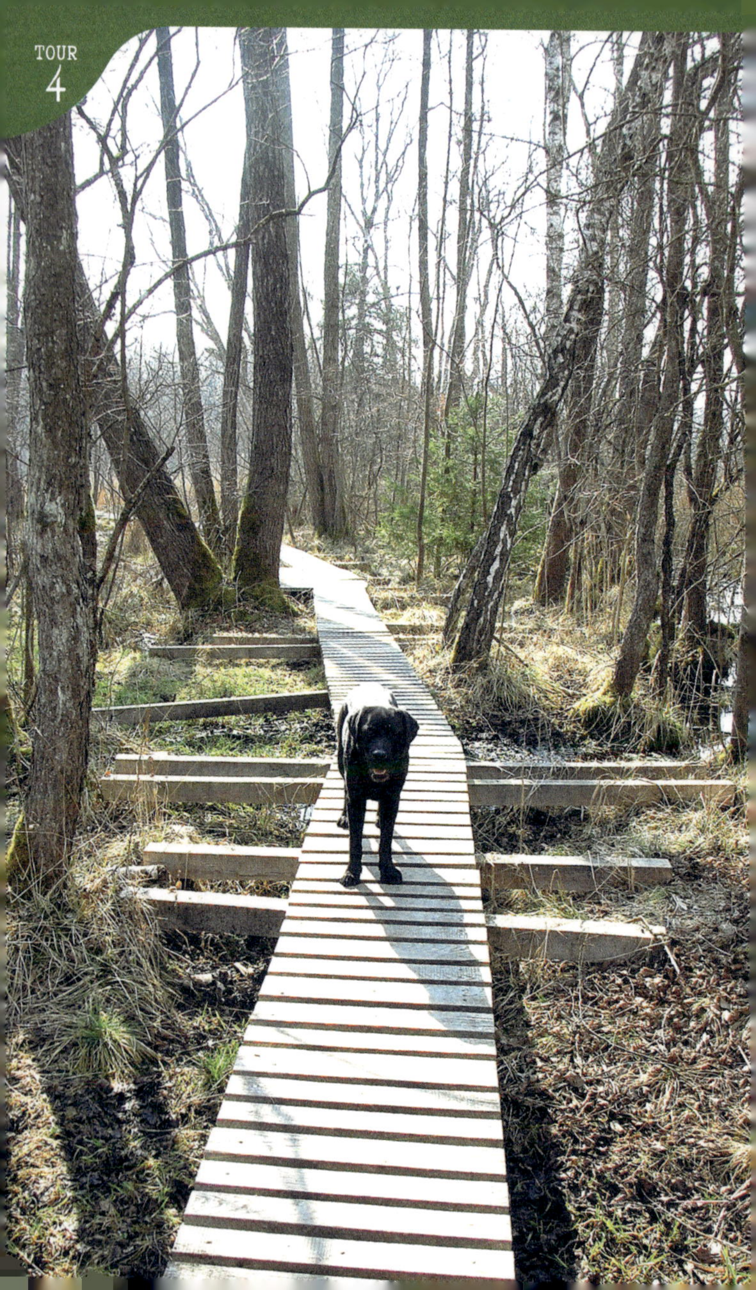

Planschvergnügen – Villenträume – Gastrovielfalt

Seenwanderung zwischen Luxus und Badespaß

Hundefreundlichkeit: **Villen, so kunterbunt wie bei Pippi Langstrumpf, gibt es rund um den Wörthsee zu bewundern. Zudem informiert der erst kürzlich angelegte Wanderweg unterwegs durch interessante Schautafeln über Heimatgeschichte, Flora und Fauna des Sees. Auf jeden Fall sollte die Wanderung außerhalb der Badesaison (15.5.-15.9.) gemacht werden, denn in dieser Zeit ist an den Badestellen, die direkt am Weg liegen, Hundeverbot. Ansonsten kann sich der Vierbeiner immer mal wieder im Wörthsee erfrischen. Die abwechslungsreiche Tour führt durch das geschützte Bacherner Moos. Zudem gibt es noch einige weitere Stellen, an denen der Hund angeleint sein muss. Ein Teil der Strecke ist als Radweg ausgeschildert – damit sich hier gegenseitig keiner in die Quere kommt, ist dies ein Grund mehr, die Tour bei nicht so schönem Wetter zu machen.**

Tour-Info	↔ 11 km	3 Std.	593/562 m
Kategorie:	leicht – bis auf die Badesaison ganzjährig möglich		
Start-Ziel:	Steinebach, Parkplätze am südlichen Ortseingang		
GPS:	48°03'38.5"N 11°11'44.6"E		
Markierung:	Rundwanderung Rotary Club Wörthsee		
Wegecharakteristik:	36 % Nebenstraße – 27 % Straße – 23 % Weg – 11 % Wanderweg – 2 % Bergwanderung		

Je nach Parkplatz geht es z. B. über den „Meisenweg" hinunter zum See. Nun der Seepromenade nach rechts in nordöstlicher Richtung folgen. Die Wanderung kommt am 1 Il Kiosko vorbei, der später zu einem Einkehrschwung einlädt. Doch zunächst geht es, dem Fußweg folgend, immer am See entlang über die Seepromenade zum Ortsteil Wörthsee. Hier zweigt die Tour leider nach links auf die befahrene ! „Seestraße" – später Wörthseestraße – ab. Nach etwa 600 m in den Seeuferweg abbiegen, möglichst am See entlang orientieren und nach 500 m kurz nordwestlich Richtung

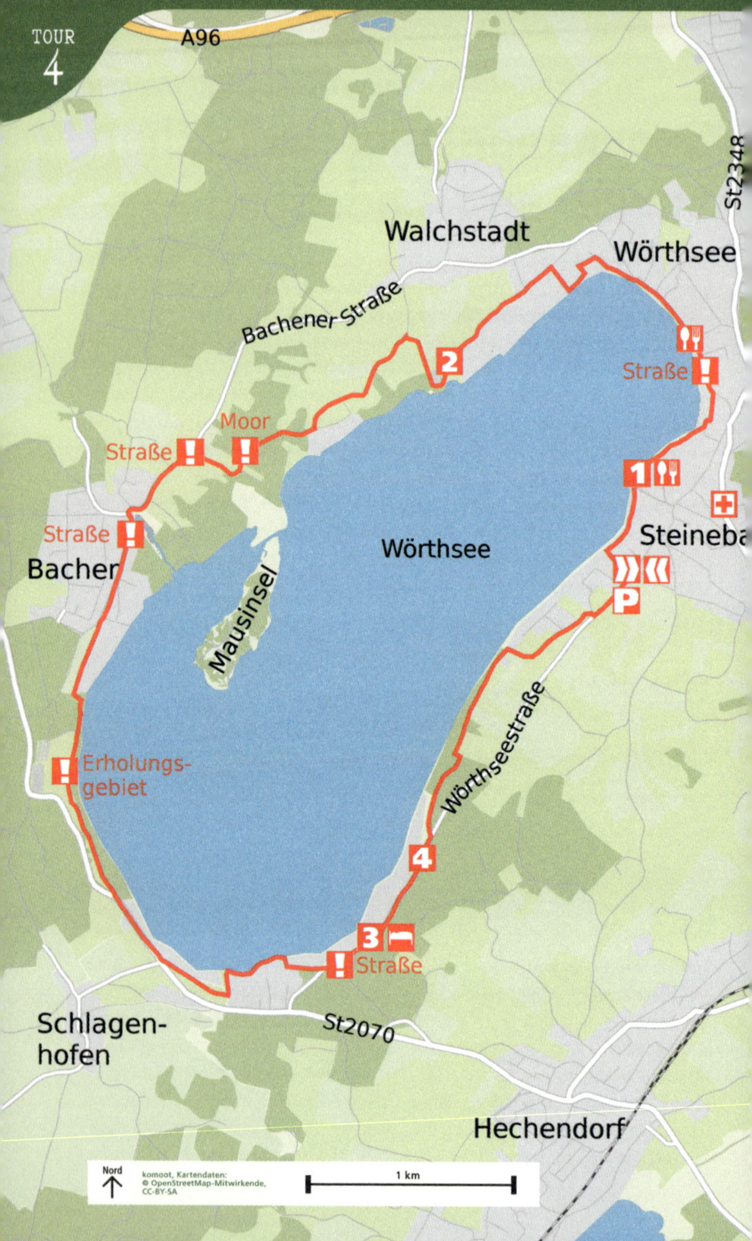
TOUR
4
A96
St2348
Walchstadt
Wörthsee
Bachener Straße
2
Straße
Moor
Straße
1
Straße
Steineba
Bacher
Wörthsee
Mausinsel
P
Wörthseestraße
Erholungs-
gebiet
4
3
Straße
Schlagen-
hofen
St2070
Hechendorf
Nord
komoot, Kartendaten:
© OpenStreetMap-Mitwirkende,
CC-BY-SA
1 km

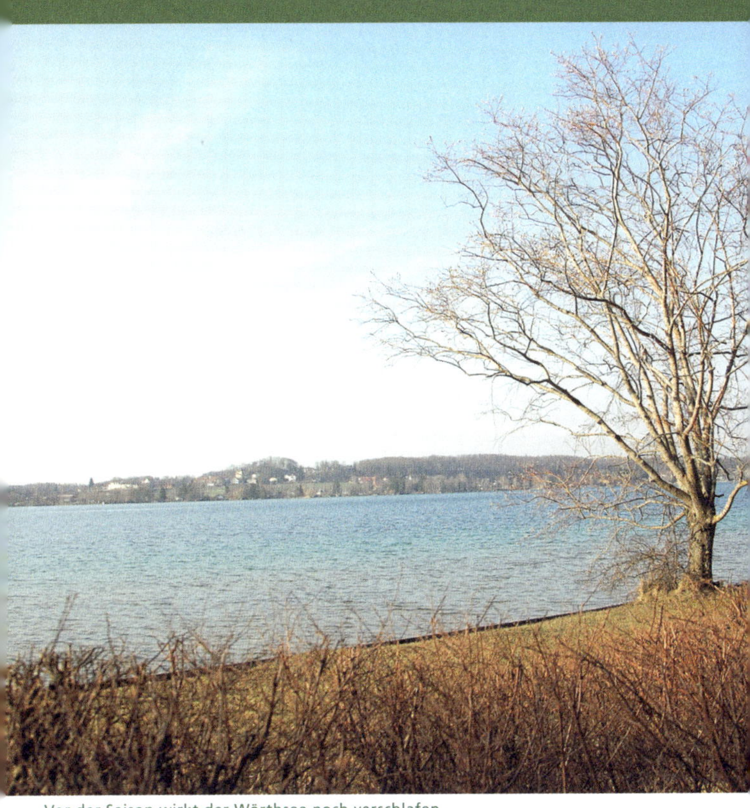

Vor der Saison wirkt der Wörthsee noch verschlafen

Walchstadt gehen. An der nächsten T-Kreuzung bei der „Vorderen Seestraße" nach links abbiegen und dieser – an Villen, sowie dem 2 Kiosk Rossschwemme vorbei – bis zur T-Kreuzung an der „Hinteren Seestraße" folgen. Hier geht es abermals nach links Richtung Südwesten aus dem Ortsteil Walchstadt heraus. Die Wanderung folgt zunächst einer Fahrstraße und führt dann weiter südwestlich auf einen Feldweg und später über den ca. 120 m langen Bohlenweg durch das ! Bacherner Moos. Es folgt eine T-Kreuzung, an der sich rechts gehalten wird. Je nach Wetterlage geht es dann über den Wiesenweg oder die ! Fahrstraße „Am Krebsbach" nach links Richtung Südwesten zum Ort Bachern. In Bachern der ! „Fischerstraße" südlich folgen, bis sie nach ca. 500 m in die „Aitelstraße" übergeht. Diese führt zunächst an Villen vorbei und dann direkt in einen Wald hinein. Nach wenigen Metern – immer südlich haltend – wird schließlich

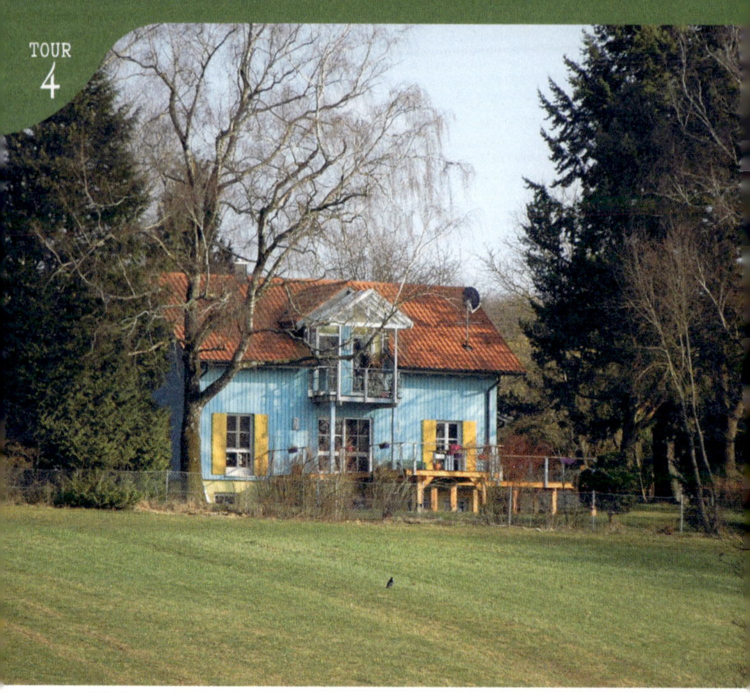

Villa Kunterbunt

das ! Erholungsgebiet Oberndorf erreicht. Es geht weiter südlich – alle Abzweigungen ignorierend – am See entlang, bis auf die ! „Wörthseestraße" (ST2070). Für etwa 300 m wird es an der Autostraße etwas ungemütlich. Doch dann kommt links ein rettender Feldweg Richtung Campingplatz Sieber von Schlagenhofen. Von hier geht es wenige Meter nördlich bis zum Wörthsee. Nun führt die Straße „Am Ram" nach Osten am See entlang, bis sie nach einer Brücke und einer Rechtskurve wieder auf die „Wörthseestraße" trifft. Glücklicherweise ist sie nun aber keine Hauptverbindungsstraße mehr. Der „Wörthseestraße" nun weiter um den See folgen. Es geht am 3 Gasthaus Paradieswinkel vorbei. Kurz nach dem 4 Freizeitgelände biegt die Wanderung auf einen Kiesweg links nach Richtung Norden ab und führt, immer dem Seeufer folgend , auf den Uferweg „Seeleite". Hier geht es entweder bis zum Parkplatz zurück oder auf die Seepromenade zu einem verdienten Einkehrschwung in eines der schönen Lokale.

Der Wörthsee

Mit einer Länge von 3,7 km und einer Breite von 1,3 km gehört der Wörthsee zu den Seen des Fünfseenlandes

Ammersee, Wörthsee, Weßlinger See, Pilsensee und Starnberger See. Der 34 m tiefe See entstand aus den Schmelzwassern des Ammergletschers und zählt zu den wärmsten, schönsten und saubersten Badeseen Bayerns. Am Westufer des Sees liegt die private Mausinsel. Sie soll einer Sage nach von Mäusen besetzt gewesen sein. Von oben betrachtet ähneln die Umrisse der Insel einer Maus, die z. B. an einem Stück Käse knabbert. Das Eiland gab dem See letztendlich auch seinen Namen, denn das ähnlich klingende „Werth" bedeutet so viel wie „Insel".

Kirche St. Martin

Kulturinteressierte sollten einen Blick in die 1735 barock umgestaltete Kirche St. Martin in Steinebach werfen: Die hübschen, vielfach übermalten Deckenfresken wurden erst nach dem Zweiten Weltkrieg wieder frei gelegt. Ebenfalls sehenswert sind die Schnitzfiguren der Kirche. So stammt die Madonna mit Kind vermutlich aus dem Jahre 1420.

Tipp

Den Sonnenuntergang am Il Kiosko genießen!

Wanderalternativen: Wer mit der S-Bahn unterwegs ist, dem bieten sich mehrere Wanderrouten vom Weßlinger See Richtung Steinebach am Wörthsee.

Info

S8 nach Steinebach/Herrsching

Steinebach, südlicher Ortsausgang an der Dorfstraße

KOMPASS-Wanderkarte München und Umgebung WK 184, Karte 1 (West), 1:50000, Kompass Verlag

Il Kiosko
Seepromenade 18
82237 Wörthsee
Tel.: 08153-9015033
www.il-kiosko.de
Bei schönem Wetter geöffnet

Raabe am See
Seestraße 97
82237 Wörthsee
Tel.: 08153-7205
www.raabe-am-see.de
täglich geöffnet/Im Winter Di. Ruhetag

Hotel Seehof
Seeweg 4
82234 Weßling
Tel.: 08153-9350
www.hotelseehof.de
ÜN Hund: 8 Euro/Nacht

Paradieswinkel Gasthof Woerl
Wörthseestraße 25
82229 Seefeld
Tel.: 08152-76445
www.paradieswinkel.de
ÜN Hund: 5 Euro gesamt

Tourismusverband Starnberger Fünf-Seen-Land
Hauptstraße 1
82319 Starnberg
Tel.: 08151-90600
www.sta5.de

Tierarztpraxis Wörthsee
Iris Bergmann
Hauptstraße 1
82237 Steinebach am Wörthsee
Tel.: 08153-889922
www.tierarztpraxis-woerthsee.de

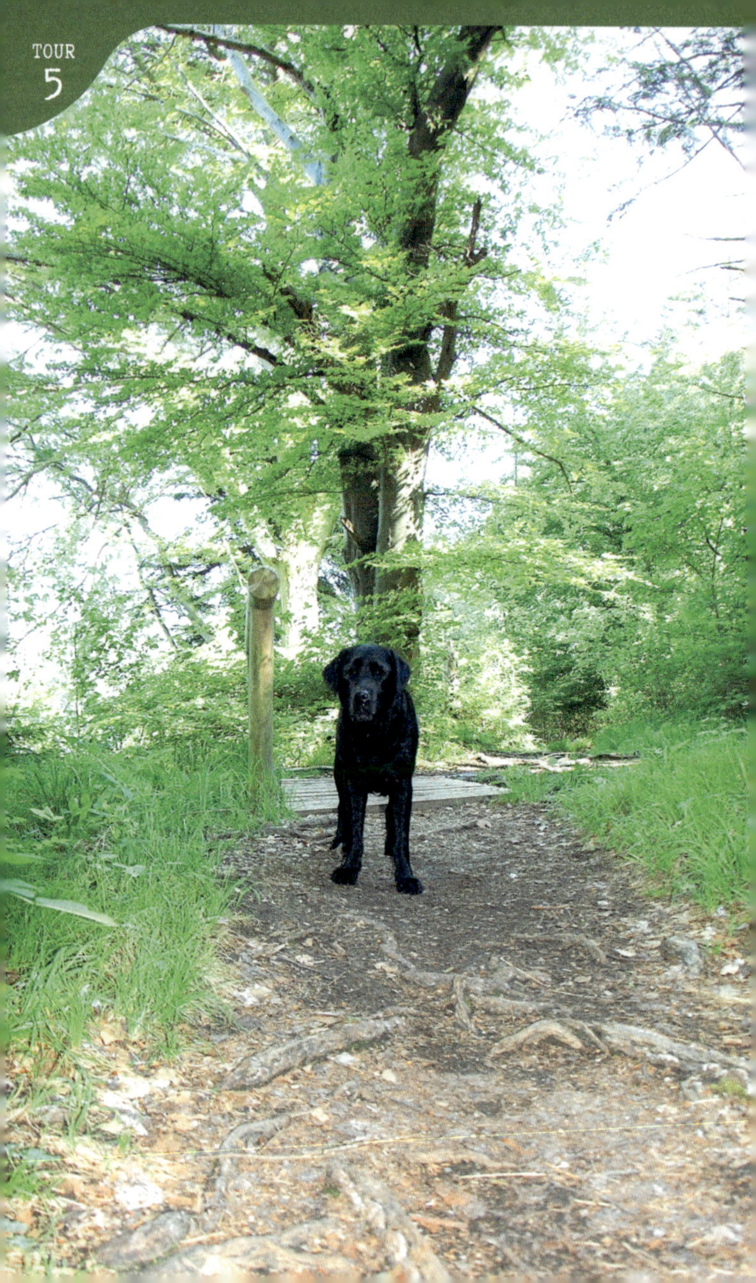

wildromantische Wege – Badespaß – Dampferfahrt

Wasserabenteuer auf geheimen Pfaden

Hundefreundlichkeit: **Das Ostufer des Ammersees bietet eine wunderbare Tour für heiße Sommertage. Hier ist nicht nur wenig los, sondern es ist auch schön schattig und zwischendrin laden jede Menge Badeplätze zur Erfrischung ein. Gekrönt wird die Runde sogar noch von einem offiziellen Hundebadestrand in Stegen. Einziges Manko: Im Naturschutzgebiet muss der Hund angeleint sein und der Schilfgürtel des Sees darf nicht betreten werden. Zurück geht es per Dampfer – so kann man die Schönheit des Sees nochmals vom Wasser aus bewundern.**

Tour-Info	↔ 12 km	3 Std.	556/534 m
Kategorie:	mittelschwer – am besten in den Sommermonaten machbar		
Start-Ziel:	Herrsching, S-Bahn		
GPS:	47°59'59.2"N 11°10'17.1"E		
Markierung:	keine Markierung – möglichst dem Westufer nach Norden folgen		
Wegecharakteristik:	36 % Wanderweg – 34 % Weg – 28 % Bergwanderweg – 2 % Straße		

Von dem Parkplatz an der S-Bahn die nördliche Unterführung Richtung Ammersee nehmen und gen Westen bis zum Ufer wandern. Hier angekommen, der Seepromenade so lange Richtung Norden folgen, bis die T-Kreuzung hinter dem akademischen Seglerverein erreicht ist. Hier kurz nach links und dann wieder rechts gehen, um anschließend in einem großen Links-Rechtsbogen direkt am See entlang um die Herrschinger Bucht zu wandern. Nach ca. 2 km geht es Richtung Norden weiter (geradeaus würde der Weg in einer Sackgasse enden). An der Autostraße angekommen, links halten und auf dem Gehweg weiterlaufen. Bereits nach 200 m führt links ein Weg unbeschildert in den Wald hinein. An der nächsten T-Kreuzung, die bereits nach 100 m erreicht wird, nach rechts Richtung Nordwesten abbiegen

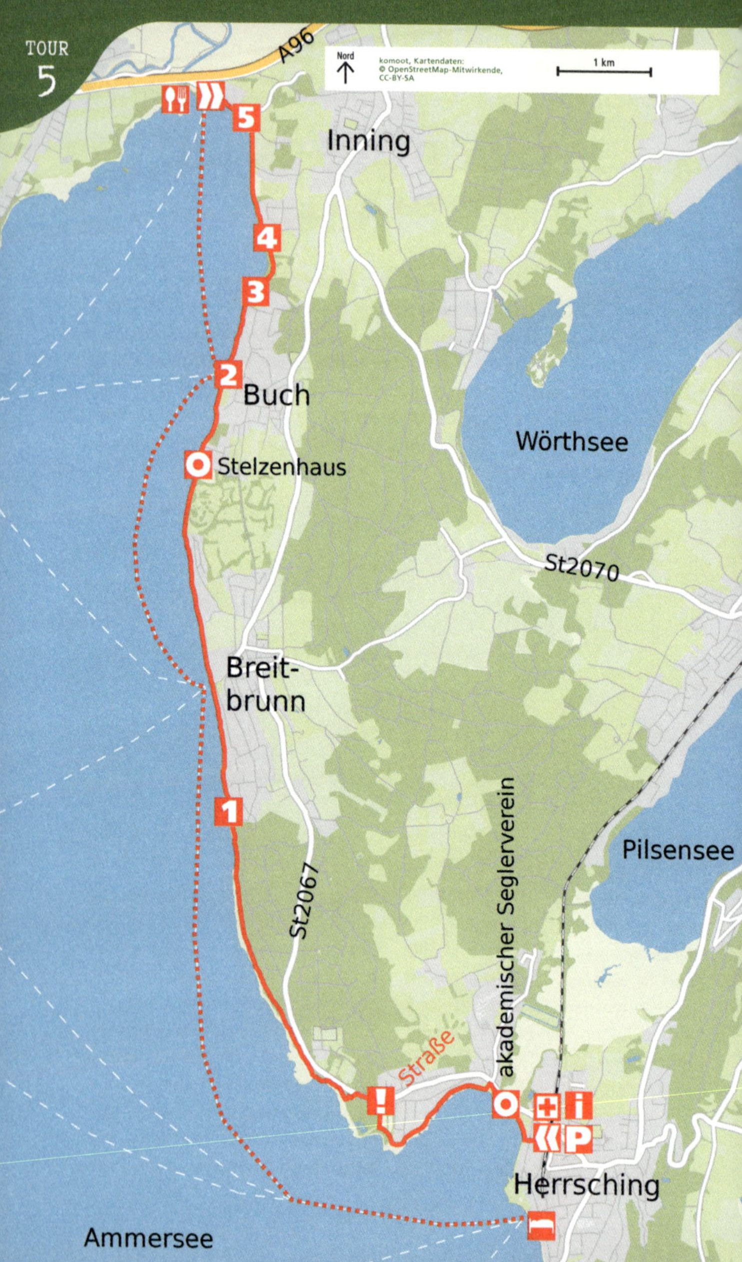
TOUR
5
A96
Nord
komoot, Kartendaten:
© OpenStreetMap-Mitwirkende,
CC-BY-SA
1 km
Inning
Buch
Stelzenhaus
Wörthsee
St2070
Breit-
brunn
St2067
akademischer Seglerverein
Pilsensee
Straße
Herrsching
Ammersee

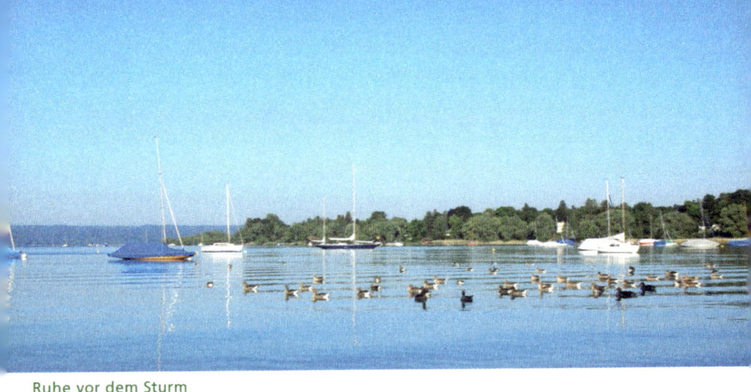

Ruhe vor dem Sturm

und dem urtümlichen Uferweg folgen. Achtung: Unbedingt die Betretungsverbote des Uferbereiches beachten! Ab jetzt ist etwas Pfadfindergeschick gefragt: Es geht über Wurzeln und teilweise leicht zugewachsene Pfade. Doch mit dem Ammerseeufer im Blick und gen Norden bzw. Nordwesten wandernd, gibt's kein Verlaufen. Je nach Wasserstand verschwindet der ein oder andere Teil des Weges eventuell im See – hier kann man meist problemlos Barfuß laufen. Im Zweifelsfall wird auf den östlicheren Weg ausgewichen. Bei 1 Breitbrunn ist der Uferweg wieder belebter. Es geht an Bootshäusern, schicken Villen, der Badewiese und der Bootsanlegestelle vorbei, bis die Wanderung weiter über einen Kiesweg Richtung Buch verläuft. Fotoapparat zücken: Kurz vor Buch liegt ein idyllisches O Stelzenhaus. Wer will, kann ab der 2 Schiffsanlegestelle wieder nach Herrsching zurückfahren. Ansonsten geht es für 700 m weiter nach Norden über einen Kiesweg. Ist der 3 Segelclub Inning passiert, beginnt der sogenannte 4 „Sieben-Brücken-Weg" Richtung Stegen. Wer mitzählen mag: Auf dem Waldpfad des Hochufers werden tatsächlich sieben Brücken überquert. Ab Stegen ist – vor allem an heißen Sommertagen – wieder mehr los. Die Wanderung führt an einem öffentlichen Badeplatz vorbei, an dessen 5 nördlichen Ende sogar Hunde erlaubt sind. Bevor es zur Schiffsanlegestelle in Stegen geht, können Hund und Besitzer nochmals ausgiebig baden. Zurück wartet eine entspannte Schiffsfahrt mit herrlicher Sicht auf den See und auf die Berge. Die Route führt von Stegen über Schondorf und Utting nach Herrsching.

Der Ammersee

Mit einer Fläche von 47 km^2 ist der Ammersee nach dem Chiemsee und dem Starnberger See der drittgrößte See Bayerns. Gleichzeitig gilt er als der am weitesten nach Norden reichende Voralpensee. Seine geologische

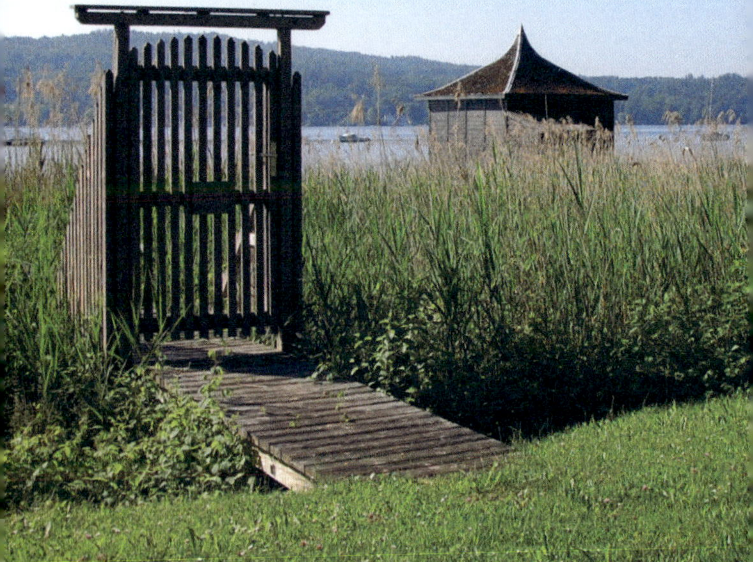

Am Ammersee gibt es einige idyllische Plätzchen

Formation entstand in der Würmeiszeit, als die abschmelzenden Gletscher in ihrer Fließrichtung die Seitenmoränen formten. Der See wir durch die Ammer (Oberlauf der Amper) gespeist, den Abfluss bis zur Mündung in die Isar bei Moosburg bildet die Amper.

Herrsching

Das ehemalige Fischerdorf Herrsching am Ostufer des Ammersees hat sich mittlerweile zu einem beliebten Touristengebiet gemausert. Immerhin lockt hier die mit 10 km längste Seeuferpromenade Deutschlands Erholungssuchende an. Erste Besiedlungsspuren gibt es aus der Bronzezeit (1200 v. Chr.), doch auch die Kelten und die Römer haben sich hier niedergelassen. Im archäologischen Park sind Adelsgräber und eine rekonstruierte Kirche aus dem 7. Jahrhundert zu finden. In einer Schenkungsurkunde des Uradels der Huosier an das Kloster Schlehdorf wurde Herrsching erstmals 776 erwähnt.

Tipp

Am besten die Wanderung mit wassertauglichen Trekkingsandalen unternehmen. Badesachen nicht vergessen! Je nach Abfahrtszeiten der Schiffe kann man auch erst mit dem Schiff nach Stegen fahren und dann nach Herrsching zurücklaufen.

Ebenfalls sehr schön ist die Nordumrundung des Ammersees von Breitbrunn bis nach Schondorf.

Fotomotiv: Das Kurparkschlösschen des Kunstmalers Ludwig Scheuermann wurde 1888 am Herrschinger Seeufer gebaut. Heute gehört es der Gemeinde Herrsching. Hier finden seit seiner Sanierung auch Trauungen statt.

Info

S8 nach Herrsching

Herrsching, S-Bahn

KOMPASS-Wanderkarte München und Umgebung WK 184, Karte 1 (West), 1:50000, Kompass Verlag

Restaurant Fischer
Landsberger Straße 79
82266 Stegen am Ammersee
Tel.: 08143-992800
www.fischer-ammersee.com
Außer im Winter täglich geöffnet

Seehaus Schreyegg
Landsberger Straße 78
82266 Stegen a. Ammersee
Tel.: 08143-992537
www.seehaus-schreyegg.com
Außer im Winter täglich geöffnet

Sonnenhof
Summerstraße 23
82211 Herrsching
Tel.: 08152-967930
www.sonnenhof-herrsching.de
ÜN Hund: 5 Euro/Nacht

Tourismusverband Starnberger Fünf-Seen-Land
Hauptstraße 1
82319 Starnberg
Tel.: 08151-90600
www.sta5.de

Gemeinde Herrsching
Bahnhofstraße 12
82211 Herrsching a. Ammersee
Tel.: 08152-3740
www.herrsching.de

Tierarztpraxis
Dr. Jutta Meininger
Koebkeweg 16
82211 Herrsching a. Ammersee
Tel.: 08152-6974
www.dr-meininger.de

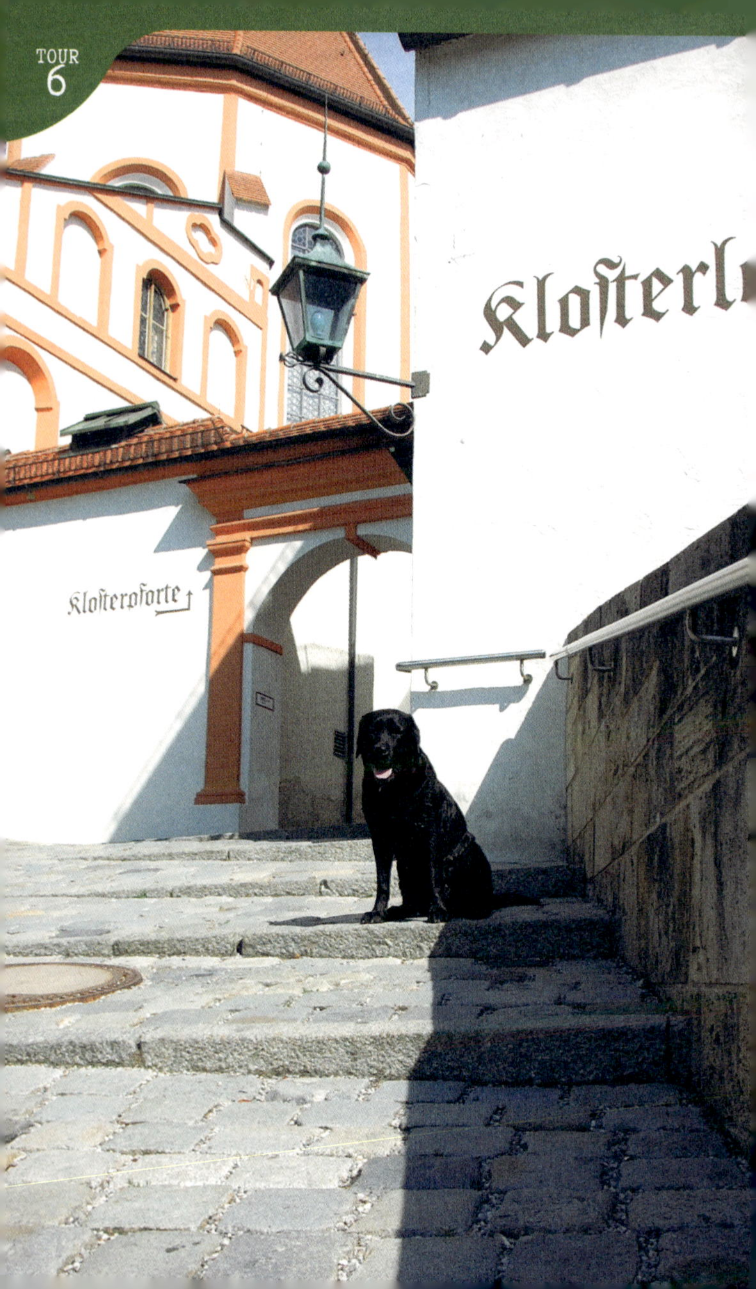
Klosterpforte

Pilgertour – Kiental – klösterliche Braukunst

Über's Hörndl auf den heiligen Berg

Hundefreundlichkeit: **Bei dieser Tour lohnt es sich, im Sommer früh aufzubrechen, denn so kann der Hund auf dem Rückweg den schattigen Weg des Kientals genießen. Da diese Wanderung auch bei Pilgern und Radtouristen ein beliebtes Gebiet ist, erwartet den Frühaufsteher zudem eine idyllische Runde ohne Massenandrang. In Andechs darf sich der Wanderer auf das bekannte Klosterbier freuen. Der Hinweg führt über schmale Pfade, zurück lockt der Kienbach mit Planschvergnügen.**

Tour-Info	↔ 10 km	2,5 Std.	688/542 m
Kategorie:	mittelschwer – ganzjährig möglich		
Start-Ziel:	Herrsching, S-Bahn		
GPS:	47°59'59.2"N 11°10'17.1"E		
Markierung:	gelegentlich: Beschilderung Richtung Kloster Andechs		
Wegecharakteristik:	40 % Wanderweg – 25 % Weg – 21 % Nebenstraße – 10 % Bergwanderweg – 4 % Straße		

Von der S-Bahn geht es anfangs südlich an der Bahnendstation entlang und immer im Zickzack zunächst auf die ! „Bahnhofstraße", dann südlich auf die „Kienbachstraße" und „Fischergasse", bis die Mühlfelder Straße (ST2068) erreicht ist. Hier kurz nach links wandern und – dem Kienbach folgend und überquerend – am Gasthof zur Post nach rechts in die „Andechsstraße" abbiegen. An der T-Kreuzung geht es nach Süden in die „Schönbichlstraße", um die Kirche 1 St. Martin herum und nach wenigen Metern an der Gabelung gen Südosten auf die „Leitenhöhe". Dieser knapp 50 m folgen, um dann linker Hand für kurze Zeit den schönen Fußweg nach Süden über die „Prinzenhöhe" zu nehmen. Der kleine Pfad stößt nach ca. 300 m wieder auf die „Leitenhöhe". Auf dieser bleibend geht es weiter nach Süden (Gabelung „Adolf-Ockert-Weg" ignorieren). Am Waldrand nach ca. 500 m biegt links ein Waldweg

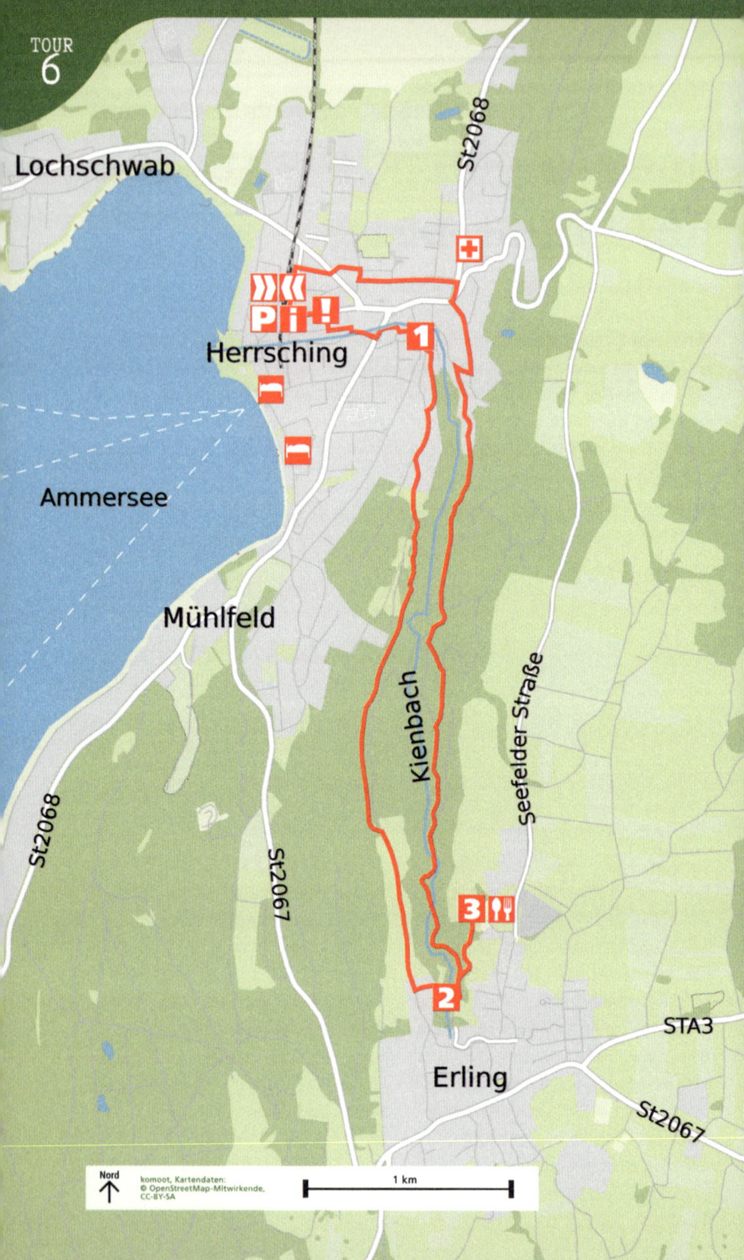

TOUR 6
Lochschwab
St2068
Herrsching
Ammersee
Mühlfeld
Kienbach
Seefelder Straße
St2068
St2067
STA3
Erling
St2067
Nord
komoot, Kartendaten:
© OpenStreetMap-Mitwirkende,
CC-BY-SA
1 km

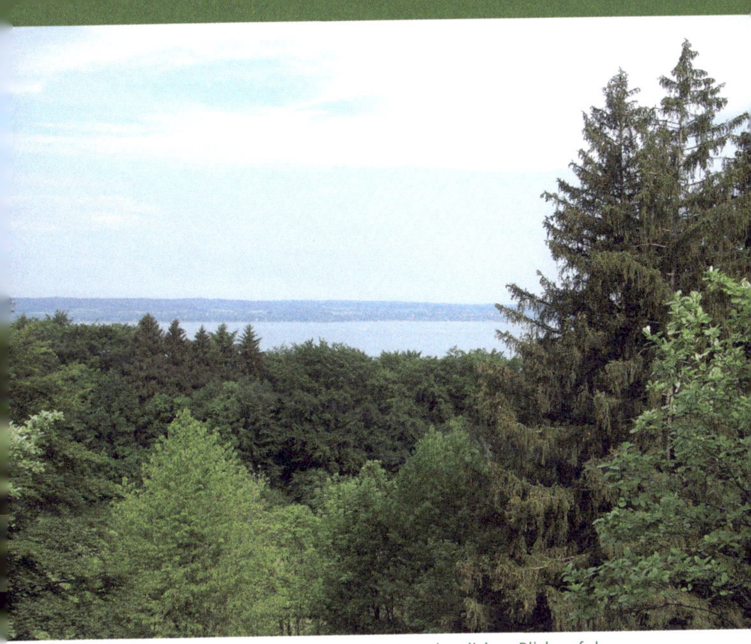

Auf dem Weg zum Kloster gibt es nochmals einen herrlichen Blick auf den Ammersee

von der „Leitenhöhe" Richtung Kloster ab. Alle weiteren Abzweigungen ignorierend führt der Weg knapp 1,5 km immer weiter nach Süden den Berg hinauf. An der nächsten T-Kreuzung folgt ein wenig schattiger Teil nach rechts Richtung Süden über den asphaltierten „Hörndlweg" bis nach Erlbach. Hier bei der ersten Abzweigung in den „Wartaweiler Weg" nach Osten abbiegen. Er endet an einem Treppenweg, der hinunter zum **2** Kienbach führt. Dieser wird in einer Linkskurve überquert. Weiter geht es nun nach links in die „Kientalstraße". An der nächsten Gabelung nach 100 m führt die Wanderung nach rechts in Richtung Nordosten über Stufen bis zur **3** Wallfahrtskirche von Andechs. Wer rechtzeitig aufgebrochen ist, kann eventuell sogar eine Hochzeit oder einen Gottesdienst miterleben. Nach der Rast im Andechser Bräustüberl geht es zunächst wieder zurück zur Wallfahrtskirche und anschließend die Stufen hinunter bis zur „Kientalstraße". Hier rechts halten und nach Norden den Berg hinunter durch das schöne Kiental zurückwandern. An den beiden folgenden Gabelungen links halten. An der dritten Gabelung, die nach 2 km erreicht wird, die „Kientalstraße" nach rechts auf einen nordöstlich abbiegenden Pfad verlassen. Bei der nächsten Gabelung führt dieser nach links wieder auf die „Kientalstraße" zurück. Nun alle weiteren

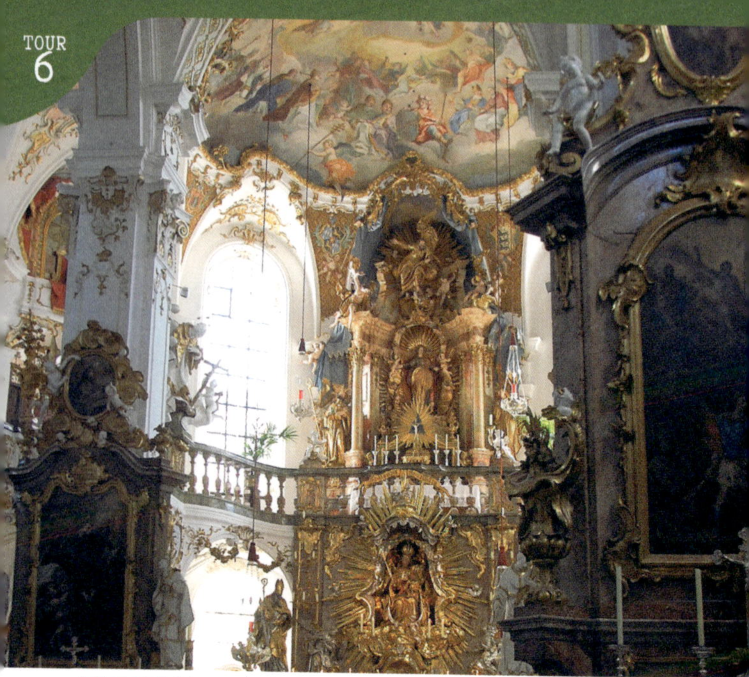

Mit viel Glück kann man in der Wallfahrtskirche einen Gottesdienst erleben

Abzweigungen ignorieren und für ca. 1,3 km bis zur ersten ! T-Kreuzung in Herrsching wandern. Hier geht es für wenige Meter nach rechts, um anschließend nach links in Richtung Norden auf die „Rehmstraße" zu gelangen. Ist die ST2068 erreicht, diese ein kurzes Stück Richtung Norden nehmen. Bei der nächsten Möglichkeit („Schillerstraße") nach links abbiegen und dieser bis zum „Mitterweg" folgen. Hier immer geradeaus, an der T-Kreuzung nach rechts und an der nächsten Möglichkeit wieder links abbiegen. Nun immer geradeaus, die „Rieder Straße" (ST2067) überqueren und über den „Kapellenweg" zum Parkplatz zurückwandern .

Kloster Andechs und sein Bier

Seit dem 12. Jahrhundert pilgern Wallfahrer zum Heiligen Berg nach Andechs, übrigens dem ältesten Wallfahrtsort Bayerns. Nachdem im Jahre 2003 der Münchener Jakobsweg von der Isarmetropole nach Lindau eröffnet wurde, steigt die Pilgerzahl wieder an. Derzeit besuchen 30.000 Wallfahrer aus über 130 Wallfahrtsgemeinden die von Herzog Ernst von Bayern 1423 gestiftete Wallfahrtskirche und das bekannte Kloster. Die Anfänge der Andechser Reliquien gehen auf Graf Rasso aus dem Geschlecht

der Grafen von Andechs zurück. Besagter Graf soll von einer Pilgerfahrt ins Heilige Land einen Zweig aus der Dornenkrone, ein Teil des „Spottzepters Christi", ein Stück vom Kreuz Christi sowie ein Teil des Schweißtuches mitgebracht haben. Kernstück des Andechser Heiltums sind jedoch die „Heiligen Drei Hostien", die 1392 vom Papst beglaubigt wurden. Der Reliquienschatz kann im Rahmen von angemeldeten Kirchenführungen in der „Heiligen Kapelle" bewundert werden.
Das Andechser Klosterbier hat eine lange Tradition. Es verbindet die benediktinische Gastfreundschaft mit barocker Kultur und bayerischer Lebensart. Das aus reinsten Rohstoffen gebraute Bier ist dank der Wallfahrt weit über Bayerns Grenzen hinaus bekannt.

Tipp

Wer sich für religiöse Volkskunst, traditionelle Wachsarbeiten, Bücher und das Pilger- sowie Wallfahrtsleben interessiert, sollte einen Blick in den Klosterladen unterhalb der Wallfahrtskirche werfen. Hier gibt es auch die guten Andechser Kräuterliköre aus der Klostereigenen Brennerei. Was viele nicht wissen: Freitags kann von 8:00 – 12:00 Uhr in der Klostermetzgerei (auf der Rückseite des Metzgereigebäudes) eingekauft werden.

Wie in Pilgergaststätten üblich, darf man sich sogar seine eigene Brotzeit ins Bräustüberl mitnehmen, sofern das gute Andechser Bier konsumiert wird. Eine schöne Wanderalternative gibt es von Pähl über den Andechser Höhenweg nach Andechs.

Info

S8 nach Herrsching

Herrsching, S-Bahn

KOMPASS-Wanderkarte München und Umgebung WK 184, Karte 1 (West), 1:50000, Kompass Verlag

Andechser Bräustüberl
Bergstraße 2
82346 Andechs
Tel.: 08152-376261

Klostergasthof Andechs
Bergstraße 9
82346 Andechs
Tel.: 08152-93090
www.klostergasthof.de
geöffnet täglich von 10:00 – 23:00 Uhr

Sonnenhof
Summerstraße 23
82211 Herrsching
Tel.: 08152-967930
www.sonnenhof-herrsching.de
ÜN Hund: 5 Euro/Nacht

Seehof Ammersee
Seestraße 58
82211 Herrsching
Tel.: 08152-9350
www.seehof-ammersee.de
ÜN Hund: 15 Euro/Nacht

Tourismusverband Starnberger Fünf-Seen-Land
Hauptstraße 1
82319 Starnberg
Tel.: 08151-90600
Telefax: 08151-906090
www.sta5.de

Gemeinde Herrsching
Bahnhofstraße 12
82211 Herrsching a. Ammersee
Tel.: 08152-3740
www.herrsching.de

Praktische Tierärztin
Dr. med. vet. Michaela Gerst
Seefelder Straße 16
82211 Herrsching am Ammersee
Tel.: 08152-969863

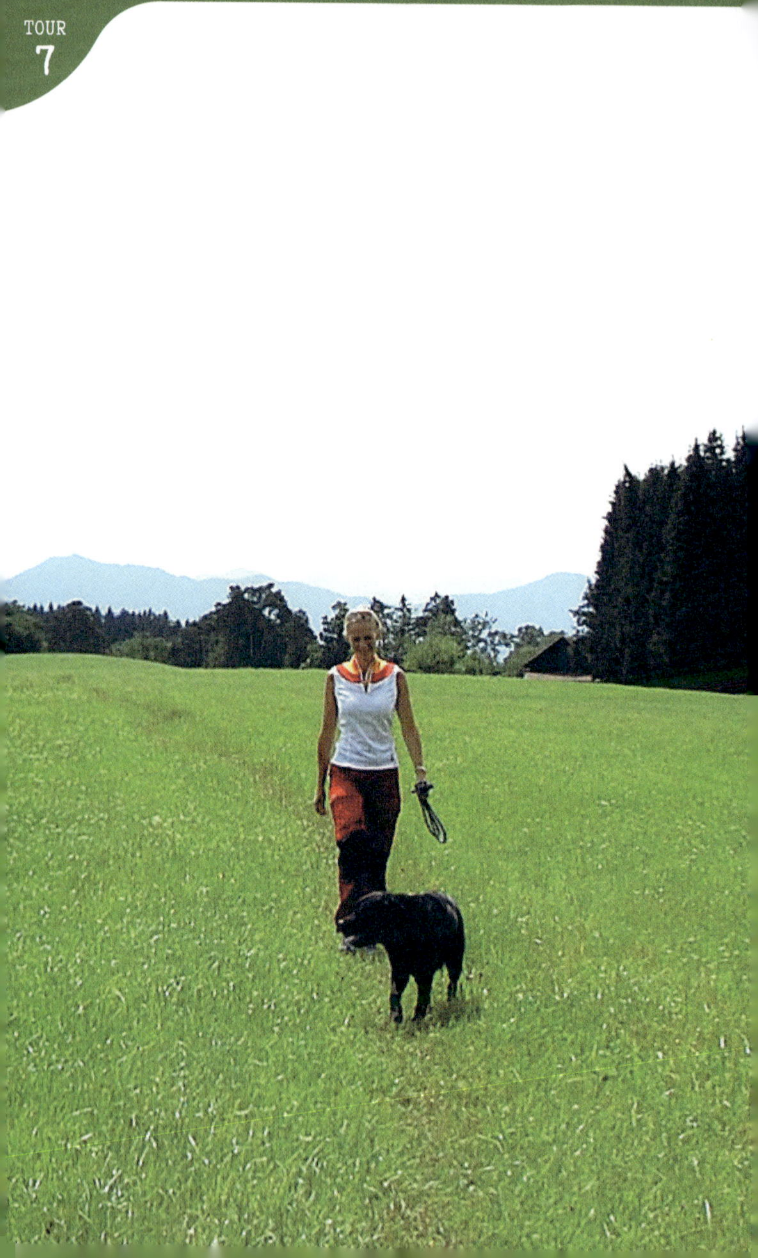

einsame Pfade – Fischteiche – Bergpanorama

Verstecktes Kleinod im Pfaffenwinkel

Hundefreundlichkeit: **Der Nussberg lockt mit einer wunderschönen ruhigen Wanderung durch den Wald und mit Alpenblick. Zwar muss der Hund an den Fischteichen und auf den privaten Wegen angeleint sein, doch finden sich immer wieder Stellen, an denen er ausgiebig frei laufen kann. Unterwegs bieten Zu- und Abläufe der Weiher schöne Erfrischungsmöglichkeiten. An einer Stelle gibt es einen Zaun mit Steighilfe, der erprobten Hunden keine Probleme bereitet. Ansonsten ist kurz Tragen angesagt. Achtung: Die Wanderung ist nicht zu jeder Jahreszeit möglich, da sie mehrmals über Privatbesitz geht und im Sommer Weidevieh auf dem Wiesnweg am Hof Nussberg grast.**

Tour-Info	↔ 9,5 km	2,5 Std.	645/611 m
Kategorie:	mittelschwer – ganzjährig möglich		
Start-Ziel:	Seeshaupt, Nussberger Weiher		
GPS:	47°50'33.3"N 11°15'53.1"E		
Markierung:	gelegentlich Markierung 36 und 37		
Wegecharakteristik:	77 % Wanderweg – 16 % Weg – 7 % Straße		

Vom Parkplatz geht es zunächst zum nordwestlich gelegenen Weiler **1** Nußberg – Achtung: **!** Privatgelände. Ist der Hof passiert, führt die Wanderung rechts am Hausweiher und Happberger Weiher vorbei. An der ersten T-Kreuzung geht es nach links. Der breite Weg geht bald in einen kaum sichtbaren Wiesenpfad Richtung Waldrand über. Ebenso versteckt liegt hier der kleine **2** Zaun mit Steighilfe, den trainierte Hunde leicht meistern. Ansonsten sollte der Vierbeiner darüber getragen werden. Weiterhin Richtung Nordwest wandernd folgt nun ein wunderschöner, verlassen wirkender Karrenweg. Er führt an einem alten **3** Brunnen vorbei. Nach circa 2,5 km trifft der idyllische Weg auf die **!** „Weilheimer Straße" (WM28). Dieser für ein paar m Richtung Westen folgen und bei nächster Gelegenheit wieder nach

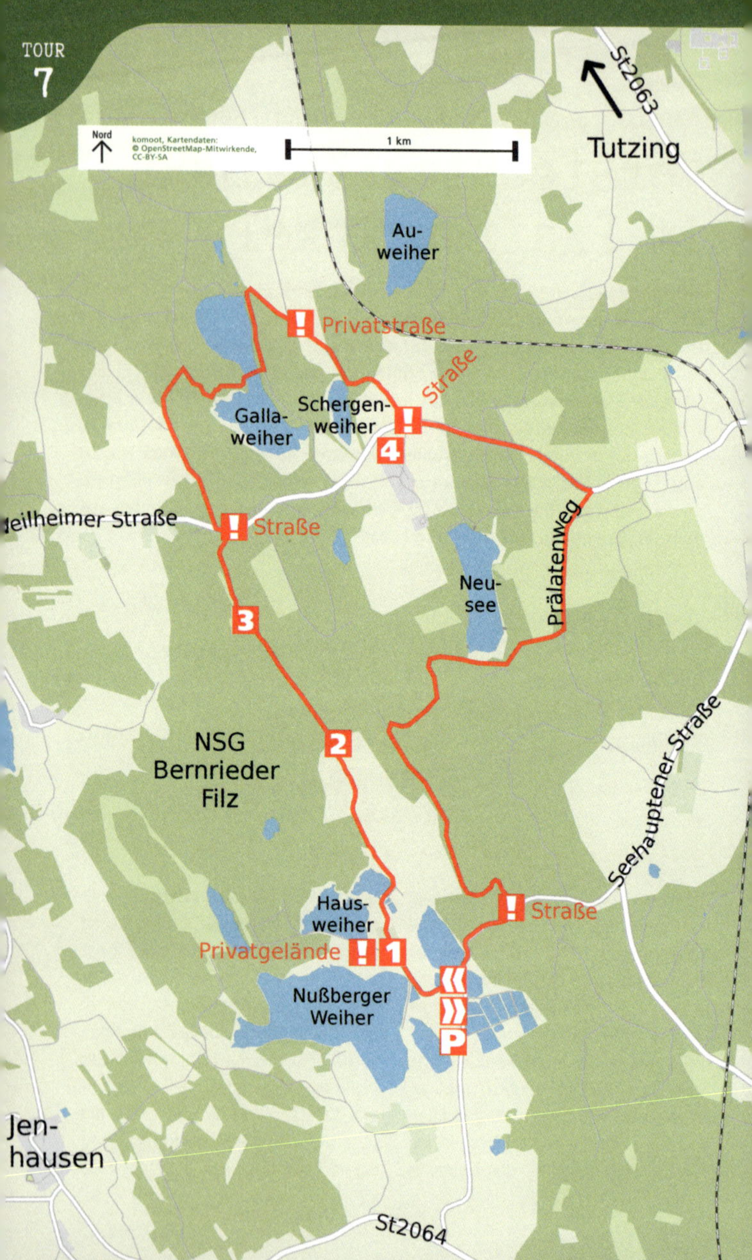

TOUR
7
Nord
komoot, Kartendaten:
© OpenStreetMap-Mitwirkende,
CC-BY-SA
1 km
St2063
Tutzing
Au-
weiher
Privatstraße
Straße
Galla-
weiher
Schergen-
weiher
4
Weilheimer Straße
Straße
Prälatenweg
Neu-
see
3
NSG
Bernrieder
Filz
2
Seehauptener Straße
Haus-
weiher
Straße
Privatgelände
1
Nußberger
Weiher
P
Jen-
hausen
St2064

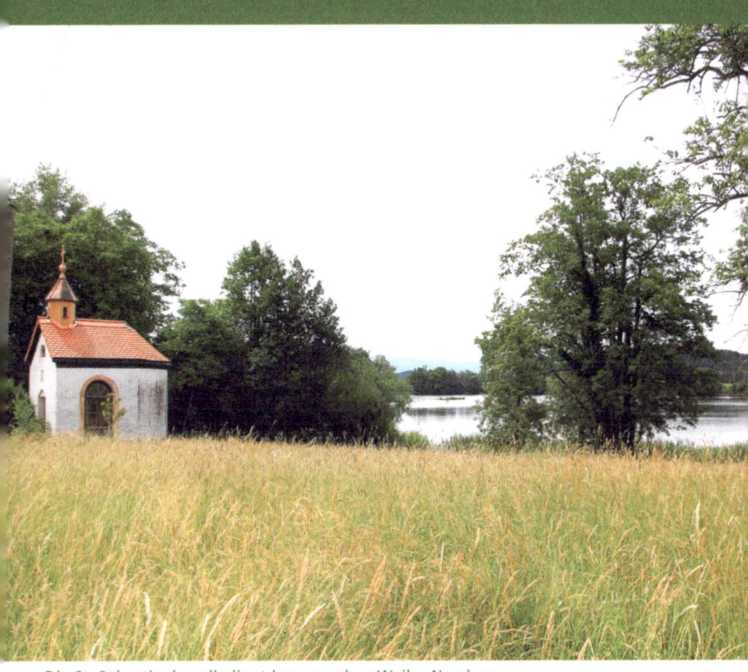

Die St. Sebastiankapelle liegt kurz vor dem Weiler Nussberg

rechts abbiegen. An der nächsten Gabelung nach knapp 500 m den rechten Weg wählen. Er führt nun in Richtung Nordosten. Nach ca. 300 m heißt es Augen auf: In einer leichten Linkskurve verlässt die Wanderroute den breiten Kiesweg und führt über einen schmalen, nach Regentagen recht matschigen Pfad Richtung Südosten zum Gallaweiher. Sollte der Pfad unpassierbar sein, kann der Gallaweiher auch über den breiten Kiesweg weiter umrundet werden. Ansonsten dem Pfad durch den Wald folgen und schon bald kommt das Ufer des Gallaweihers in Sicht. Nun verläuft die Tour einige m vom Ufer entfernt gen Nordosten am See entlang, bis ein Weg auf die Ostseite des Weihers führt. An der T-Kreuzung links halten und nach Norden wandern. Bei nächster Gelegenheit im Rechtsbogen Richtung Südosten zum Schergenweiher laufen. Auf dieser im ! Privatbesitz befindlichen Straße bitte den Hund anleinen. Ohne Abzweigungen führt die Wanderung weiter gen Südosten durch ein Tor hindurch wieder auf die WM28 und zum Ort 4 Unterholz. Da die Pfade um den ausgetrockneten Neusee je nach Jahreszeit unpassierbar sind – Abenteurer mit Pfadfindergeschick können die schmalen Waldpfade durchaus ausprobieren –, empfiehlt es sich sicherheitshalber, der wenig befahrenen ! WM28 zu folgen und dann über den ausgeschilderten „Prälatenweg"

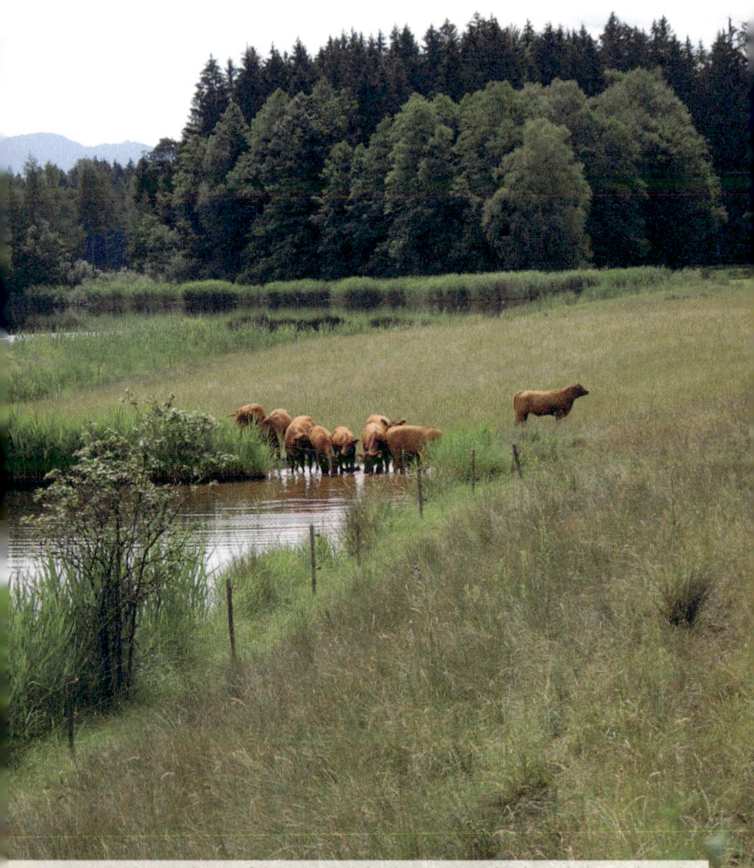

Die Wanderung führt zum Teil durch privates Gelände und über Kuhweiden

(Wallfahrerweg) zu wandern. Dieser biegt nach 300 m südwestlich von der Landstraße nach rechts ab und führt nach ca. 600 m an einer Gabelung nach rechts Richtung Westen. Bei der nächsten Gabelung nach 200 m links halten und Richtung Südwesten wandern. Anschließend, an der nächsten Gabelung nach 100 m, wieder den Weg nach Westen am Neusee vorbei wählen. Nun geht es in einer Links-, dann weitgezogenen Rechtskurve und nochmals einer kleinen Linkskurve zur nächsten Kreuzung. Hier links halten. Der „Prälatenweg" führt südöstlich ohne Abzweigungen bis auf die asphaltierte ! Nebenstraße Richtung Nußberg. Hier geht es nun nach rechts bis zum Südende des Bernrieder Weihers. Der Ausgangspunkt der Tour ist wieder erreicht.

St. Sebastiankapelle

Die denkmalgeschützte Hofkapelle St. Sebastian liegt südwestlich des Gutshofes Nussberg. Sie wurde 1843 von Joseph und Katharina Streindl gebaut.

Prälatenweg

Die Wanderung führt knapp 3,5 km über den „Prälatenweg", der insgesamt über 140 km von Marktoberdorf bis nach Kochel am See reicht.

Tipp

Wanderer mit Pfadfindergeschick können die schmalen Wege rund um den Neusee ausprobieren – das Abenteuer belohnt mit einsamer Waldruhe.

Info

z. B. RB 59633 bis nach Kochel am See, Bus 9655 nach Schmitten

Seeshaupt, Wanderparkplatz Nussdorf

KOMPASS-Wanderkarte München und Umgebung WK 184, Karte 1 (West), 1:50000, Kompass Verlag

Landgasthof zur Quelle
Magnetsried 4
82402 Seeshaupt
Tel.: 08801-912420
www.landgasthof-zur-quelle.de
Do. Ruhetag

3 Rosen Bernried
Dorfstraße 11
82347 Bernried
Tel.: 08158-904053
www.dreirosenbernried.de
ÜN Hund: 5 Euro/Nacht

Tourismusverband Pfaffenwinkel
Bauerngasse 5
86956 Schongau
Tel.: 08861-7773
www.pfaffen-winkel.de

Fremdenverkehrsbüro und Postfiliale Bernried
Bahnhofstraße 4
82347 Bernried am Starnberger See
Tel.: 08158-8040

Gemeinde Bernried am Starnberger See
Dorfstraße 3
82347 Bernried am Starnberger See
Tel.: 08158-993900
www.bernried.de

Fremdenverkehrsamt Seeshaupt
Tel.: 08801-907114
www.seeshaupt.de

Dr. Dirk Haarmann
Magnetsried 2
82402 Seeshaupt
Tel.: 08801-913567

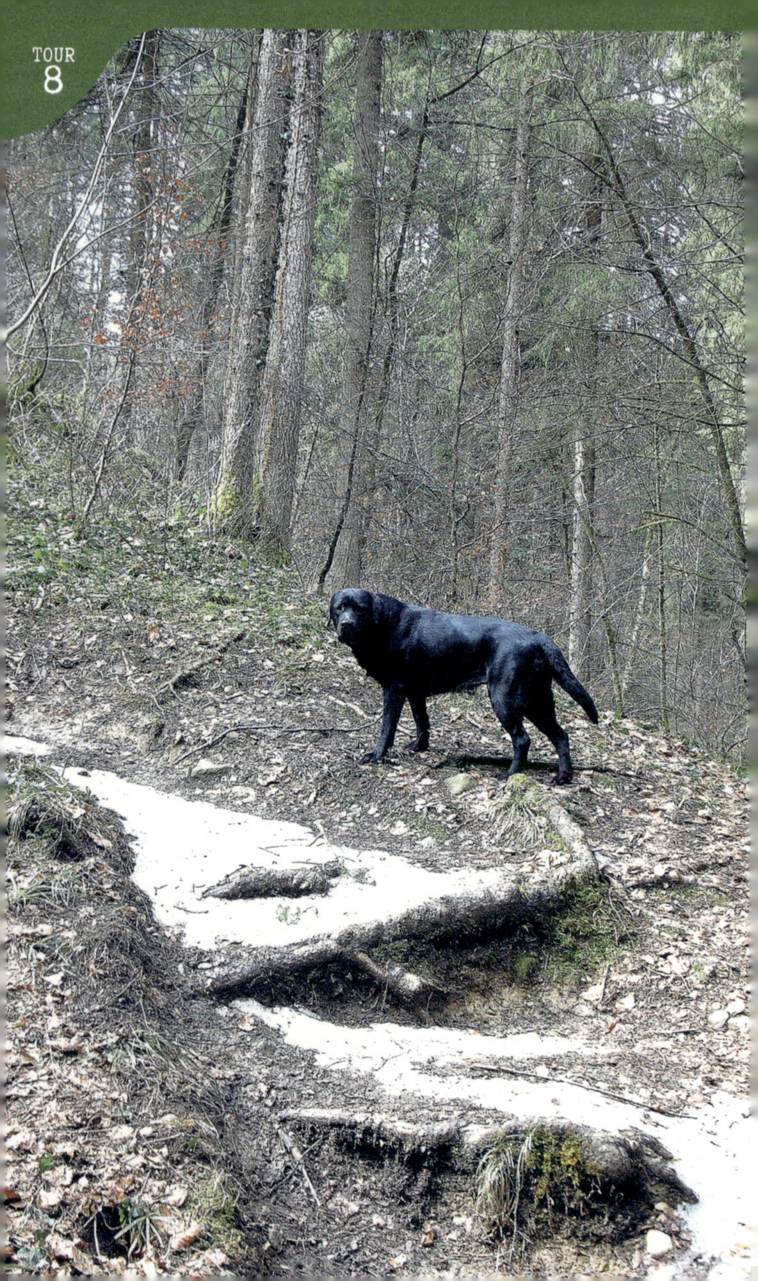

wildromantische Schlucht – tolle Aussichten – Badespaß

Durch die Waldschmidtschlucht zur Ilkahöhe

Hundefreundlichkeit: **Der Westen des Starnberger Sees bietet eine wunderschöne, abwechslungsreiche Wanderung, bei der Hund und Besitzer gleich viel Spaß haben. Die Tour führt durch eine wildromantische Schlucht, an Fischweihern vorbei und zur aussichtsreichen Ilkahöhe. Zwischendrin laden kleine Bäche immer wieder zum Trinken oder Planschen ein. Bis auf das Stück über die Ilkahöhe geht es größtenteils durch schattigen Wald. An den Fischweihern den Hund anleinen.**

Tour-Info	↔ 11 km	3 Std.	726/612 m
Kategorie:	mittelschwer – ganzjährig möglich		
Start-Ziel:	Tutzing, S-Bahn		
GPS:	47°54'25.9"N 11°16'21.0"E		
Markierung:	X1, X5		
Wegecharakteristik:	45 % Weg – 23 % Wanderweg – 18 % Nebenstraße – 9 % Straße – 5 % Bergwanderweg		

Vom S-Bahn-Parkplatz in Tutzing geht es zunächst Richtung Nordosten über den „Beringerweg" an den Schienen entlang auf die „Heinrich-Vogl-Straße" bis zur „Beiselestraße". Diese führt in einer Linkskurve nach Norden. An der zweiten Kreuzung nach rechts in die „Bockmayrstraße" abbiegen und dieser bis kurz vor den Schienen folgen. Nun geht es über die Straße „Am Pfaffenberg" nochmals kurzzeitig an den Schienen entlang Richtung Nordosten. Bei der 1 Weggabelung vor dem Kalkgraben (Wanderweg X1, Deixlfurter See) nach links Richtung Nordwesten abbiegen und der kleinen Asphaltstraße geradeaus folgen. Nach dem letzten Anwesen geht die Straße in den Waldpfad „Siebenbrückenweg" über und führt immer weiter geradeaus in die Waldschmidtschlucht. Alle Abbiegungen ignorierend wechselt der idyllische Pfad immer mal wieder per Holzbrücken die Bachseite und wird langsam steiler. Oberhalb des Kalkgrabens angekommen führt eine

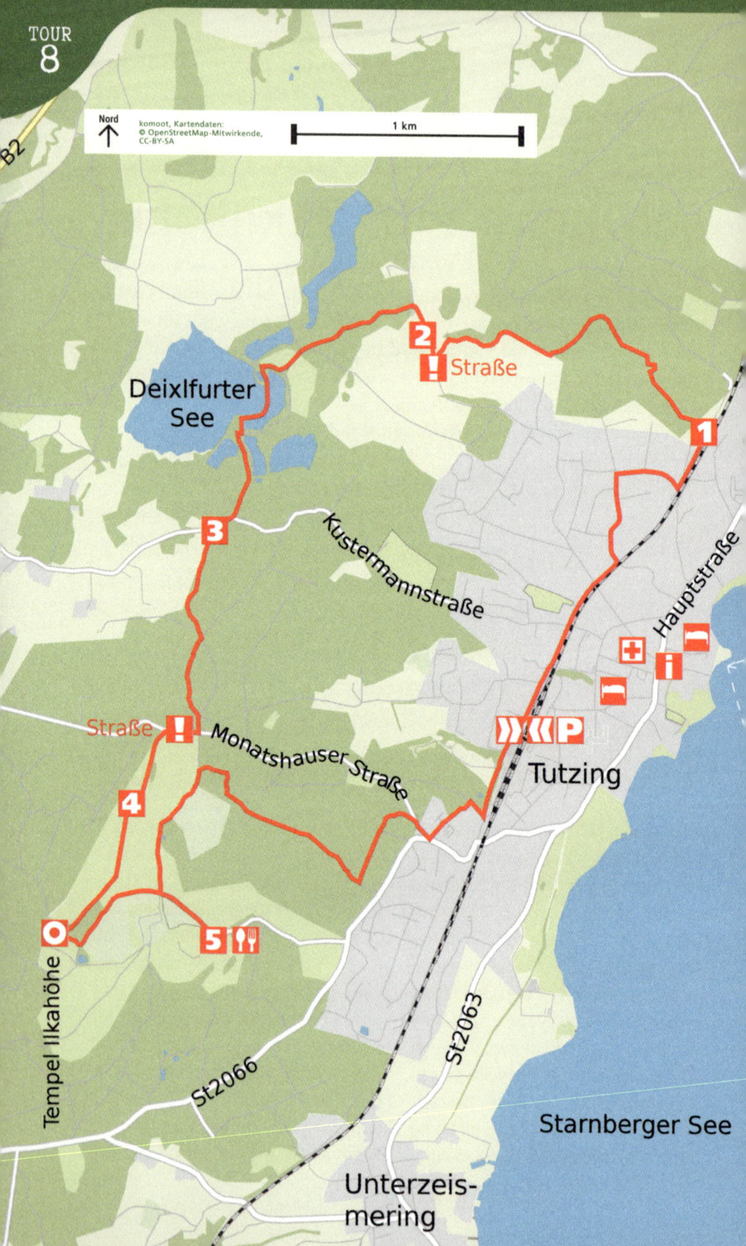
Nord
komoot, Kartendaten:
© OpenStreetMap-Mitwirkende,
CC-BY-SA
1 km
B2
Deixlfurter See
Straße
Kustermannstraße
Hauptstraße
Straße
Monatshauser Straße
Tutzing
Tempel Ilkahöhe
St2066
St2063
Starnberger See
Unterzeis-
mering

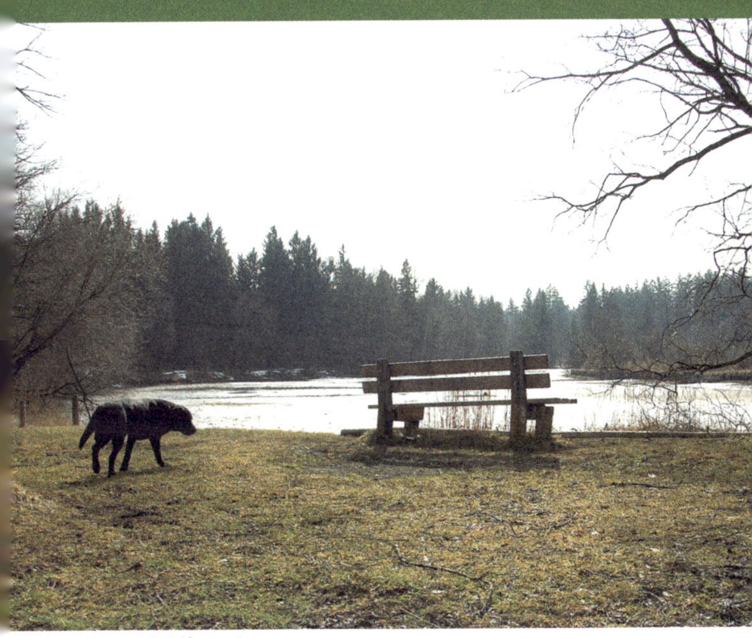

Rastplatz am Deixlfurter See

Abzweigung kaum sichtbar über einen Waldpfad weiter nach Westen, geht in einen Wiesenweg über bis er auf die **!** „Traubinger Straße“ trifft. Hier geht es nun weiter nach rechts Richtung Norden am **2** Waldorfkindergarten vorbei und bei der nächsten Abbiegung nach links Richtung Deixlfurter See. Die Wanderung führt durch einen Wald. An der Gabelung nach ca. 500 m den rechten Weg nehmen und gleich dahinter abermals rechts halten. Bei der nächsten Gabelung geht es nach Süden am kleinen Barbara Weiher vorbei und über einen Damm zwischen dem Rüdiger Weiher und dem Deixlfurter See entlang bis zur nächsten T-Kreuzung. Nach einem kurzen Rechts-Links-Schwenk geht es weiter Richtung Süden zwischen dem Cermak-Weiher und dem Klenzeweiher entlang. Die erste Abbiegung nach links („Kustermannstraße“) ignorieren und bei der nächsten Gabelung nach links auf die **3** „Bavariastraße“ – sie wird bald zum Kiesweg – weiter nach Süden wandern. An der Kreuzung vom Trimm-Dich-Pfad (nach ca. 500 m) nach rechts abbiegen und diesem bis zur nächsten Kreuzung folgen. Nun geht es weiter nach Süden bis

Tipp

Die Wanderung kann beliebig – z. B. von Tutzing über den „Martelsgraben“ – „Walderlebnisweg“ auf die Ilkahöhe – verkürzt oder auch über Monatshausen verlängert werden.

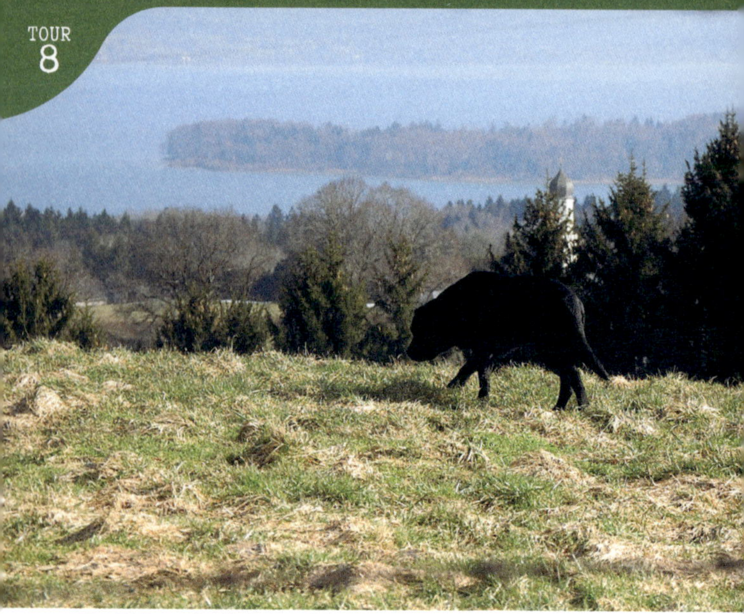

Der Blick von der Ilkahöhe auf den See ist gigantisch

auf die ! „Monatshauser Straße". An dieser nach rechts abbiegen. Achtung: Hier könnte etwas Autoverkehr sein. Nach ca. 100 m führt die Wanderung wieder auf einen schmalen Wiesenpfad Richtung Ilkahöhe nach links. Entlang der 4 Ilkahöhe stehen einige Bänke, um in Ruhe die schöne Aussicht auf den Starnberger See und bei klarem Wetter auf die Berge von der Zugspitze bis zu den Chiemgauer Alpen genießen zu können. In einem kleinen Wäldchen geht es nach der Ausgrabungsstätte „Tempel Ilkahöhe" keine 100 m nach Südosten und bei der nächsten Gabelung nach links, unterhalb der Ilkahöhe entlang. Nach knapp 500 m lohnt ein kurzer Abstecher über die Asphaltstraße zur Kirche St. Nikolaus und zum 5 Forsthaus Ilkahöhe mit seiner ebenfalls sehr schönen Aussicht. Ansonsten geht es nach Norden weiter bis zum 2er Weg. Hier nun rechts abbiegen und dem kleinen Pfad folgen, den Staudagraben queren und erst kurz vor Tutzing bei der nächsten Abbiegung nach links Richtung Nordost wandern. Der Weg führt nochmals über den Staudagraben bis auf die „Monatshausener Straße". Dieser nach rechts bis zur „Kirschnerstraße" folgen. Nun wieder links halten. Nach etwa 250 m trifft die „Kirschnerstraße" auf den „Beringerweg". Diesem kurz nach rechts und dann nach links bis zum Parkplatz folgen.

Die Ilkahöhe

Die Ilkahöhe ist mit 726 m die höchste Erhebung im Starnberger Seenland. Sie thront ca. 140 m über dem Starnberger See und bietet bei klarer Sicht ein herrliches Alpenpanorama von den Allgäuer bis zu den Chiemgauer Alpen. Die Höhe wurde von Graf von Vieregg nach seiner Tochter, der Gräfin Helene Ilka von Wrede, benannt, da diese sich während des Krieges 1870/71 aufopfernd um die Soldaten kümmerte.
Die Gaststätte Forsthaus Ilkahöhe war tatsächlich früher einmal ein Forsthaus, dessen Förster das Schankrecht besaß. Während er anfangs Bedienstete des Gutshofes und Holzfäller bewirtete, kamen später auch Wanderer hinzu.

Deixlfurter Seenplatte

Die acht Moorweiher der Deixlfurter Seenplatte laden zwar nicht gerade zum Schwimmen ein, aber sie sind für ihren Fischreichtum und auch als Vogelparadies bekannt. Mit 550 m Länge und 330 m Breite ist der Deixlfurter See der größte See auf dem in der Würmeiszeit entstandenen Moränenhügel. Vermutlich war das Gebiet schon zur Bronzezeit besiedelt. Funde aus der Römerzeit weisen zudem auch auf eine spätere Besiedlung hin.

Info

S6 nach Tutzing oder RB nach Uffing

Tutzing, S-Bahn Parkplatz

KOMPASS-Wanderkarte, München und Umgebung WK 184, Karte 1 (West), 1:50.000, Kompass Verlag

Forsthaus Ilkahöhe
Oberzeismering 2
82327 Tutzing
Tel.: 08158-8242
www.restaurant-ilkahoehe.de
täglich ab 11:30 Uhr geöffnet

Hotel Garni Möwe
Kirchenstraße 4a
82327 Tutzing
Tel.: 08158-93160
www.moewe-tutzing.de
ÜN Hund: 5 Euro/Nacht

Hotel zum Reschen
Marienstraße 7
82327 Tutzing
Tel.: 08158-9390
www.zumReschen.de
ÜN kleiner Hund: 7 Euro/Nacht

Gästeinformation im Vetterlhaus
Leidlstraße 1
82327 Tutzing
Tel.: 08158-258850
www.tutzing-tourismus.de

Tierarzt
Dr. med. vet. Christine Radwanski-Feldhütter
Traubinger Straße 3
82327 Tutzing
Tel.: 08158-6020
www.tierarzt-tutzing.de

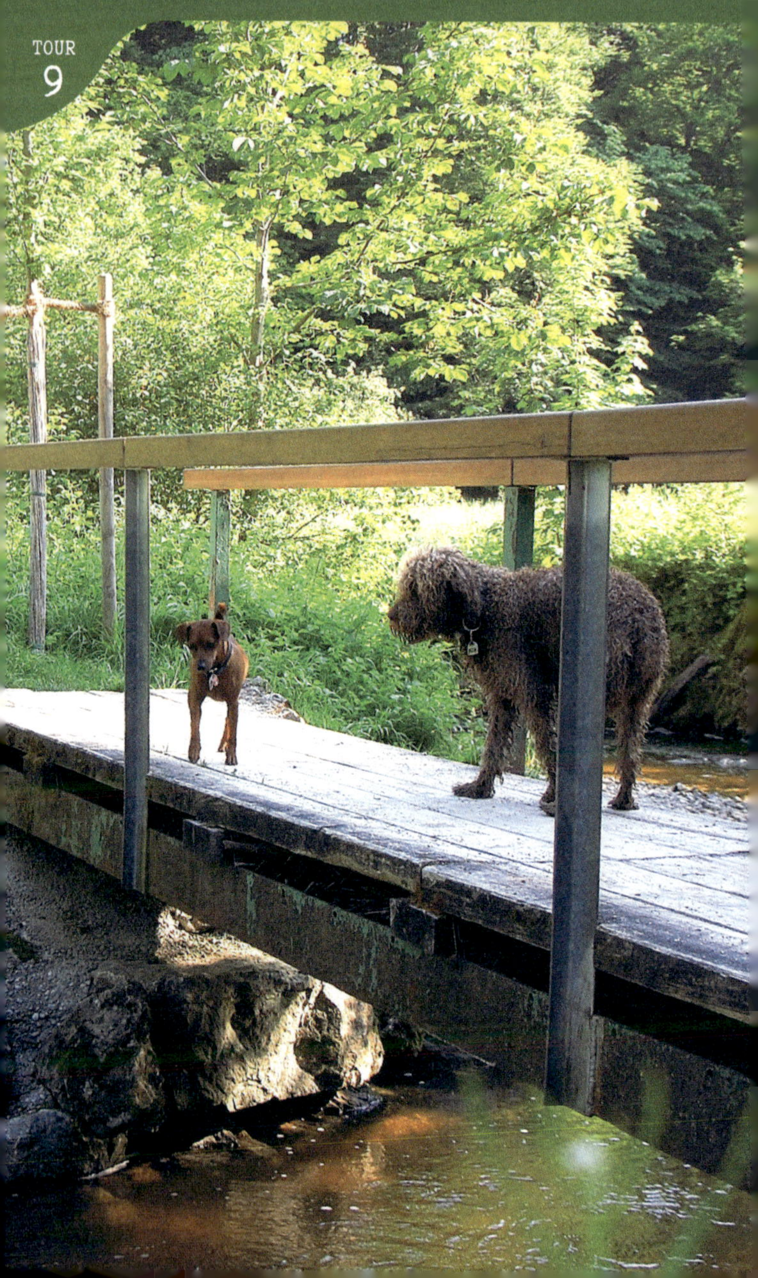

abwechslungsreicher Wasserspaß – herrliche Blumenwiesen – Moor- und Bergblicke

Schluchtenwanderung für Einsteiger

Hundefreundlichkeit: Bei dieser Wanderung ist viel Abwechslung geboten. Zunächst lockt die Schlucht mit Badespaß, dann geht es um den Maisinger Weiher, der zwar Naturschutzgebiet ist, doch an Zu- und Abläufen Hunde-Bademöglichkeiten bietet. Zu guter Letzt lädt der Rückweg zu ausgelassenem Wald- und Wiesenfreilauf ein. Der Weg durch die Schlucht ist größtenteils recht schattig, aber um den Maisinger Weiher ist er oft der Sonne ausgesetzt. Mit knapp 18 km gehört diese Wanderung zu den längeren Touren in dem Buch. Es ist also etwas Kondition angesagt.

Tour-Info	↔ 18 km	5 Std.	665/587 m
Kategorie:	aufgrund der Länge eher schwere Wanderung		
Start-Ziel:	Starnberg, S-Bahnhof		
GPS:	47°59'47.0"N 11°20'34.5"E		
Markierung:	keine Markierung		
Wegecharakteristik:	55 % Wanderweg – 30 % Weg – 8 % Straße – 6 % Nebenstraße – 1 % Bergwanderweg		

Vom Starnberger Bahnhof nach Westen bis zur „Bahnhofstraße" vorgehen, dieser nach Nordwesten bis zur Abzweigung „Söckinger Straße" (ST2070) folgen. Achtung: Zwischendrin muss die „Weilheimer Straße" (B2) überquert werden. ! Der „Söckinger Straße" für etwa 500 m folgen. Dabei werden der Siebenquellen- und Georgen- bzw. Maisinger Bach überquert. Ist linker Hand die „Maisinger Schlucht Straße" erreicht, geht es noch mal für ca. 30 m geradeaus. Dann führt ein kleiner Fußweg Richtung Westen. An der Gabelung nach 200 m links halten, den Maisinger Bach überqueren und weiter bis zum „Nibelungenweg" wandern. Diesem nur wenige Meter nach rechts folgen und nördlich des 1 Wasserwerkes in den Fußweg zur Maisinger Schlucht nach Südwesten einbiegen. Beim Wasserwerk gibt es übrigens auch eine Parkmöglichkeit

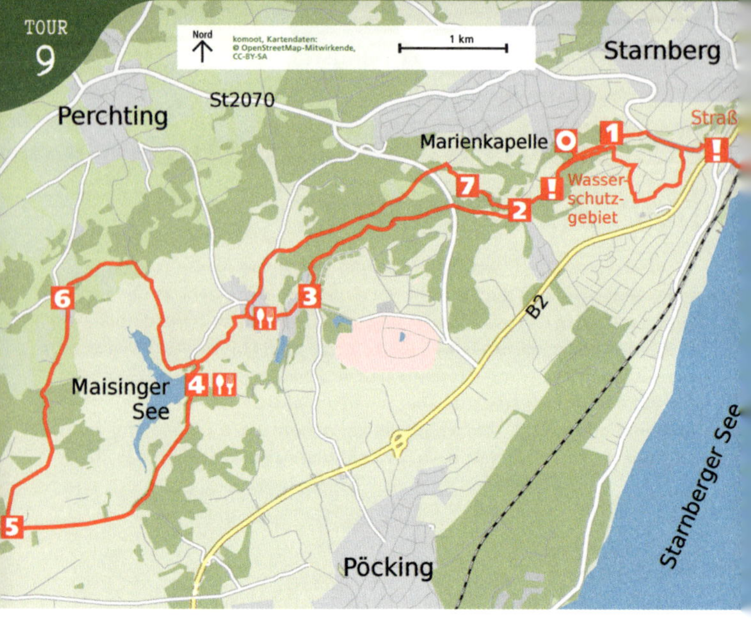

für Autofahrer – so spart man sich den Fußmarsch durch Starnberg. Der Weg führt zunächst über einen Wiesengrund bis zur Marienkapelle. Der kleine Abstecher über die Brücke zur Gebetsstätte lohnt, da hier der Hund ein letztes Mal planschen kann. Zurück auf dem Weg führt die Wanderung weiter durch das ! Wasserschutzgebiet (Hund anleinen). Es geht konstant Richtung Südwesten immer am Maisinger Bach entlang. Nur einmal, bei der 2 „Mozartstraße", quert der Weg den Bach. Der Straße für ein kurzes Stück nach Süden folgen und dann gleich wieder nach rechts Richtung Südwesten abbiegen. Über einen breiten Weg geht es wieder am Bach entlang. Das Tal wird immer enger und der Weg steiler, doch er ist immer noch bequem zu wandern. An der Passage unter der Brücke hindurch hat man tatsächlich ein Schluchtenfeeling. Am Ende der Schlucht – nach knapp 2 km – führt der Weg in einer weitgezogenen Linkskurve nach Süden bis auf den „Schluchtweg" bei 3 Maising. Diesem nach links Richtung Süden weiter folgen und bei der „Ortsstraße" nach rechts Richtung Westen abbiegen. AmGasthaus Georg Ludwig führt ein Fußweg weiter Richtung Westen zum Maisinger See. Für 600 m geht es um Acker und Wiesen herum bis der Wanderweg auf die „Seestraße" trifft. Nun Richtung 4 Maisinger Hof wandern – wer will macht hier eine

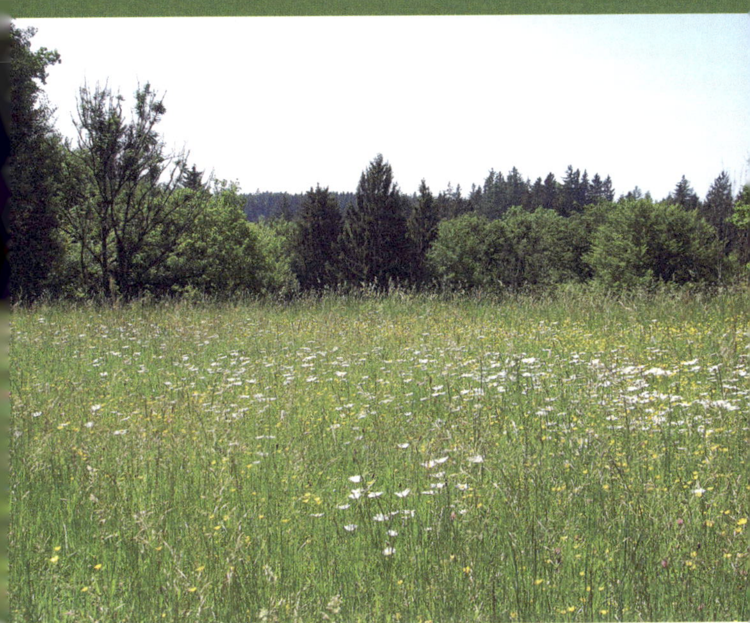

Auf dem Rückweg geht es an wunderschönen Blumenwiesen vorbei

kurze Badepause oder einen Einkehrschwung – und den See südlich, zunächst Richtung Pöcking, umrunden. Hier kann man entweder einen kleinen Pfad oder auch den etwas breiteren Wanderweg nutzen. Um dem Vierbeiner noch etwas Freilauf zu gönnen, führt die Hundewanderung südlich des Sees nicht durch das Naturschutzgebiet, sondern weiter nach Westen, fast bis nach Aschering. Erst nach dem ersten **5** Anwesen (Schmaus, Martin) geht es über den Hirtgraben nach Norden. Nun führt die Wanderung zunächst über sonnige Feldwege, dann durch einen lichten Wald an dem Maria-Hilf-Marterl vorbei bis nach **6** Jägersbrunn. An der Kreuzung nach der Ansiedlung geht es in einer weiten Rechtskurve über den „Landstettener Weg" gen Nordosten Richtung Maising, dann nach Süden weiter um den See herum. Nochmals lädt eine kleine Kapelle zum kurzen Verweilen ein. Von hier geht es auf altbekanntem Weg zurück nach Maising. Im Ort nun der Straße links nach Norden folgen und an der Kirche Sankt Bartholomäus weiter geradeaus über die „Söckinger Straße" wandern. Bei der nächsten

Tipp

Natürlich kann die Tour – ohne die Umrundung des Maisinger Sees – um einiges verkürzt werden.
Wer mit der S-Bahn unterwegs ist, kann auf dem Rückweg auch nach Possenhofen wandern.

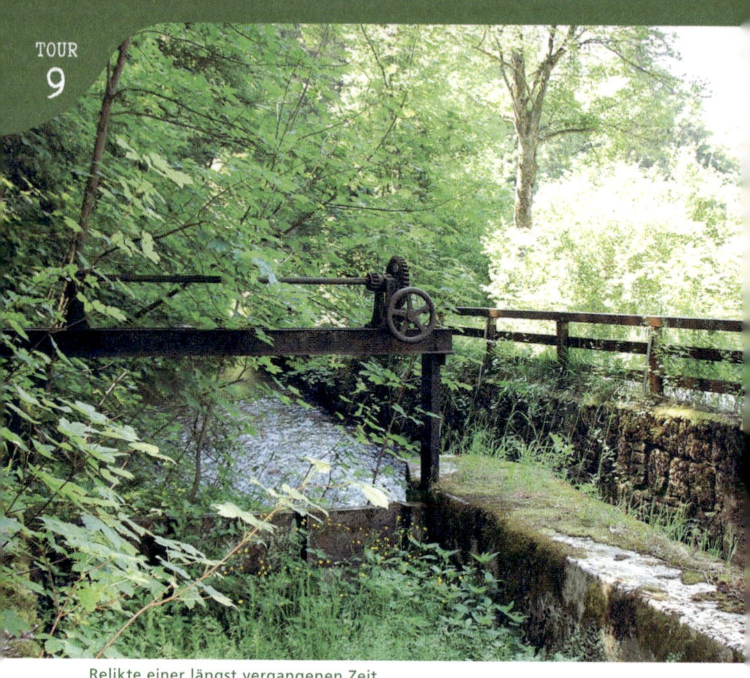
Relikte einer längst vergangenen Zeit

Weggabelung, nach ca. 500 m ab der Kreuzung, den Feldweg nach rechts Richtung Osten (Söcking) nehmen. Die Wanderung führt am Steilufer der Schlucht entlang – größtenteils durch einen Wald und dann über eine Blumenwiese. Per Brücke geht es über die ST2563. Bei der nächsten Möglichkeit rechts nach Südosten abbiegen. Hier braucht man etwas Orientierungssinn: Für ein paar Meter geht es direkt nach Süden, dann südöstlich bis zur nächsten Gabelung. Nun den rechten Weg nehmen. Nach 100 m erreicht man einen 7 Aussichtspunkt über die Maisinger Schlucht. Hier links halten und Richtung Osten wandern. Nach 200 m bei der Gabelung den rechten Weg nach Süden nehmen bis wieder die „Mozartstraße" erreicht ist. Auf altbekanntem Weg geht es nun zurück. Wer noch etwas Abenteuerlust verspürt, kann über einen kleinen Pfad südlich des Maisinger Baches bis nach Starnberg zurückwandern: Hier geht es zunächst für 500 m parallel zur Hinstrecke, bis das südliche Ende des Wasserwerks erreicht ist. Nach einer Abbiegung Richtung Süden trifft der teilweise kaum sichtbare Pfad zunächst auf die „Ringstraße", dann auf die „Ottostraße" in Starnberg. Die „Ottostraße" bis zur Kreuzung auf die „Moritz-von-Schwind-Straße" entlangwandern und dieser nach Süden bis zum „Siebenquellenweg" folgen. Dem Weg am Siebenquellenbach entlang Richtung Nordosten bzw. Norden bis zur „Söckinger Straße" folgen. Von hier geht es in altbekannter Weise zum S-Bahnhof zurück.

Maising: See, Schlucht und Kirche

Zugegeben: Die Maisinger Schlucht entspricht nicht dem, was sich Bergfexen unter einer alpinen Bergklamm vorstellen. Nichtsdestotrotz hat sich über Jahrtausende der Maisinger Bach seinen Weg durch den 100 m hohen Bergrücken bis nach Starnberg gegraben. Ca. 80 Prozent des sehr guten Starnberger Trinkwassers stammen aus der Maisinger Schlucht. Die Schlucht ist von Laubbäumen und 2 bis 8 m hohen Nagelfluh Felsen (grobkörniges Sedimentgestein aus gerundeten Komponenten wie Kies oder Geröll) umgeben.
Der Maisinger See wurde 1680 von Mönchen des Klosters Dießen zur Fischzucht künstlich angelegt. Heute wird der 1 m tiefe See nur noch alle fünf Jahre abgefischt. Im Jahre 1941 wurde der See aufgrund der ersten Bayerischen Lachmöwenkolonie zum Naturschutzgebiet erklärt. In der Nähe des Maisinger Seehofes gibt es eine Badestelle, an allen anderen Stellen ist das Betreten des Sees behördlich verboten.

Info

S6 nach Starnberg

Starnberg, S-Bahnhof oder
Starnberg, Wasserwerk

KOMPASS-Wanderkarte München und Umgebung WK 184, Karte 1 (West), 1:50000, Kompass Verlag

Gasthaus Georg Ludwig
Ortsstraße 16
82343 Maising/Pöcking
Tel.: 08151-3445
www.gasthaus-georg-ludwig.de
Di/Mi Ruhetag

Maisinger Seehof
Seestraße 14
82343 Maising
Tel.: 08151-744242
www.maisingerseehof.de
Mo. Ruhetag

Pension Sonnenblick
Buchhofstraße 33
82319 Starnberg-Percha
Tel.: 08151-89561
www.pension-sonnenblick.info
ÜN Hund: 10 Euro/Nacht

Gästehaus Maria
Schwaige 2
82319 Starnberg
www.pension-starnberg.de
ÜN Hund: Einmalige Reinigungspauschale 10 Euro

Stadtverwaltung Starnberg
Vogelanger 2
82319 Starnberg
Tel.: 08151-7720
www.Starnberg.de

Tourismusverband Starnberger
Fünf-Seen-Land
Hauptstraße 1
82319 Starnberg
Tel.: 08151-90600
www.sta5.de

Tierklinik Starnberg
Truhenseeweg 8
82319 Starnberg
Tel.: 08151-91790
www.tierklinik-starnberg.de

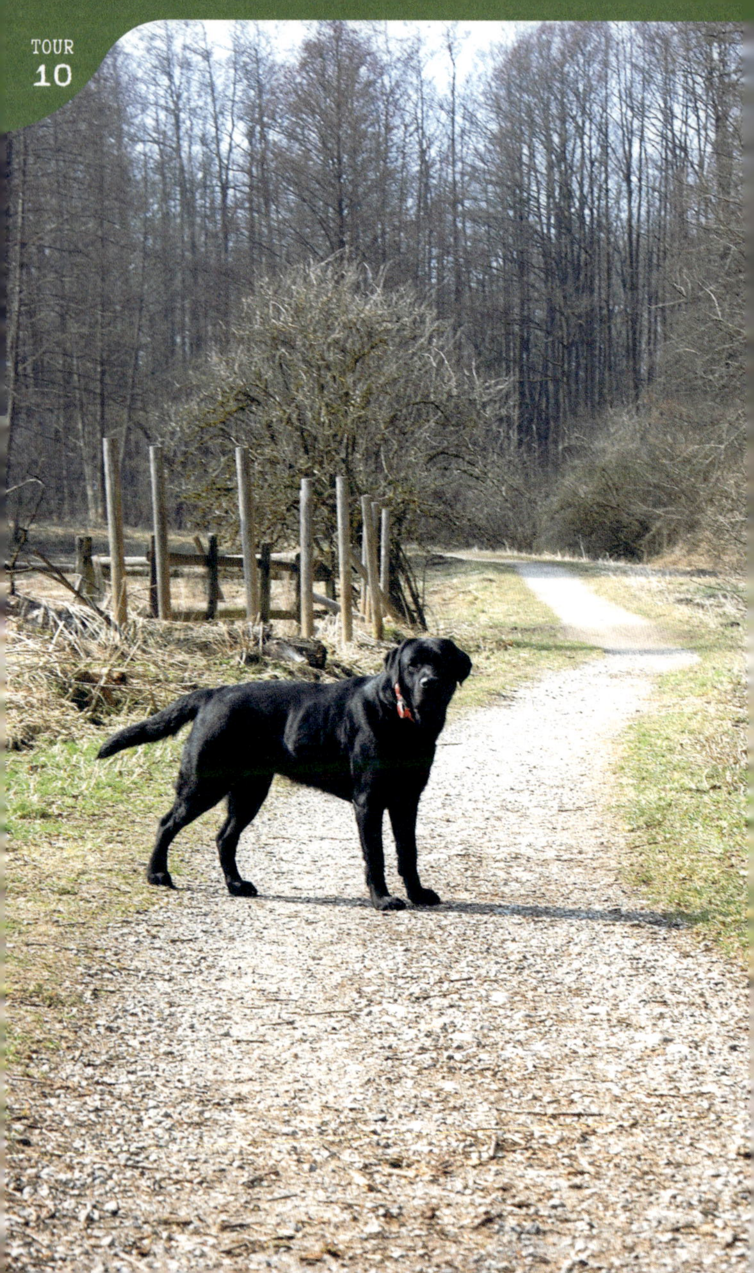

Kultur- und Naturpfad – Hundespaß und Einkehrschwung

Rundwanderung durch das Leutstettener Moos

Hundefreundlichkeit: **Das wunderschöne Leutstettener Moos lockt mit seinen interessanten Sehenswürdigkeiten viele Besucher an. Deshalb empfiehlt es sich, diese Tour eher vom Herbst bis zum Frühjahr zu unternehmen. Ein weiterer Grund: Im Sommer bieten sich hier wenig schattige Plätze – dafür sind umso mehr Radler unterwegs. Im Naturschutzgebiet muss der Hund selbstverständlich angeleint sein, doch es finden sich immer mal wieder Möglichkeiten zum freien Rumtoben.**

Tour-Info	↔ 10 km	2,5 Std.	608/586 m
Kategorie:	leicht – beste Zeit: Herbst bis Frühjahr		
Start-Ziel:	Percha, Landratsamt		
GPS:	48°00'00.3"N 11°21'12.2"E		
Markierung:	Bis auf ein paar Abstecher folgt der Weg der Markierung „Rad- und Wanderweg rund um das Leutstettener Moos".		
Wegecharakteristik:	43 % Nebenstraße – 35 % Weg – 16 % Wanderweg – 6 % Straße		

Vom Parkplatz am Landratsamt geht es zunächst die „Strandbadstraße" gen Süden und dann nach links in den „Nepomukweg". Diesen immer geradeaus folgen, über die hübsche Brücke der Hafeneinfahrt wandern und den ! „Schiffbauerweg" überqueren. Ab jetzt heißt der Weg „Seestraße". Bei der nächsten T-Kreuzung geht es nach links Richtung Norden in die „Berger Straße". Sie führt an der Feuerwehr von Percha vorbei und unter der Autobahn durch. Kurz darauf biegt die Wanderroute nach Nordosten in die „Heimatshausener Straße" ab, die dann geradeaus als 1 Wanderweg in das Leutstettener Moos führt. Alle Abzweigungen ignorierend biegt der Weg an der nächsten T-Kreuzung nach Norden ab. Bei der nächsten Gabelung können beide Wege genommen werden – sie führen ausgeschildert zum römischen Gutshof „Villa Rustica" (2. Jahrhundert n. Chr.). Wer sich für

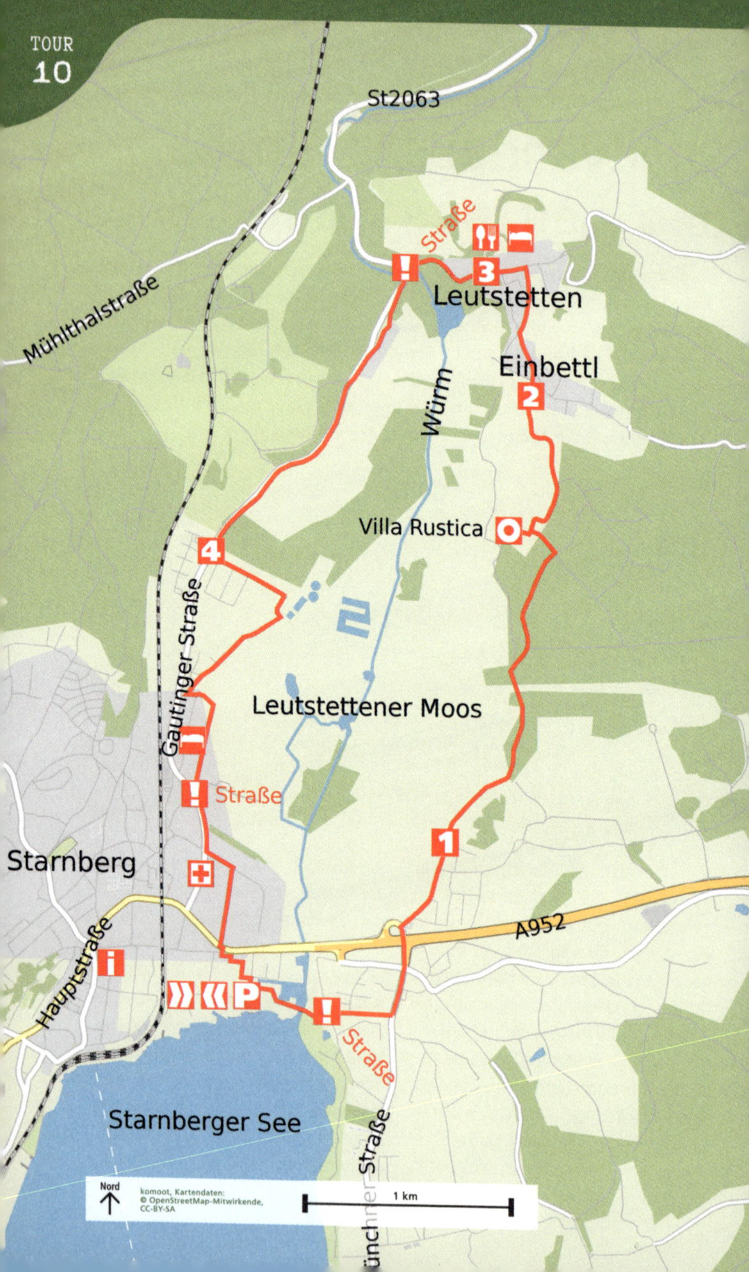
St2063
Mühlthalstraße
Straße
Leutstetten
Einbettl
Würm
Villa Rustica
Gautinger Straße
Leutstettener Moos
Straße
Starnberg
A952
Hauptstraße
Straße
Starnberger See
Straße
Nord
komoot, Kartendaten:
© OpenStreetMap-Mitwirkende,
CC-BY-SA
1 km

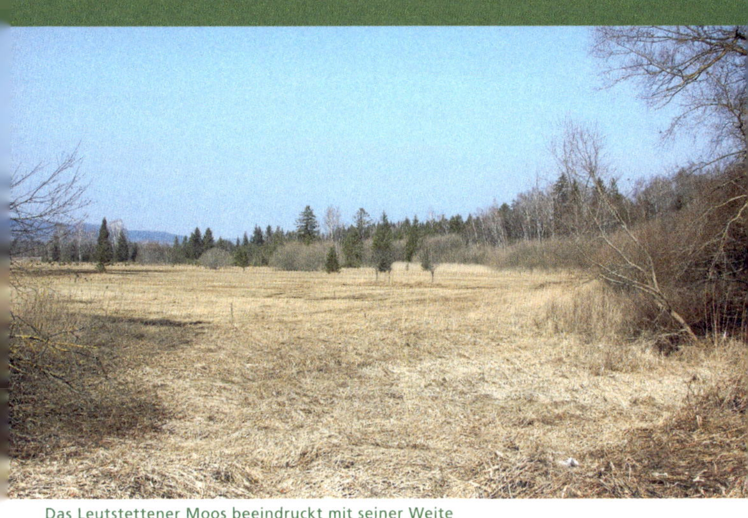

Das Leutstettener Moos beeindruckt mit seiner Weite

den rechten Weg entscheidet biegt nach ca. 600 m an der Kreuzung nach links Richtung Nordwesten ab. Eine kurze Rast an dieser erst in den Jahren 2001/2002 ausgegrabenen Ansiedlung lohnt: Der Bereich des Hypocaustums (der Fußbodenheizung) ist wie eine gläserne Vitrine geschützt und gibt durch die Ausgrabungen und ausgestellten Funde Einblick in das einstige Leben an diesem Ort. Von der Villa Rustica wieder ein Stückchen des Weges zurückgehen, bis ein Weg nach links gen Norden Richtung **2** Einbettl abbiegt. Diesem folgen und weiter nördlich durch Einbettl bis zur „Altostraße" wandern. Nun geht's nach Westen, wo rechter Hand der Biergarten der **3** Schlossgaststätte mit seinen schattigen Kastanienbäumen wartet. Wer die Wanderung an der Straße meiden möchte, geht auf der gleichen Strecke zurück. Zwischendrin bietet sich aber zumindest durch annähernd parallele Wegführungen etwas Abwechslung. Ansonsten geht es weiter nach Westen bis zur **!** „Gautinger Straße" (ST 2063). Nun verläuft die Wanderung auf einem asphaltierten Weg entlang der Landstraße Richtung Süden. **4** „Am Schloßhölz" – nach ca. 1,5 km entlang der Landstraße – geht es nun wieder nach links gen Osten Richtung Leutstettener Moos. Am Ende der Straße (nach ca. 400 m) auf den „Franziskusweg" biegen und diesem bis zur Kreuzung folgen. Nun nach links in die „Finkenstraße" einbiegen, die nach knapp 500 m wiederum parallel zur **!** „Gautinger Straße" nach Süden führt. An der folgenden Kreuzung in die „Petersbrunner Straße" nach links und bei nächster Gelegenheit in die „Moosstraße" nochmals nach Süden abbiegen. Anschließend die Münchener Straße überqueren und im Zickzack zum Parkplatz des Landratsamtes zurücklaufen.

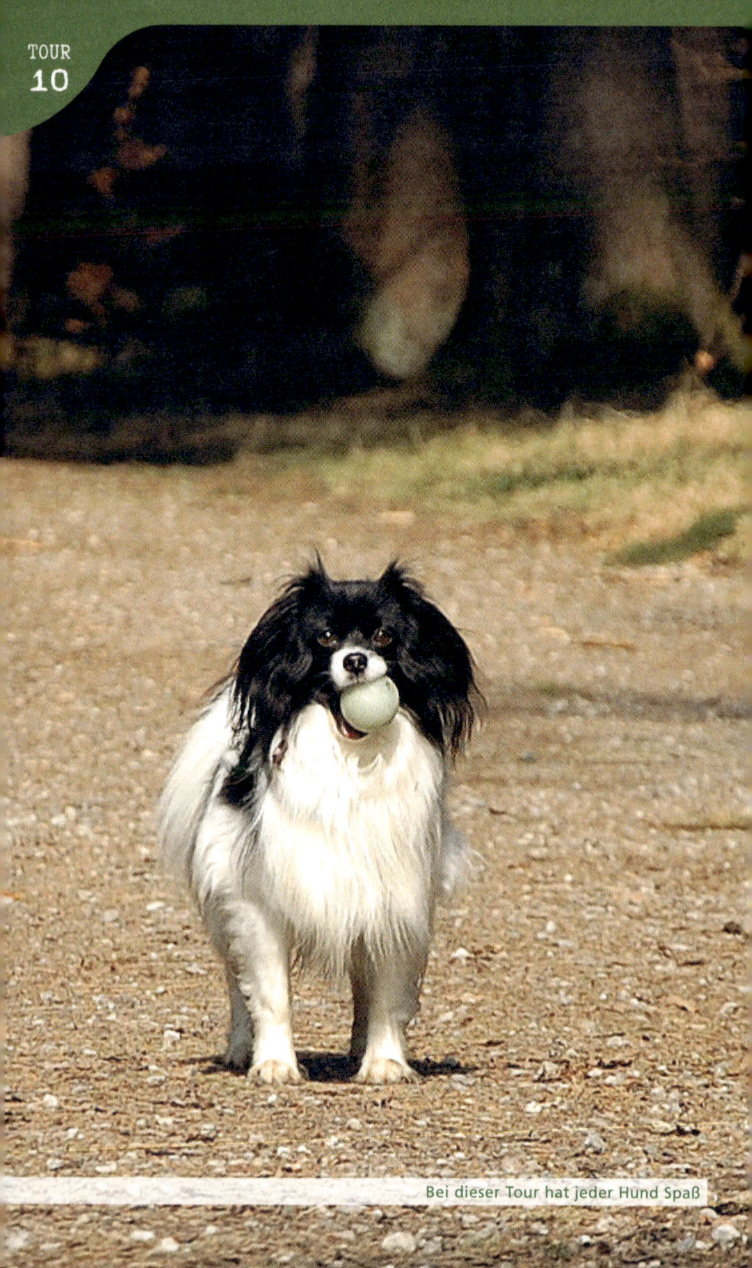

Bei dieser Tour hat jeder Hund Spaß

Starnberg, Leutstettener Moos und Villa Rustica

Das ca. 180 ha große Leutstettener Moos wurde 1984 zum Naturschutzgebiet erklärt. Das Niedermoor ist Teil eines verlandeten Stückes des Starnberger Sees und markiert an der doppelten Endmoräne im Norden gleichzeitig den Beginn des Mühltals.

Außerhalb des Naturschutzgebietes liegt die Villa Rustica, ein kleiner römischer Gutshof aus dem 2. Jahrhundert, der nur knapp 50 Jahre bewohnt wurde. Archäologische Funde weisen jedoch auch auf eine Besiedlung des Gebietes in der vorrömischen Eisenzeit hin.

Am Schlossholz befindet sich eine mittelalterliche Ringwallanlage die vermutlich nur per Boot erreichbar war und als Fluchtburg für die Bevölkerung diente. Der Sage nach lebte einst an der alten Brücke zwischen Percha und Starnberg ein schwarzer, pudelartiger Geisterhund, der nachts Wanderer am Überqueren der Brücke hinderte. Auch soll in dem Gebiet eine schrecklich brüllende Mooskuh gelebt haben, vor der sich die damaligen Landwirte sehr fürchteten. Vermutlich stammte das furchtbare Geräusch aber eher von einer balzenden Rohrdommel (Reiherart).

Tipp

Eine schöne Winterwanderung (ca. 12 km) führt übrigens von Buchendorf nach Leutstetten über den Schlossberg Richtung Gauting und wieder zurück nach Buchendorf.

Info

S6 bzw. RB nach Starnberg

Kostenloser Parkplatz am Landratsamt Starnberg – Alternativ: Heimatshausener Straße in Percha

KOMPASS-Wanderkarte München und Umgebung WK 184, Karte 1 (West), 1:50000, Kompass Verlag

Schlossgaststätte Leutstetten
Altostraße 11
82319 Starnberg
Tel.: 08151-8156
www.hs-gaststaetten.de
Öffnungszeiten:
Mai-September täglich ab 10:00 Uhr

Pension Sonnenblick
Buchhofstraße 33
82319 Starnberg-Percha
Tel.: 08151-89561
www.pension-sonnenblick.info
ÜN Hund: 10 Euro/Nacht

Gästehaus Maria
Schwaige 2
82319 Starnberg
www.pension-starnberg.de
ÜN Hund: Einmalige Reinigungspauschale 10 Euro

Stadtverwaltung Starnberg
Vogelanger 2
82319 Starnberg
Tel.: 08151-7720
www. Starnberg.de

Tourismusverband Starnberger Fünf-Seen-Land
Hauptstraße 1
82319 Starnberg
Tel.: 08151-90600
www.sta5.de

Tierklinik Starnberg
Truhenseeweg 8
82319 Starnberg
Tel.: 08151-91790
www.tierklinik-starnberg.de

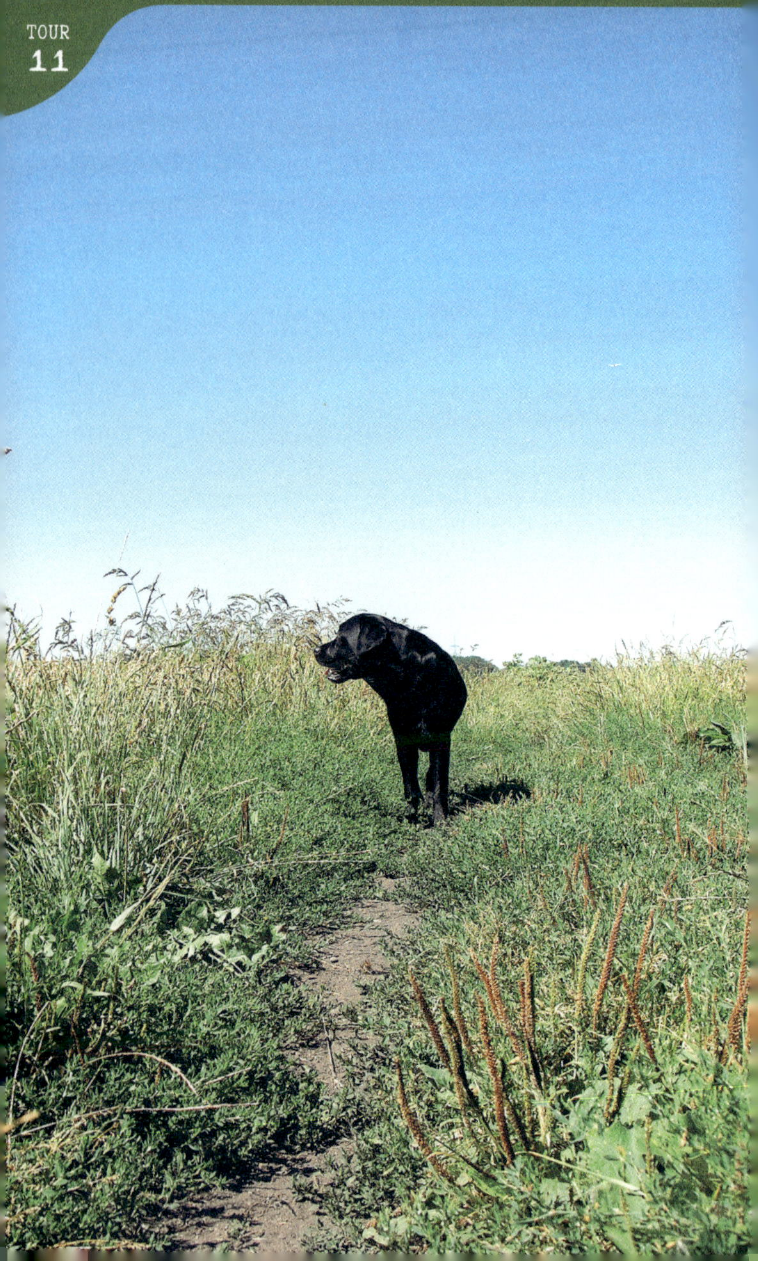

Badespaß – schattiger Wald – Moorlandschaft

Aubinger Lohe: Erholung ganz nah

Hundefreundlichkeit: Klein, aber fein: Das besonders Schöne an dieser Tour ist, dass man für diese abwechslungsreiche Wanderung nicht weit aus München herausfahren muss. Ob freie Wiesen oder schattiger Wald: Für den Hund gibt es unterwegs viel zu entdecken. Achtung: Die Schutzzonen bitte beachten.

Tour-Info	↔ 8 km	2 Std.	552/513 m
Kategorie:	leicht – ganzjährig möglich		
Start-Ziel:	Lochhausen, S-Bahn Parkplatz		
GPS:	48°10'37.1"N 11°24'27.3"E		
Markierung:	keine Markierung		
Wegecharakteristik:	81 % Weg – 8 % Bergwanderweg – 8 % Nebenstraße – 2 % Straße – 1 % Wanderweg		

Von der S-Bahn geht es zunächst Richtung Süden über die „Henschelstraße" zur Aubinger Lohe. Bei der ersten Möglichkeit den Fußweg nehmen und zur „Ziegeleistraße" laufen. Dieser ca. 250 m nach rechts Richtung Westen folgen und dann nach links abbiegen. Nach ungefähr 150 m führt rechter Hand ein Weg für kurze Zeit nach Westen. An der nächsten T-Kreuzung rechts halten und in einer langgezogenen Linkskurve zwischen Wiese und Waldrand alle Abzweigungen ignorieren und immer geradeaus Richtung Westen wandern. Kurz nachdem der breite Waldweg gequert wurde, driftet der nun schmale Pfad zunächst nach Norden, dann wieder nach Westen ab. An der „Bienenheimstraße" geht es links weiter. Wer möchte, macht einen kurzen Abstecher zur **1** Waldwirtschaft Bienenheim. Ansonsten knapp 60 m gen Nordwesten weiter wandern, die „Federseestraße" queren und an den Schrebergärten des Kleingartenvereins entlang wandern. Sind Krähenweg und Erlbach überquert, ist es nicht mehr weit bis zum Wirtschaftsweg **2** „Am Sandberg". Diesem nun bis zur nächsten größeren T-Kreuzung nach links folgen, an der Schranke

TOUR 11

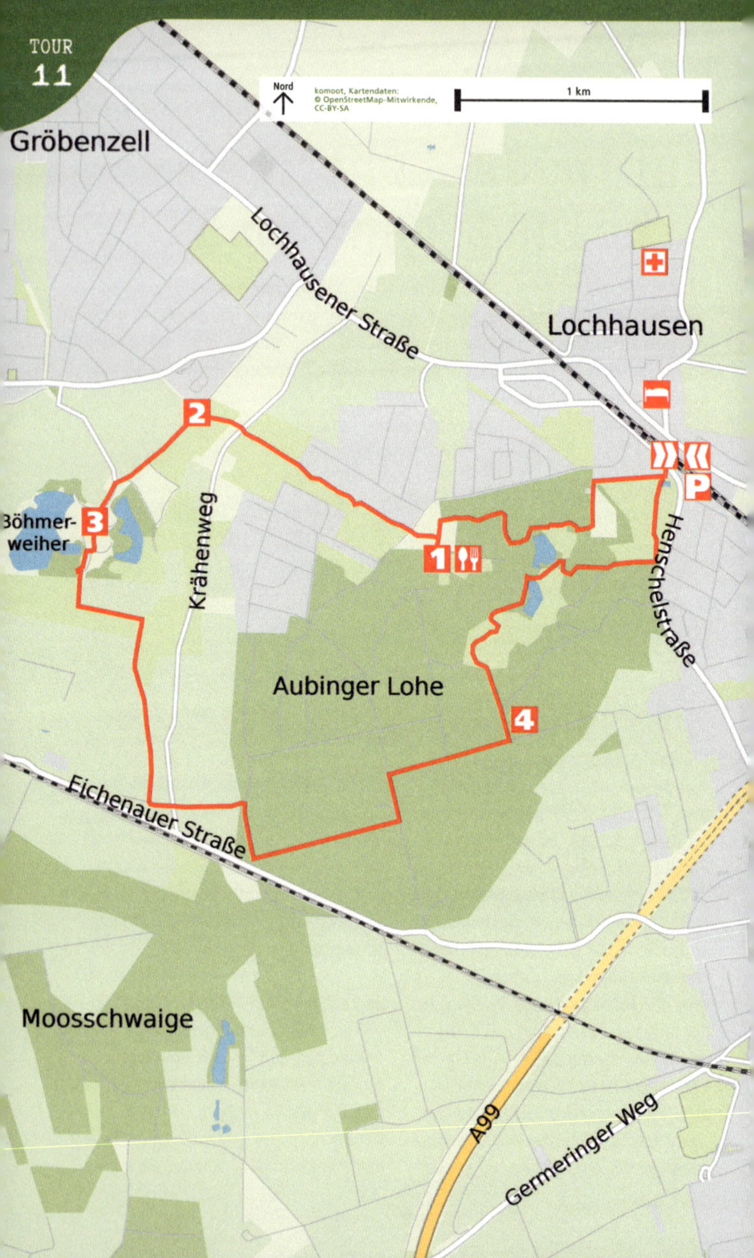

Nord
komoot, Kartendaten:
© OpenStreetMap-Mitwirkende,
CC-BY-SA
1 km
Gröbenzell
Lochhausener Straße
Lochhausen
2
3
Böhmer-
weiher
Krähenweg
1
Henschelstraße
Aubinger Lohe
4
Eichenauer Straße
Moosschwaige
A99
Germeringer Weg

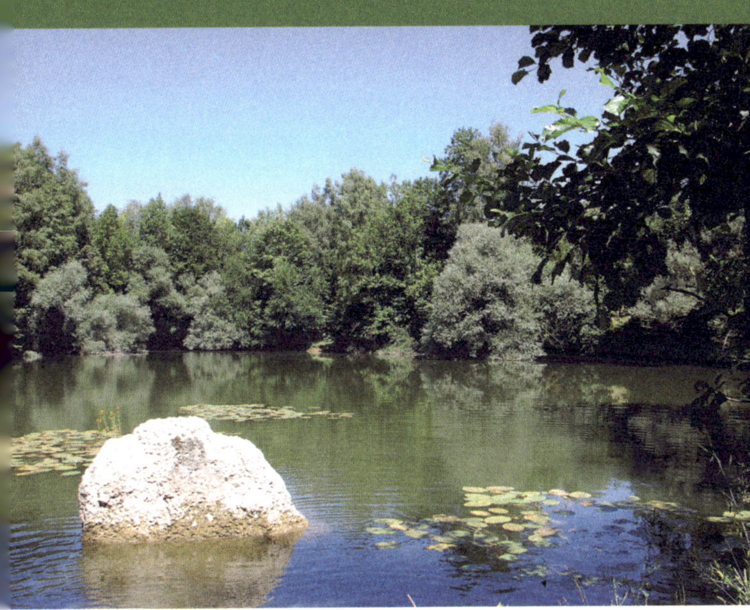

Idyllisches Biotop in der Aubinger Lohe

vorbei wandern und dabei den Weihergraben überqueren. Nun eine von den kleinen Sträßchen zwischen **3** Weihergraben (Biotop) und Böhmerweiher (Naherholungsgebiet) wählen und die Tour weiter nach Süden fortsetzen. An den Südenden der Seen angekommen, geht es für ca. 150 m weiter geradeaus zwischen den Feldern entlang, bis an der nächsten T-Kreuzung ein Feldweg links gen Osten führt. In einer Rechtskurve führt die Wanderung etwa 700 m nach Süden über den „Lohwiesenweg. Es geht erneut an den hübschen Schrebergärten vorbei, der Speckgraben wird passiert und kurz vor der „Eichenauer Straße" führt die Wanderung über den „Krähenweg" und den Erlbach hinweg nach Osten. Über den schmalen Trampelpfad am Feld geht es weiter geradeaus bis zur „Schwojerstraße" in den Wald hinein. Hier nochmals für ein kurzes Stück nach rechts Richtung Süden und dann bei nächster Gelegenheit links abbiegen. An der T-Kreuzung zum „Aubinger-Loh-Weg" erneut links halten und Richtung Norden wandern. Nach 230 m rechts in den „Moossteig" abbiegen. Kurz vor dem **4** Teufelsberg (542 m) – nach ca. 500 m – links den Weg nach Norden einschlagen. Ist die nächste T-Kreuzung erreicht, wird der

Tipp

Es gibt unzählige Möglichkeiten, durch die Aubinger Lohe zu wandern: Wer mit der S-Bahn da ist, kann z. B. von Lochhausen nach Germering oder auch nach Puchheim wandern. Für eine Rundwanderung bietet sich die Moosschwaige als Zwischenziel an.

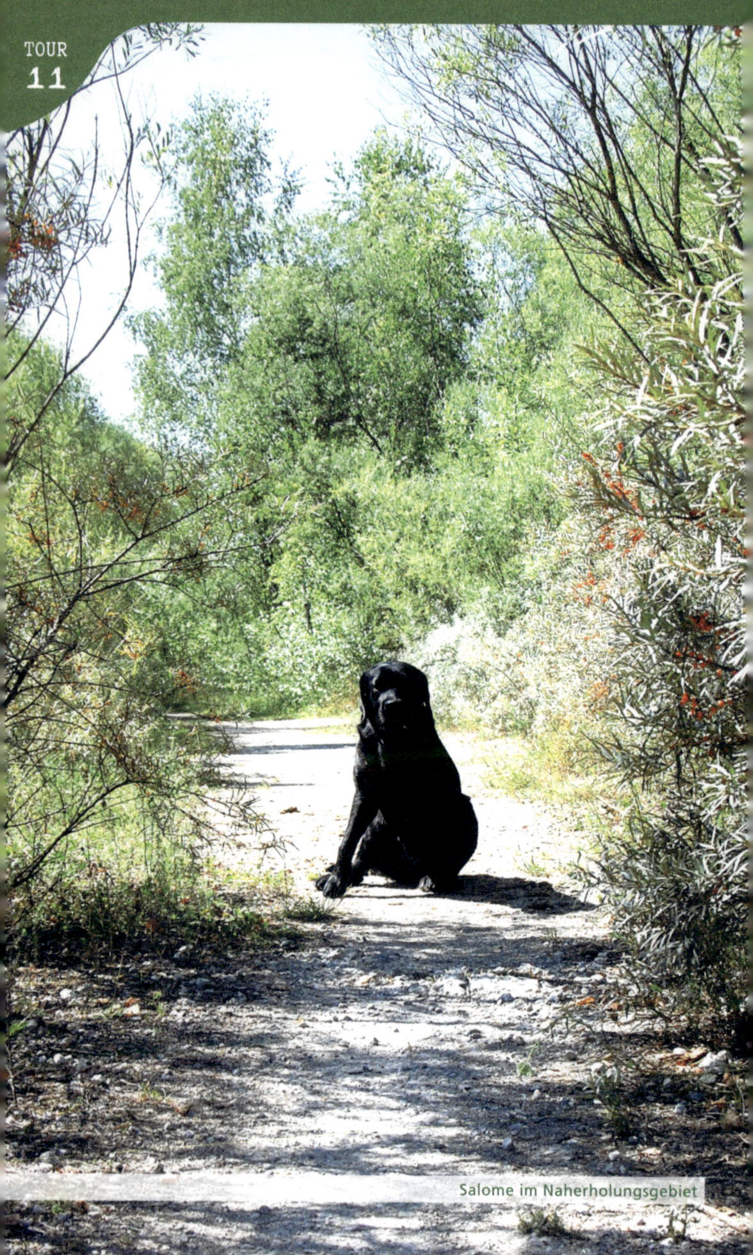

Salome im Naherholungsgebiet

linke Weg gewählt, bevor es 40 m dahinter an der Weggabelung nach rechts weitergeht. An der nächsten Wegkreuzung erneut rechts gehen. Der Weg führt nun am stark verlandeten, ersten kleinen Weiher der Aubinger Lohe entlang. Am nördlichen Ende des Weihers angekommen, die Brücke gen Osten nehmen und südlich des zweiten Weihers bis zur nächsten T-Kreuzung wandern. Hier rechts halten und nach einer Linkskurve dem Wegverlauf für knapp 450 m gen Osten folgen. Den Bach queren und anschließend sofort nach links Richtung Norden, am Bach entlang bis zur „Ziegeleistraße" wandern. Zum Schluss auf altbekanntem Weg zur S-Bahn zurückgehen.

Die Aubinger Lohe

Das Wort Loh stammt aus dem Mittelhochdeutschen und bedeutet so viel wie Wald. Durch das Gebiet führt ein Wald- und Naturlehrpfad. Außerdem haben an den Weihern – sie stammen von einer Ziegeleitongrube – mittlerweile bedrohte Tierarten einen Rückzugsort gefunden. Das Gebiet wurde schon früh besiedelt. So fand man hier Relikte aus der Bronze-, Kelten- und Römerzeit. Auch die kärglichen Reste einer frühmittelalterlichen Burg sind am Teufelsberg noch vorhanden. Das Gebiet „Aubinger Lohe und Moosschwaige mit Erweiterung" ist mit einer Fläche von 156 ha Teil des Bayerischen Landschaftsschutzgebiets.

Info

S3 bis Lochhausen

Lochham, S-Bahnhof

KOMPASS-Wanderkarte München und Umgebung WK 184, Karte 1 (West), 1:50000, Kompass Verlag

Waldgaststätte Bienenheim
Bienenheimstraße 11
81249 München
Tel.: 089-89555927
Mo. Ruhetag

Landgasthof Deutsche Eiche
Ranertstraße 1
81249 München
Tel.: 089-8649000
www.deutsche-eiche-mendel.de
ÜN Hund: je nach Hund 5 bzw. 10 Euro/Nacht

Fremdenverkehrsamt
– Tourismusverband
München-Oberbayern
Radolfzeller Straße 15
81243 München
Tel.: 089-8292180

Dr. med. vet. Teresa Kurzbach
Am Lochhauser Hügel 14
81249 München
Tel.: 0151-57334746
www.tierarzt-lochhausen.de

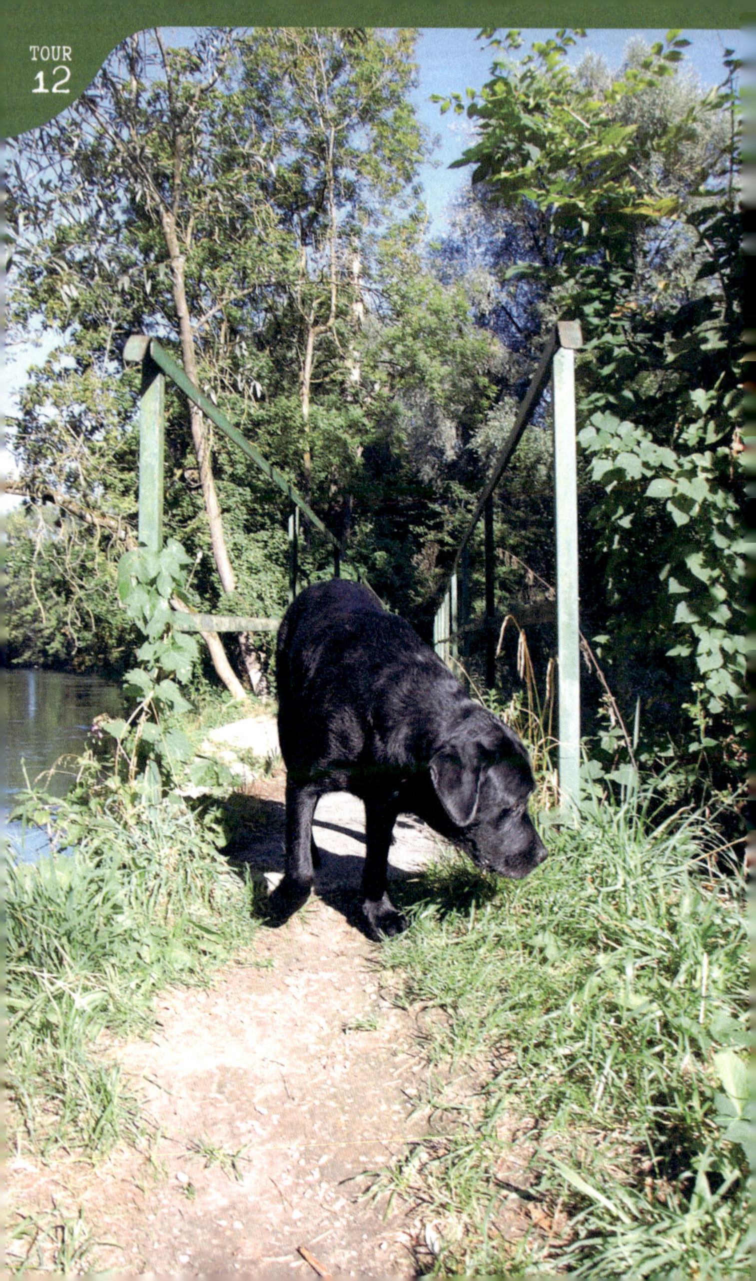

Flußwanderung – heilsamer Einkehrschwung – malerisches Heimatflair

Zur Heilquelle von Mariabrunn

Hundefreundlichkeit: **Bei dieser Tour kommen Hund und Besitzer voll auf ihre Kosten: Zunächst geht es wildromantisch über zum Teil kleine Pfade direkt an der Amper entlang. Dann lockt bayrische Landidylle mit heimeliger Atmosphäre. In Mariabrunn verspricht die Heilquelle zudem beste Gesundheit, bevor es über breite Feldwege wieder zurück zum Ausgangspunkt geht. Im Sommer empfiehlt es sich, die Wanderung umgekehrt zu machen, so dass die schattige Amperroute am Schluss für reichlich Kühlung sorgen kann.**

Tour-Info	↔ 14,5 km	3 Std.	510/465 m
Kategorie:	leicht – ganzjährig möglich		
Start-Ziel:	Ottershausen, Kirchplatz		
GPS:	48°18'22.0"N 11°32'02.6"E		
Markierung:	keine Markierung		
Wegecharakteristik:	69 % Wanderweg – 15 % Weg – 7 % Nebenstraße – 5 % Straße – 4 % Bergwanderweg		

Vom Parkplatz in Ottershausen zunächst über die ! „Dachauer Straße" (ST 2339) nordöstlich Richtung Amper wandern. Hier die neue, westlich gelegenere Brücke über die Amper nehmen und am anderen Ufer direkt am Fluss entlang nach links wandern. Nun geht es – immer dem mäandernden Flusslauf folgend – über einen breiten Wanderweg gen Westen. Wer möchte, nimmt den höher gelegenen Wiesenweg. Nach etwas mehr als 2 km geht der breite Weg in einen Pfad über. Hier immer noch weiter an der Amper entlang wandern. Fast kaum sichtbar führt nach ca. 500 m in einem Waldstück eine 1 Brücke über einen Amperarm, so kann weiter dem Flusslauf gefolgt werden. Erst nach insgesamt 4,7 km verlässt die Wanderroute den Fluss und führt nach rechts gen Westen auf die ! „Haimhauser Straße" (ST2339). Dieser nach rechts Richtung Norden bis zur T-Kreuzung an der „Indersdorfer Straße" im Ortskern von Ampermoching folgen. Hier kurz

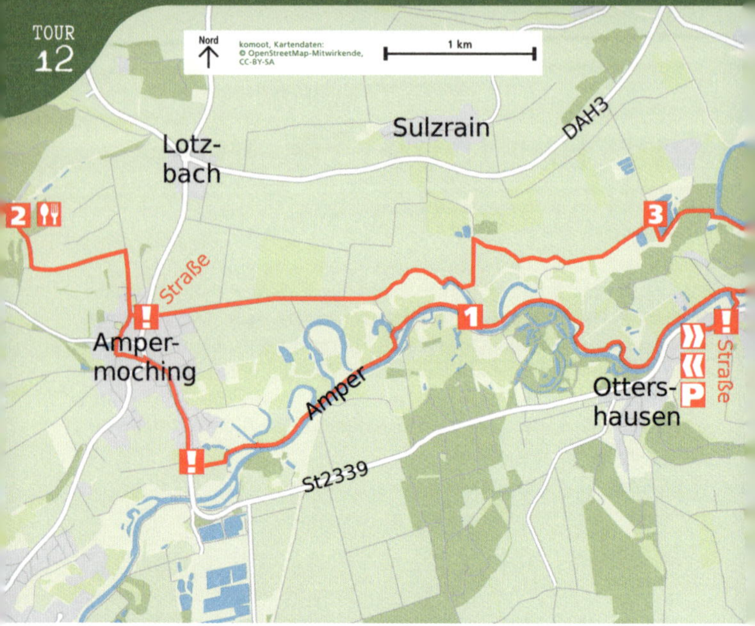

Ob Gänse, Schwäne oder andere Hunde – unterwegs gibt es immer etwas zu entdecken

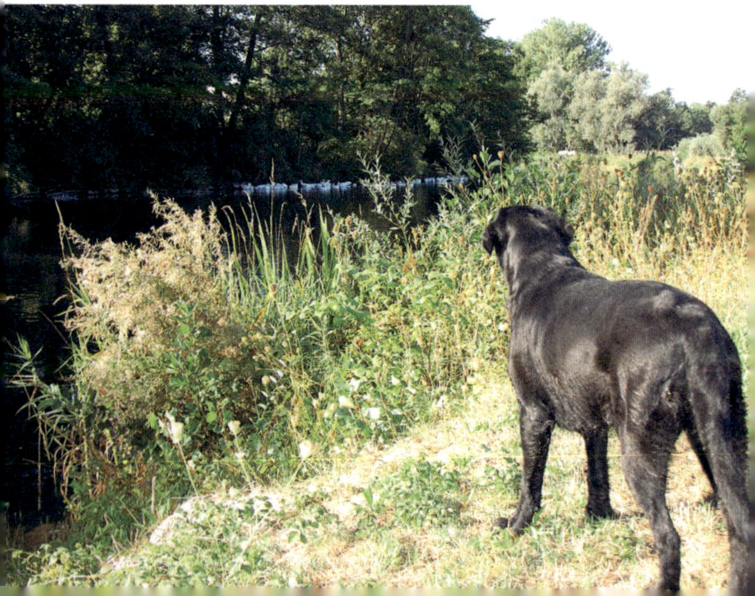

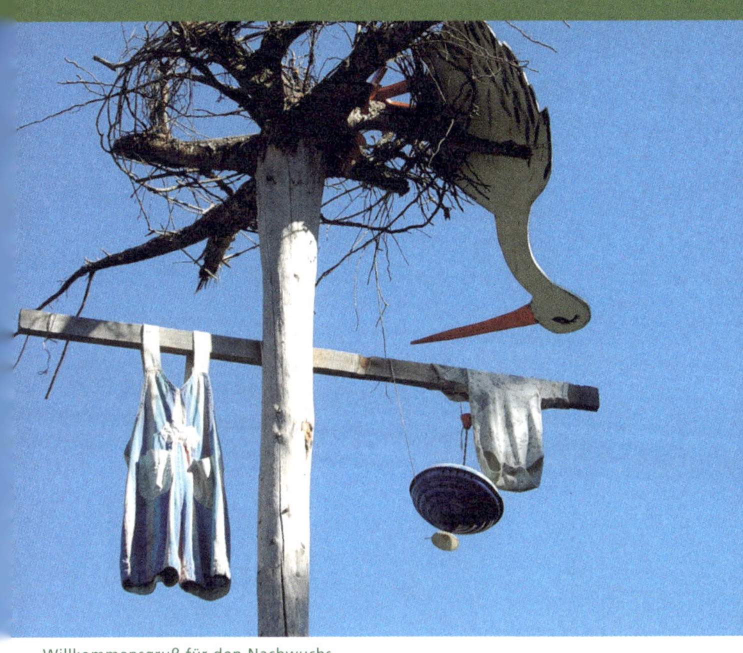

Willkommensgruß für den Nachwuchs

nach links und dann gleich wieder nach rechts in die „Bamergasse" abbiegen. Bei nächster Gelegenheit geht es über die „Weiherstraße" nach Norden. Dabei wird der Dorfweiher passiert. An der T-Kreuzung kurz rechts halten und nach wenigen Metern links in die „Schulstraße" abbiegen und an der Kirche St. Peter vorbeiwandern. Bei der nächsten Gabelung die Straße „Am Bründlfeld", die sich schon bald in einen unbefestigten Wanderweg verwandelt, links gen Norden bergauf wandern. Nach 400 m zweigt ein Feldweg links nach Westen ab. Bei der nächsten Gabelung nach ca. 600 m den rechten Weg wählen und in einer Kurve nach Norden bis zur 2 Schlosswirtschaft Mariabrunn wandern. Der Brunnen mit der Heilquelle steht übrigens noch und lädt zu einer gesunden Erfrischung ein. Nach dem Einkehrschwung geht es auf demselben Weg wieder zurück bis zur ! „Schulstraße". Nun die „Bürgermeister-Gasteiger-Straße" nach links wählen. An der „Indersdorfer Straße" (DAH4) kurz links halten und anschließend in die „Alternstraße" nach Osten abbiegen. Dieser Straße (sie geht bald in einen Feldweg über) – alle Abzweigungen ignorierend – weiter gen Westen folgen, bis sie nach ca. 2 km auf eine Gabelung trifft. Hier links halten. An der nächsten Gabelung wieder links halten und

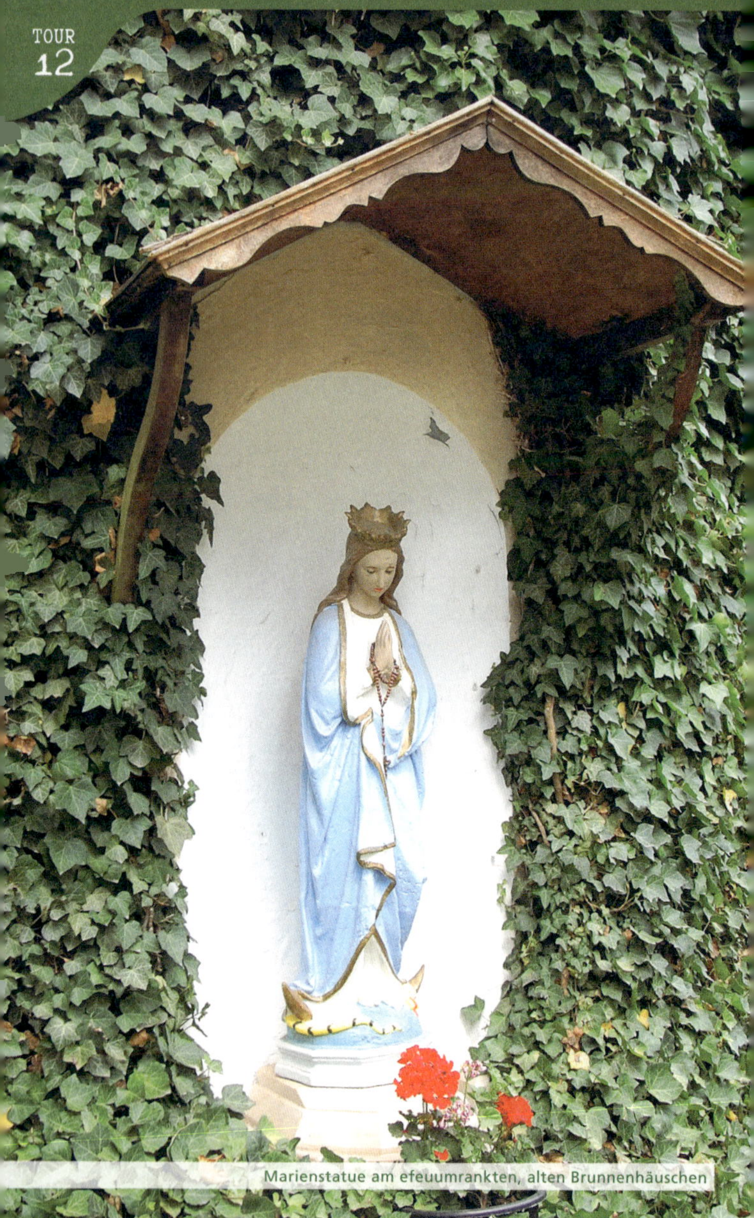

Marienstatue am efeuumrankten, alten Brunnenhäuschen

bis zu den beiden Weihern wandern. Von hier geht es dann, dem Lotzbach entlang, in östliche Richtung bis zum **3** Heiglweiher. Leider ist hier Hundebaden verboten. Am Weiher kurz nach rechts gen Süden wandern und dann um den Heiglweiher herum bis zur Amper laufen. Nun dem in einer weiten Rechtskurve mäandernden Fluss folgen. Nach knapp 1 km ist die bereits bekannte Brücke über die Amper erreicht. Ab hier in altbekannter Weise bis zum Parkplatz zurückwandern.

Mariabrunn

Die Kraft der Quelle von Mariabrunn entdeckte im Jahre 1662 erstmals der Waldarbeiter Georg Schlairböck, als er beim Holzschlagen in einer Pause von dem sprudelnden Wasser trank. Die Quelle soll innerhalb kürzester Zeit einen jahrelang schmerzenden Bruch geheilt haben. Die Wunderwirkung des Wassers sprach sich schnell herum und so wurde der Platz zu einem Heil- und Wallfahrtsort. 1862 kurierte die „Doktorbäurin" Amalie Hohenester hier Patienten aus ganz Europa – darunter Kaiserin Sisi von Österreich – und verhalf der Quelle somit zu Weltruhm. Seit 1907 ist das Anwesen im Besitz der Familie Breitling.

Tipp

Eine weitere schöne Rundtour führt von Ottershausen über die Mooswiesen zur Marienmühle.

Info

S2 bis Herbertshasuen und dann per Bus 725 bis Ottershausen, Brücke, oder S1 bis Lohof und dann per Bus nach Ottershausen Mühlenstraße

Ottershausen, Kirchplatz St. Jakobus und St. Stephan

KOMPASS-Wanderkarte München und Umgebung WK 184, Karte 1 (West), 1:50000, Kompass Verlag

Schlosswirtschaft Mariabrunn
Gut Mariabrunn 3
85244 Mariabrunn
Tel.: 08139-8661
www.schlosswirtschaft-mariabrunn.de
Mo./Di. Ruhetag

Gasthaus Drei Rosen
Münchner Straße 5
85221 Dachau
Tel.: 08131-84363
www.gasthaus-3rosen.de
ÜN Hunde: kostenlos

Gasthof zur Post
Amperpettenbacherstraße 1
85778 Haimhausen
Tel.: 08133-939 61 66
www.haimhausen-gasthof-zur-post.de
ÜN Hund: 8 Euro/Nacht

Tourist Information der Stadt Dachau
Konrad-Adenauer-Straße 1
85221 Dachau
Tel.: 08131-75287 oder -286
www.dachau.de

Tierarzt
Dr. Albert Hellmeier
Hauptstraße 11
85778 Haimhausen
Tel.: 08133-2028
www.tierarzt-hellmeier.de

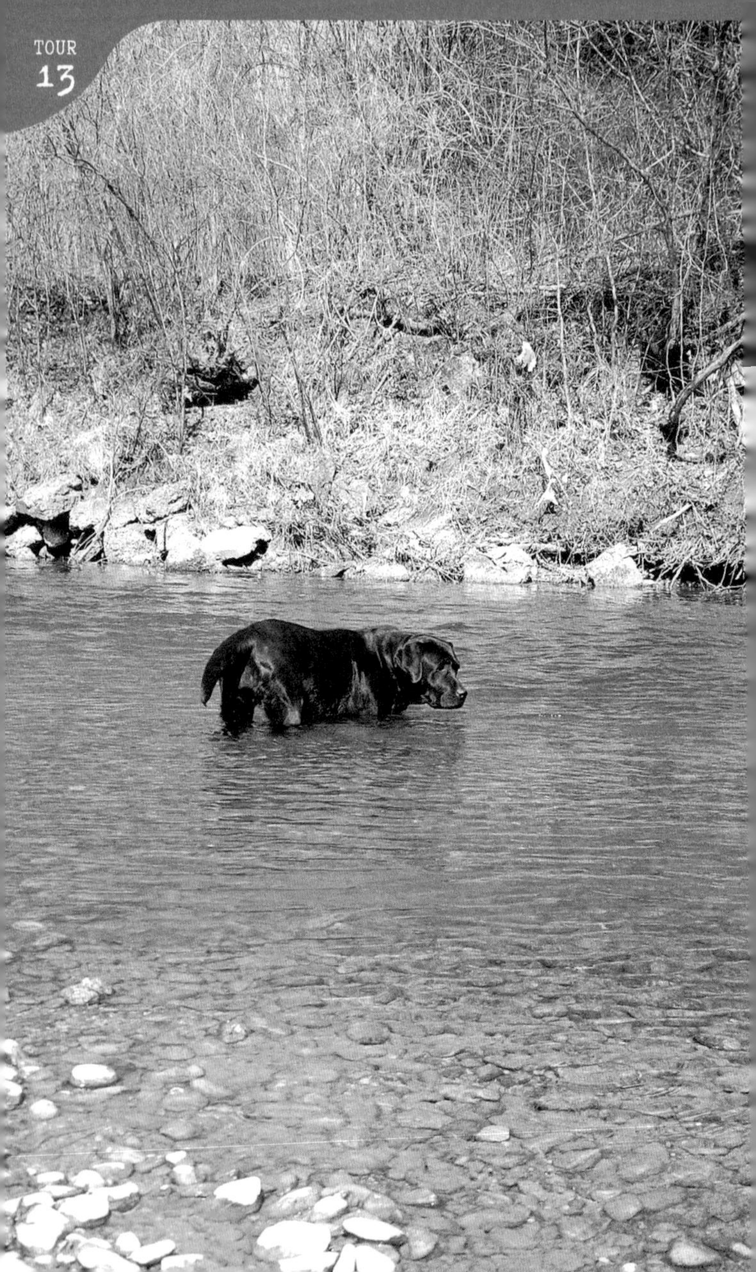

Auenwald – Planschvergnügen – Natur pur

Wildromantische Wasseroase bei Dachau

Hundefreundlichkeit: **Fast die ganze Tour führt an der Amper entlang – so findet der Hund immer wieder ein kleines Badeplätzchen. Mit Rücksicht auf die Natur sollte er jedoch nicht über Streublumenwiesen laufen, sondern möglichst auf dem Weg bleiben. Entsprechende Hinweisschilder bitte beachten. Zwischendrin ist eine Gitterrostbrücke zu queren, das sollte für geübte Hunde aber kein Problem sein. Ansonsten ist Tragen angesagt.**

Tour-Info	↔ 10 km	2,5 Std.	489/480 m
Kategorie:	mittelschwer – ganzjährig möglich		
Start-Ziel:	Dachau, S-Bahn Parkplatz		
GPS:	48°15'17.5"N 11°26'41.5"E		
Markierung:	keine Markierung		
Wegecharakteristik:	57 % Weg – 29 % Wanderweg – 6 % Nebenstraße – 6 % Straße – 2 % Bergwanderweg		

Vom Parkplatz der S-Bahn unter der **!** Unterführung durchgehen und die „Frühlingsstraße" überqueren. Anschließend der „Langhammer Straße" folgen, bis diese auf die „Münchener Straße" (ST 2047) trifft. Hier kurz links und dann zwei Mal rechts halten. Dabei wird der Viehgassenbach überquert. Anschließend geht es auf der „Herzog-Albrecht-Straße" weiter gen Westen. Hinter der Friedenskirche zweigt rechter Hand der „Meisenweg" ab. Er führt in einer sanften Linkskurve über den „Otto-Grassl-Weg" zum **1** Ampeufer. An der nächsten T-Kreuzung südlich um das Hallen- und Freibad von Dachau herumwandern. An der Rechtskurve der „Ludwig-Dill-Straße" den kleinen Fußweg nach links gen Südwesten am **2** Weiher entlang nehmen und diesem so lange folgen, bis er wieder an das Amperufer trifft. Nun geht es südwestlich immer flussaufwärts am Ufer entlang. Nach ca. 3 km lädt die **3** Gaststätte „Alte Liebe" zu einem Abstecher und einer Rast ein. Ansonsten dem Uferweg

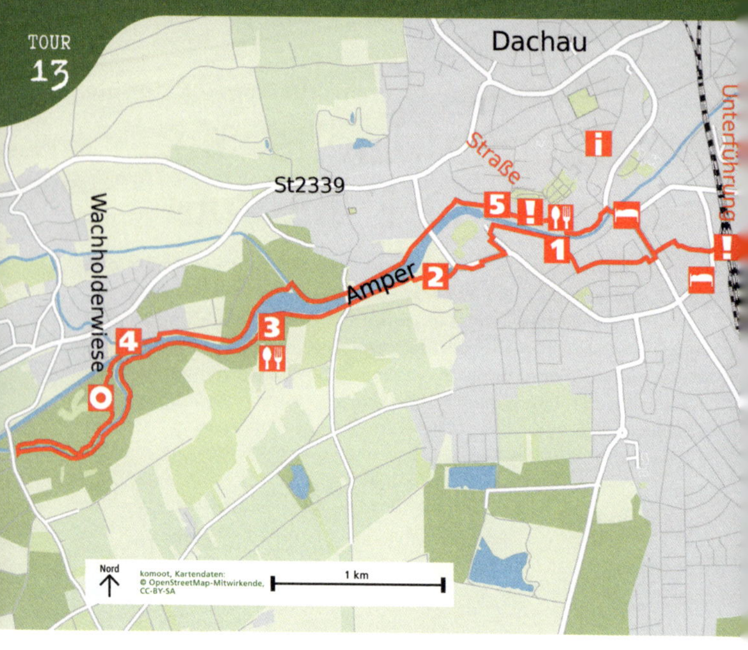

weiter folgen. Achtung: Hier könnten Reiter unterwegs sein. Wanderer mit Pfadfindergeschick können zwischendrin – z. B. gegenüber des 4 Naturfreundehauses – kleine Umwege über einsame Wald-Pfade direkt am Amperufer entlang machen. An der T-Kreuzung vor der „Eschenrieder Straße" führt eine Brücke nach Norden auf eine kleine Insel, auf der auch das Naturfreundehaus steht. Nun sofort nach rechts Richtung Osten abbiegen und dem Fußpfad auf der anderen Uferseite zunächst durch den Wald und dann über die geschützte Wachholderwiese bis zum Naturfreundehaus folgen. Nun die Brücke über den Amper-Kanal nehmen, am Ortsrand von Gründing nach rechts Richtung Osten wandern. Die nächste Brücke nach 130 m queren und von hier weiter nach Osten über Wiesen und dann durch den Wald am Ufer entlang wandern. Nach ca. 800 m die Gitterbrücke über die Maisach queren und am Ufer weiter entlang Richtung Osten wandern. Die Wanderung folgt dem „Georg-Andorfer-Weg" und führt nach Dachau zurück. Dem Ufer weiter folgend geht es nun auf die Straße "Am Kalkberg" und nördlich des 5 Kraftwerkes von Dachau vorbei. Nach einer Rechtskurve trifft die Wanderung auf die ! „Brunngartenstraße". Hier kurz gen Osten wandern und gleich in den nördlichen, parallel laufenden Fußweg einbiegen. Am Stadtkeller quert der Fußweg die

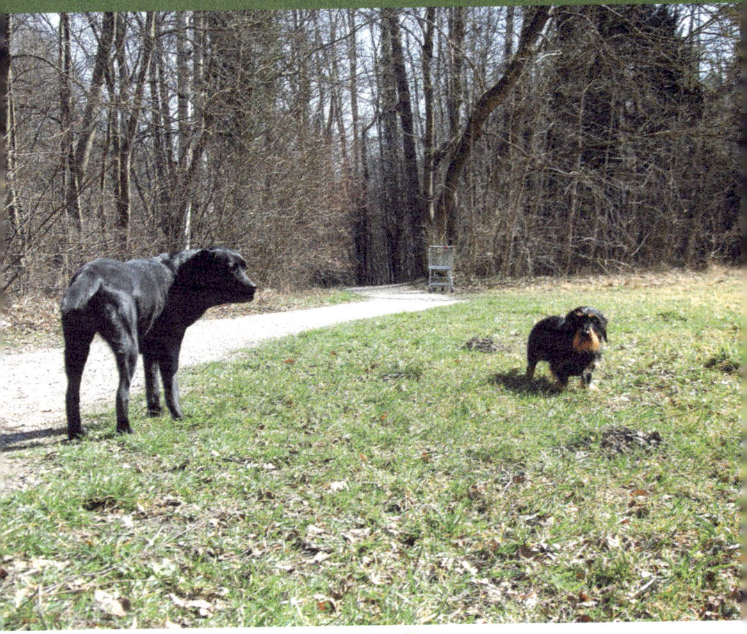

Die Amper bei Dachau ist ein beliebter Hundetreff

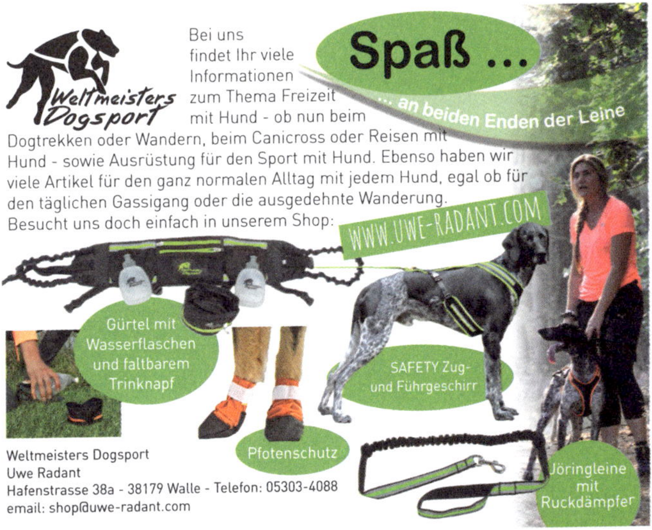

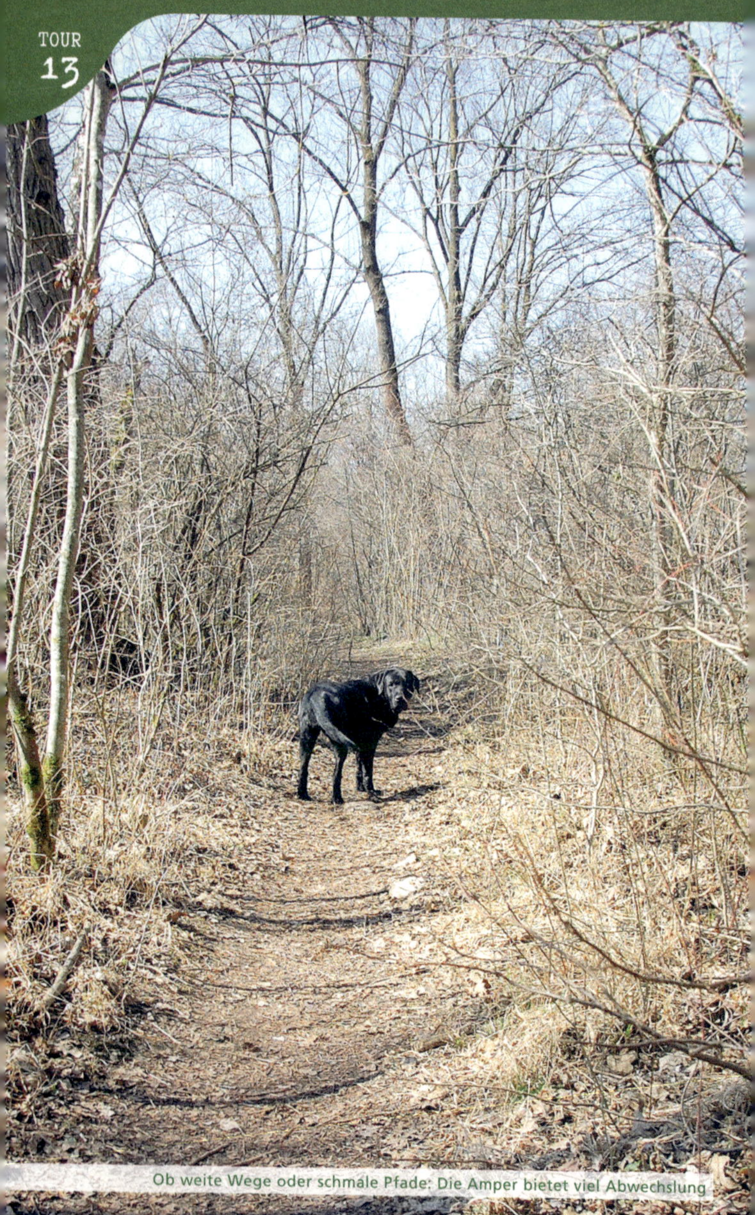

Ob weite Wege oder schmale Pfade: Die Amper bietet viel Abwechslung

„Brunngartenstraße" und führt dann parallel zur Amper auf die „Münchener Straße". Dieser nach rechts bis zur „Langhammer Straße" folgen und dann in bekannter Weise zum Bahnhof zurückwandern.

Die Amperauen

Trotz Begradigung des mäandernden Flusses in den 1920er- und 1930er-Jahren, dem Bau von Kraftwerken und Stauwehren sind an der Amper einige seltene Tier-und Pflanzenarten zu finden. Dies ist insbesondere der Renaturierung der Amper in den letzten Jahren zu verdanken. So wurde eine Flusstreppe angelegt, so dass Hechte, Forellen und Zander in den Oberläufen der Amper laichen, aber auch von der Isar bis zum Ammersee schwimmen können.

Tipp

Wer etwas Fernblick genießen möchte, steigt zum 504 m hohen Schlossberg in Dachau auf. Die Aussicht reicht bei klarem Wetter von München bis zu den Alpen.

Der Weg an den Amperauen entlang ist für S-Bahnfahrer auch von Dachau aus bis nach Olching möglich.

Info

S2 oder RB nach Ingolstadt

Dachau, S-Bahn Parkplatz

KOMPASS-Wanderkarte München und Umgebung WK 184, Karte 1 (West), 1:50000, Kompass Verlag

Alte Liebe an der Amper
Im Lus 4
85221 Dachau
Tel.: 08131-667131
www.alteliebe.info
täglich geöffnet

Stadtkeller
Brunngartenstraße 7
85221 Dachau
Tel.: 08131-72559
Mo. geschlossen

Gasthaus Drei Rosen
Münchner Straße 5
85221 Dachau
Tel.: 08131-84363
www.gasthaus-3rosen.de
ÜN Hunde: kostenlos

Hotel Tafernwirtschaft Fischer
Bahnhofstraße 4
85221 Dachau
Tel.: 08131-61220-0
Tel.: 08131-61220–79
www.hotelfischer-dachau.de
ÜN Hund: 5 Euro/Nacht

Tourist Information der Stadt Dachau
Konrad-Adenauer-Straße 1
85221 Dachau
Tel.: 08131-75287 oder 286
www.dachau.de

Kleintierpraxis Dr. Heike Teubner
Schleißheimer Straße 77
85221 Dachau
Tel.: 08131-20122
www.kleintierpraxis-dachau.de

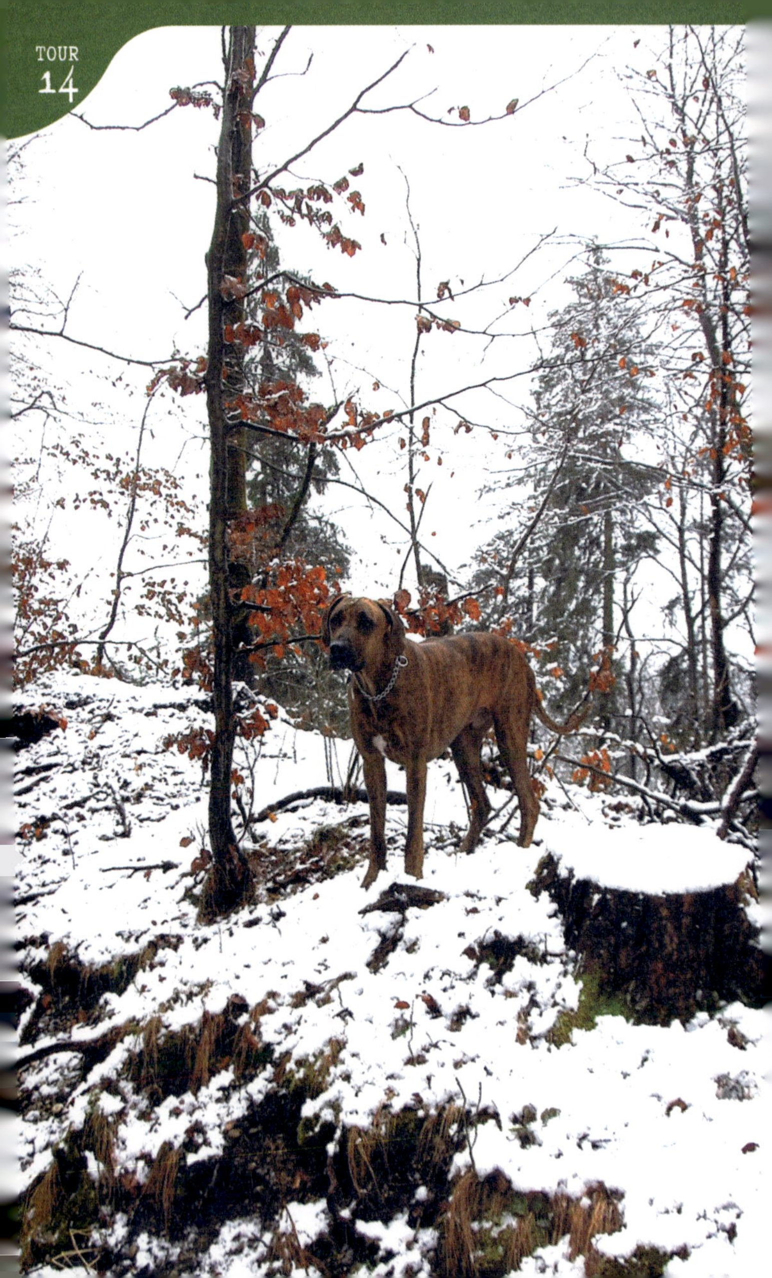

Wintertour zum Georgenstein

Hundefreundlichkeit: **Bei dieser Tour kann sich der Hund vor allem im Winter so richtig schön austoben. Ab Frühjahr ist nicht nur auf den großen Wegen mit Radlern zu rechnen: Zwar ist auf den kleinen Pfaden radeln verboten, doch die Trails sind zu schön, als dass sie ein Biker links liegen lassen könnte. Hund also in Rufbereitschaft halten und alternativ in der Isar planschen lassen. Da es sich bei den Oberen Isarauen um ein Landschaftsschutzgebiet handelt, empfiehlt der Landkreis unter dem Motto „Sei fair zur Natur" den Hund möglichst anzuleinen. Also bitte Rücksicht nehmen!**

Tour-Info	↔ 9 km	2,5 Std.	624/550 m
Kategorie:	leicht – ganzjährig möglich		
Start-Ziel:	Grünwald, kostenlose Parkgarage Marktplatz		
GPS:	48°02'21.3"N 11°31'23.3"E		
Markierung:	keine Markierung		
Wegecharakteristik:	70 % Weg – 17 % Nebenstraße – 11 % Wanderweg – 1 % Bergwanderweg – 1 % Straße		

Vom Parkhaus geht es zunächst nach Nordwesten über die „Rathaus-" und „Zeillerstraße" mit einem kleinen Abstecher bis zur 1 Grünwalder Burg. Nach Besichtigung führt die Wanderung wieder zurück auf die „Zeillerstraße" bis rechter Hand der „Flößersteig" als steile Treppe auf die „Emil-Geis-Straße" Richtung Grünwalder Brücke führt. Noch bevor die Brücke überquert wird, rechts abzweigen und gen Süden unter ihr hindurch gehen. Alternativ: Im Norden der Burg den Trail hinunter – immer links haltend – bis zur Isar nehmen. Auf einem schmalen Pfad führt die Wanderung nun durch den wunderschönen Auwald. Ab dem Frühjahr empfiehlt es sich unbedingt, nur die kleineren Pfade zu nehmen, da der breite Weg von Radlern genutzt wird. Es geht auf Brücken über Nebenwasser

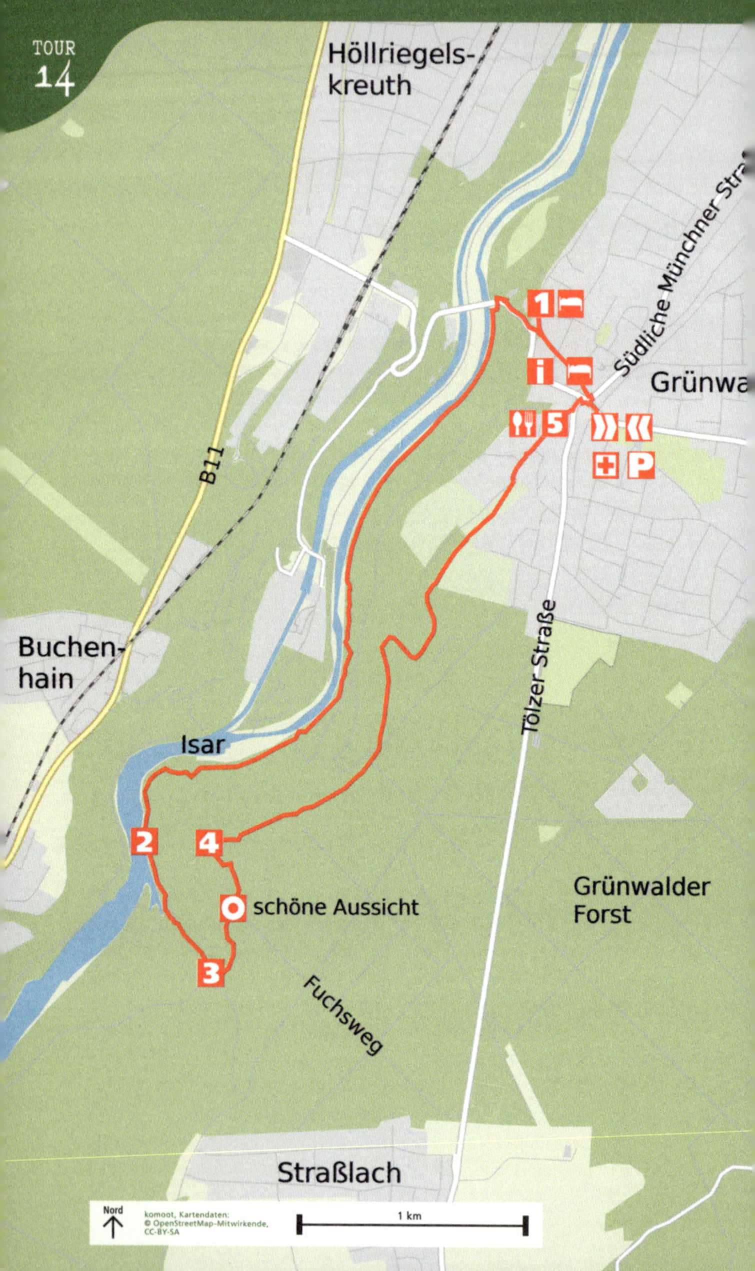
TOUR
14
Höllriegels-
kreuth
B11
Buchen-
hain
Isar
Südliche Münchner Stra
Grünwa
Tölzer Straße
schöne Aussicht
Fuchsweg
Grünwalder
Forst
Straßlach
Nord
komoot, Kartendaten:
© OpenStreetMap-Mitwirkende,
CC-BY-SA
1 km

der Isar bis zum knapp 3 km entfernten 2 Georgenstein. Er liegt etwas versteckt hinter einen kleinen Kuppe. Das Gute: Mit etwas Orientierungssinn kann man sich der Isar flussaufwärts folgend nicht verlaufen. Ab dem Georgenstein geht es weiter nach Süden über die Römerstraße bis nach ca. 4,2 km die Wanderung gen Südosten zunächst leicht bergauf von der Isar weg führt. Nun heißt es aufpassen: Bei der zweiten Möglichkeit – ein 3 Holzlagerplatz – nach links gen Osten abbiegen und dem immer steiler werdenden Weg bis zur Römerschanze Richtung Norden folgen. Zwischendurch gibt es an der Kreuzung zum Fuchsweg eine wunderschöne Aussicht auf die Isar und das andere Isarufer. Ab der 4 Römerschanze führt ein breiter Wanderweg zurück nach Grünwald. An der Weggabelung nach 1,3 km kann man entweder dem „Georg-Probst-Weg" nach links oder der rechten Abzweigung folgen. Letzterer Weg führt am oberen Teil des Rodelhanges der Eierwiese parallel entlang der „Kreuzeckstraße". Bei nächster Gelegenheit geht es links und dann wieder rechts in die Straße „Auf der Eierwiese". Nun heißt es entweder Einkehrschwung im gleichnamigen 5 Restaurant machen oder gleich weiter bis zur „Tölzer Straße" und zum Parkhaus zurückgehen.

Der Georgenstein

Der Georgenstein ragt als großer Felsblock im Flussbett der Isar ca. 5 m über der Wasseroberfläche hervor. Aufgrund von Stromschnellen war er vom 12. bis ins 20. Jahrhundert hinein ein gefürchtetes Hindernis der Flößer, die vor allem Holz über die Isar transportierten.
Nachdem der Flößer Georg Müller im Jahre 1805 an dieser Stelle kenterte, stellte er als Dank für seine Rettung auf dem Stein ein Heiligenbild (bemalte Blechfigur) seines Namenspatrons auf.
Das Betreten der Kiesinseln im Bereich des Georgensteins ist während der Vogelbrutzeiten verboten.

Römerschanze

Die Wanderung führt an der alten Römerschanze von Grünwald vorbei. Die vor- bis hochmittelalterliche Befestigung liegt 70 m über dem Flussübergang der für den Salzhandel bedeutenden Via Julia, der

Tipp

Alternative: Die Grünwalder Brücke überqueren und dann weiter gen Norden in Richtung „Wawi" Waldwirtschaft Großhesselohe gehen – sehr hundefreundlich! Der legendäre Biergarten wartet bei schönem Wetter mit Live-Jazzmusik und frischen bayerischen Schmankerl auf.

Die Wanderung an der Isar kann zudem unendlich ausgedehnt werden: Entweder man startet schon in der Stadt oder geht einfach weiter Richtung Schäftlarn, Bad Tölz Lenggries usw.

Im Sommer bietet die Isar jede Menge Planschvergnügen.

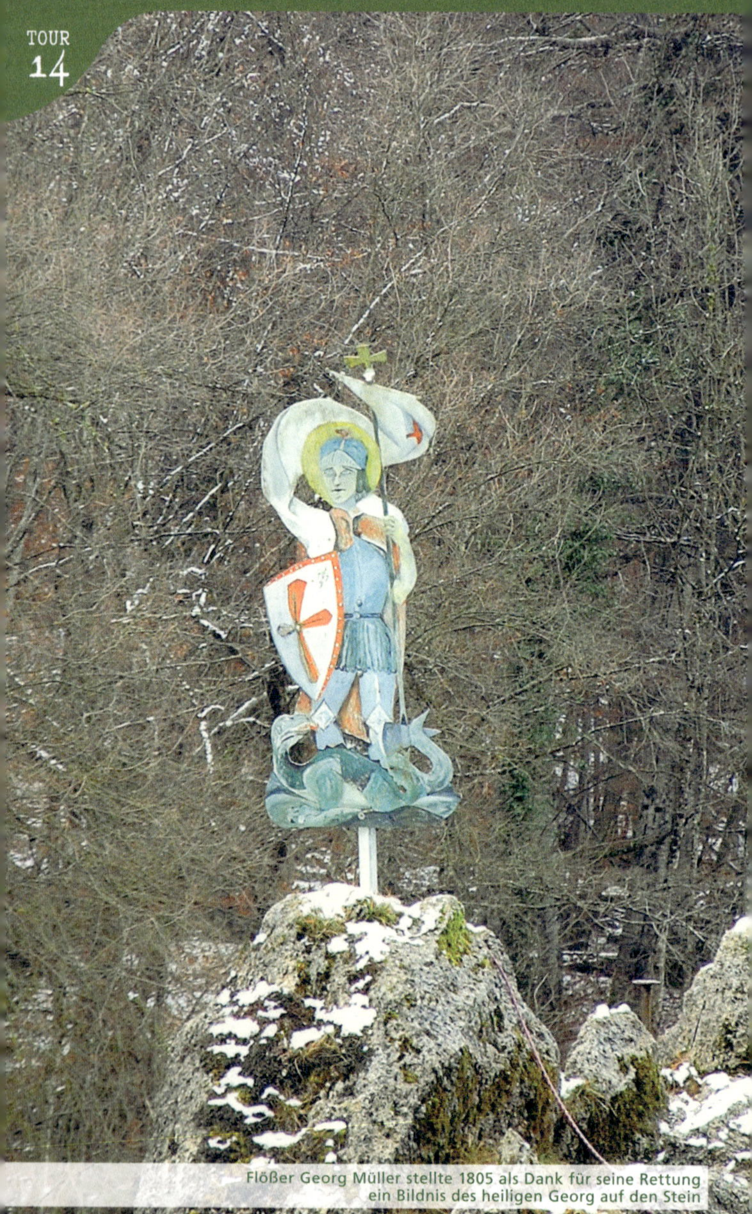

Flößer Georg Müller stellte 1805 als Dank für seine Rettung ein Bildnis des heiligen Georg auf den Stein

Römerstraße von Günzburg nach Salzburg. Noch heute diskutieren Historiker, ob die Isar hier durch eine Furt, per Floß oder per Holzbrücke überquert wurde. Siedlungsreste belegen u. a. Lehmfachwerkhäuser auf Steinsockeln, in denen teilweise kleine Handwerksbetriebe untergebracht waren. Nördlich der Wallanlage ist eine römische Straßenbrücke nachweisbar. Reste der antiken Straßenverbindung haben sich auf beiden Uferseiten erhalten. 1979 konnte im Wallbereich eine Goldmünze (Solidus) mit dem Porträt des Kaisers Magnentius geborgen werden.

Burg Grünwald

Im Burgmuseum Grünwald gibt es eine Dauerausstellung mit Funden aus der Römerschanze.
Sehenswert ist ebenfalls Burg Grünwald, die eine abwechslungsreiche Geschichte hinter sich hat: Vom Ende des 12. Jahrhunderts bis 1348 diente sie tatsächlich als Burg. Danach wurde sie offiziell nur zur Jagd und als romantischer Rittersitz genutzt, bis sie als Gefängnis für adlige Straftäter und als Pulverlager diente. Seit 1978 gehört die Burg dem Staat, der sie in ein Museum verwandelte.

Info

Straßenbahn 25 nach Grünwald, Derbolfinger Platz

Grünwald, kostenlose Parkgarage Marktplatz

KOMPASS-Wanderkarte München und Umgebung WK 184, Karte 1 (West), 1:50000, Kompass Verlag

Eierwiese Schank & Speisemeisterei
Auf der Eierwiese 1
82031 Grünwald
www.eierwiese.de
täglich geöffnet

Alter Wirt
Marktplatz 1
82031 Grünwald
Tel.: 089-6419340
www.alterwirt.de
ÜN Hund: 9 Euro/Nacht

Schlosshotel Grünwald
Zeillerstraße 1
82031 Grünwald
Tel.: 089-6496260
www.schlosshotelgruenwald.de
ÜN Hund: 6 Euro/Nacht

Gemeinde Grünwald
Rathausstraße 3
82031 Grünwald
Tel.: 089-641620
www.gemeinde-gruenwald.de

Tierarztpraxis Grünwald
Dr. med. vet. Jutta Baumann
Hirtenweg 2 b
82031 Grünwald
Tel.: 089-6411272
www.dr-jutta-baumann.de

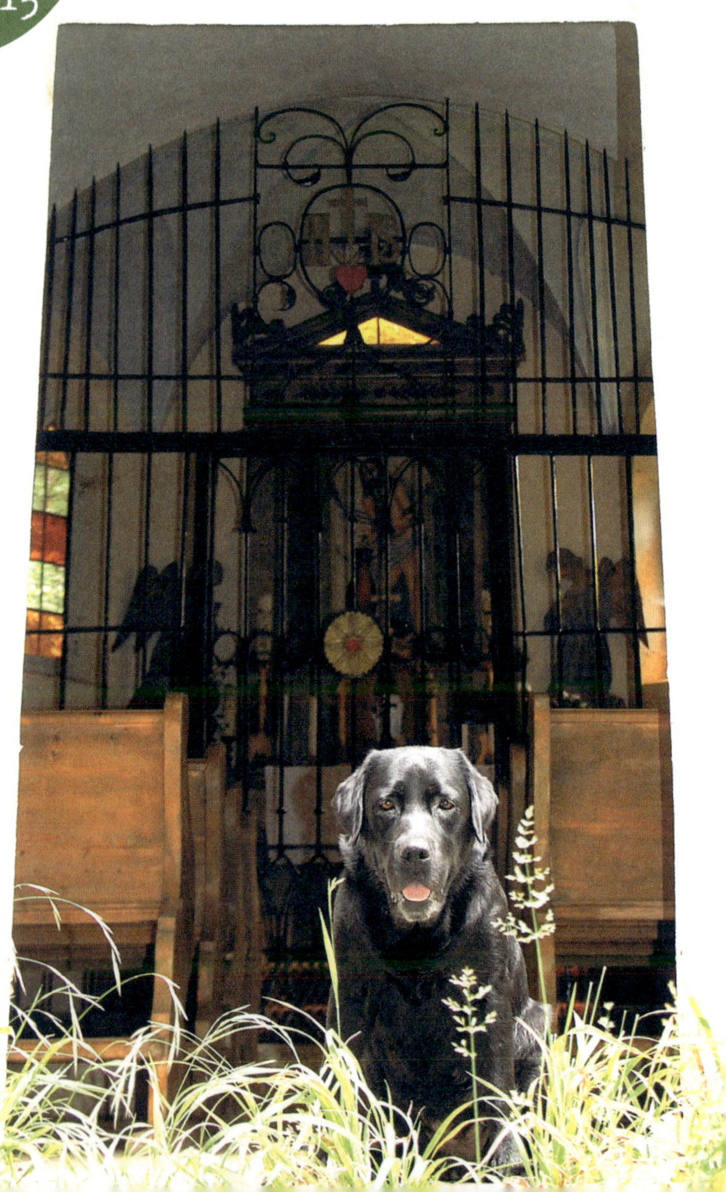

Kultur – Natur – Planschvergnügen

Keltenschanze und Kindswieskapelle

Hundefreundlichkeit: **Bei dieser Tour geht´s fast einsam durch Wald und über Wiesen. Hier ist so wenig los, dass sich Fuchs und Hase gute Nacht sagen. Entsprechend warnen Schilder vor Fuchsräude und jagende Hunde sollten angeleint sein: Hier kreuzen sogar Rehe den Wanderweg. Am Anfang der Tour und zwischendrin gibt es ein paar Planschmöglichkeiten.**

Tour-Info	↔ 13 km	3,5 Std.	693/581 m
Kategorie:	mittelschwer – ganzjährig möglich		
Start-Ziel:	Puppling, Parkplatz		
GPS:	47°55'04.8"N 11°26'58.6"E		
Markierung:	keine Markierung		
Wegecharakteristik:	49 % Weg – 28 % Wanderweg – 17 % Bergwanderweg – 3 % Nebenstraße – 3 % Straße		

Am östlichen Ende des Parkplatzes bei der Gaststätte Pupplinger Au den kleinen, etwas versteckt liegenden Wanderweg entlang der Felder nehmen und gen Süden wandern. Direkt nach dem **1** Ferienheim des Stadtjugendamtes München geht es über die Straße „Am Kaltenbach" nach links Richtung Osten zum Weiler Hochreuth. Hier führt die Wanderung wieder nach Süden an der 1690 erbauten Kirche St. Georg mit ihrem Friedhof vorbei. Den Weg immer geradeaus, alle Abzweigungen ignorierend, wandern. Die Route schwenkt dabei gen Südosten ab. Nach dem Wald geht es über freies Feld am Buschwerk der Westseite der **2** Keltenschanze vorbei. An der Südflanke weiter gen Osten wandern. Nach 500 m, an der T-Kreuzung zwischen Wald und Feld, rechts halten und für 300 m Richtung Südosten weiterwandern. Bei der nächsten Abbiegung den linken Weg wählen und in einer langgezogenen Linkskurve bis zur nächsten Kreuzung (nach ca. 1 km) laufen. Hier scharf rechts abbiegen und dem Wanderweg – teilweise weglos – bis zur „Waldstraße" bergab folgen (Alternative mit Weg: Ab der Keltenschanze

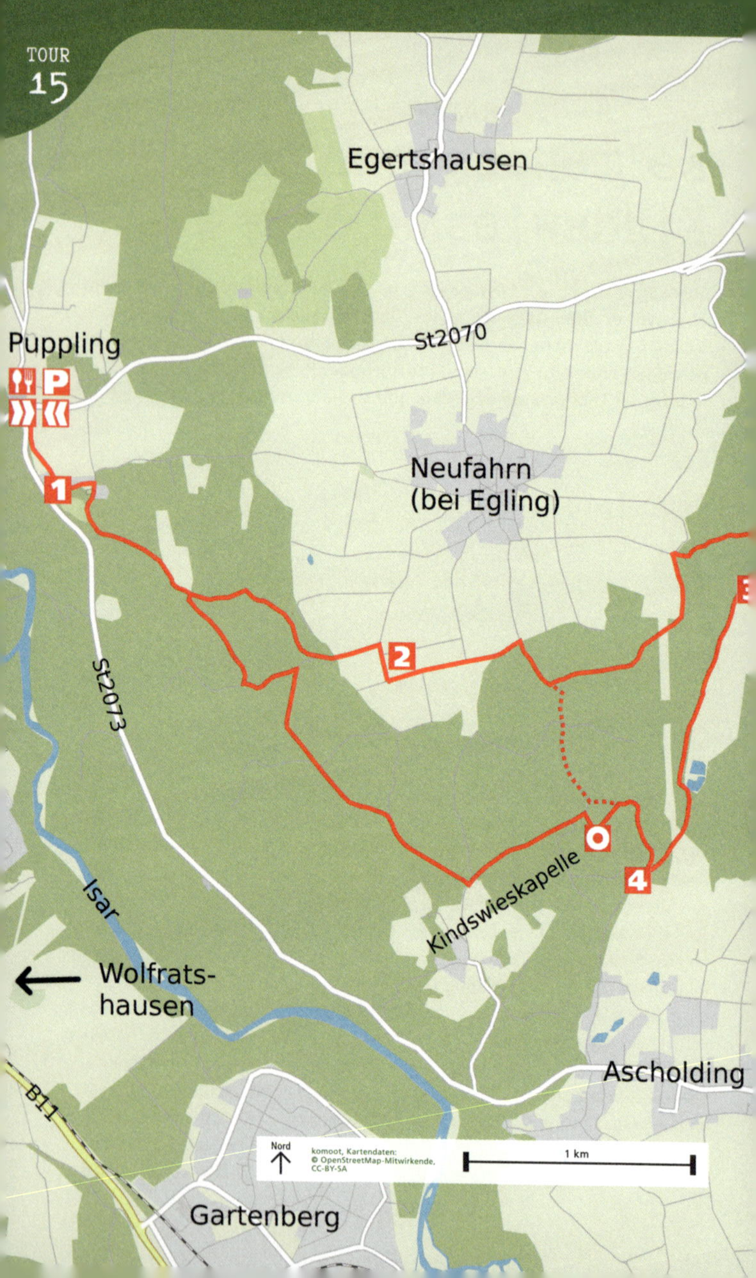
TOUR
15
Egertshausen
St2070
Puppling
Neufahrn
(bei Egling)
1
2
3
4
St2073
Kindswieskapelle
Isar
Wolfrats-
hausen
Ascholding
B11
Gartenberg
Nord
komoot, Kartendaten:
© OpenStreetMap-Mitwirkende,
CC-BY-SA
1 km

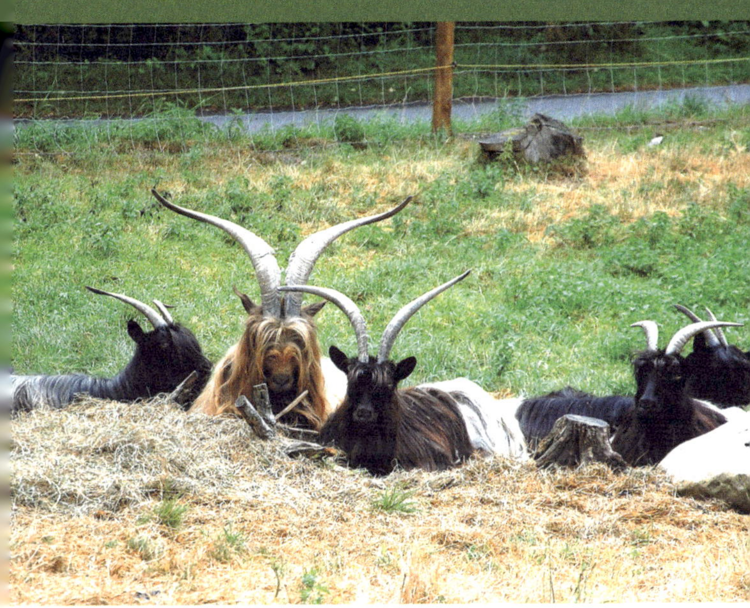

Exotischer Anblick: Walliser Schwarzhalsziegen in Hochreuth

den südöstlichen Weg bis zum Holzkreuz 4 folgen und zum Picknickplatz links abbiegen. Ab hier geht es dann auf demselben Weg zurück zur Kindswieskapelle). Von hier geht es dann knapp 2 km immer weiter Richtung Süden an dem Weiler 3 Oberegling, den Fischweihern sowie einem privaten Rastplatz, der zum wohlverdienten Picknick einlädt, vorbei. An einem 4 Holzkreuz biegt die Wanderung in einer scharfen Rechtskehre nach Norden ab und führt bergauf. Bei nächster Gelegenheit links gen Südwesten abbiegen und zur versteckt im Wald gelegenen Kindswieskapelle wandern. Von hier geht es ca. 100 m bergauf. Oben an der T-Kreuzung angekommen dem breiten Forstweg nach links Richtung Südwesten folgen. Sobald der Weg auf die Lichtung kommt, heißt es aufpassen: Denn nun geht es bei der zweiten Abbiegung (ITV-Markierung) nach Nordwesten. Die Richtung wird – alle Abzweigungen ignorierend – eingehalten. Erst, wenn ein kleiner Waldpfad geradeaus führt, der Hauptweg aber nach Norden weiter geht, wird nach rechts abgebogen. An der nächsten T-Kreuzung geht es nun für ca. 300 m nach links und dann wieder nach rechts über eine Brücke bis zum altbekannten

Tipp

Picknick einpacken: Auf dieser Tour gibt es – bis auf den Ausgangspunkt – keine Einkehrmöglichkeit.
Wanderalternative: Eine wunderschöne Wanderung am Wasser entlang führt durch das Naturschutzgebiet der Pupplinger Au.

TOUR
15

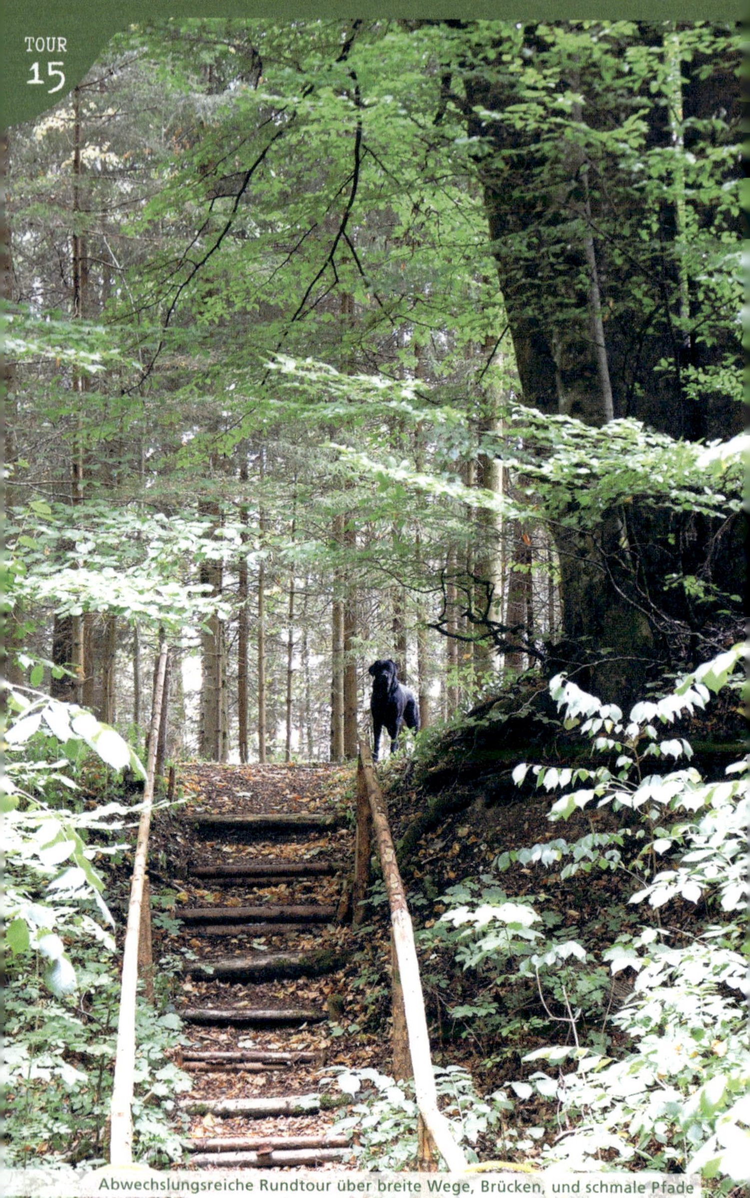

Abwechslungsreiche Rundtour über breite Wege, Brücken, und schmale Pfade

Wanderweg zurück. Von hier in bekannter Weise den Rückweg bis zum Parkplatz nehmen.

Die Kindswieskapelle

Die Kindswieskapelle wollten ursprünglich die Eltern eines kleinen Kindes aus Neufahrn bauen. Ihr Sprössling hatte sich im Wald verirrt und die Eltern gelobten, an der Stelle, wo das Kind gefunden werde, eine Kapelle zu errichten. Zwar wurde das Kind nach 3 Tagen und Nächten gefunden, doch die Kapelle entstand nicht. Erst als eine nahe Verwandte nach schwerer Krankheit wieder gesund wurde, kam es zur Einlösung des Gelübdes. Heute steht die neugotische Kapelle unter Denkmalschutz.

Eglinger Keltenschanze

Die 180 x 120 m große Keltenschanze bei Egling ist eine von 16 Schanzen im Süden Münchens. Die rechteckigen Areale mit Wall, Graben und einem Osttor stammen aus der späten Latènezeit (2. und 1. vorchristliches Jahrhundert). Zwar wurde die Schanze – insbesondere durch Landwirtschaft – teilweise zerstört, doch ist der 2,5 m tiefe Westgraben und der bis zu 4 m hohe Wall noch einigermaßen erkennbar. Auch sind die Südwest- und Südostecken der Keltenschanze noch gut erhalten. 1951 wurde am Fuß des Südwalls eine keltische Glasperle mit weiß geränderten Augen auf blauem Grund gefunden.

Info

S7 Wolfratshausen und weiter mit dem Regionalbus 377 bis Puppling

Puppling, Gasthof Pupplinger Au

KOMPASS-Wanderkarte München und Umgebung WK 184, Karte 1 (West), 1:50000, Kompass Verlag

Die Gaststätte Pupplinger Au wird derzeit saniert (Stand: Sommer 2015)

Gasthaus Aujäger
Hans Dosch
Austraße 4
82544 Puppling
Tel.: 08171-78556
www.aujaeger-puppling.de
ÜN Hund: 5 Euro/Nacht

Gasthof-Hotel Humplbräu
Obermarkt 2
82515 Wolfratshausen
Tel.: 08171-483290
www.humplbraeu.de
ÜN Hund: kostenlos

Tourismusverband Starnberger Fünf-Seen-Land
Hauptstraße 1
82319 Starnberg
www.sta5.de
Tel.: 08151-90600

Tierarzt
Dr. Max Hildenbrand
Sauerlacherstraße 49
82515 Wolfratshausen
Tel.: 08171-16185
www.kleintierpraxis-wolfratshausen.de

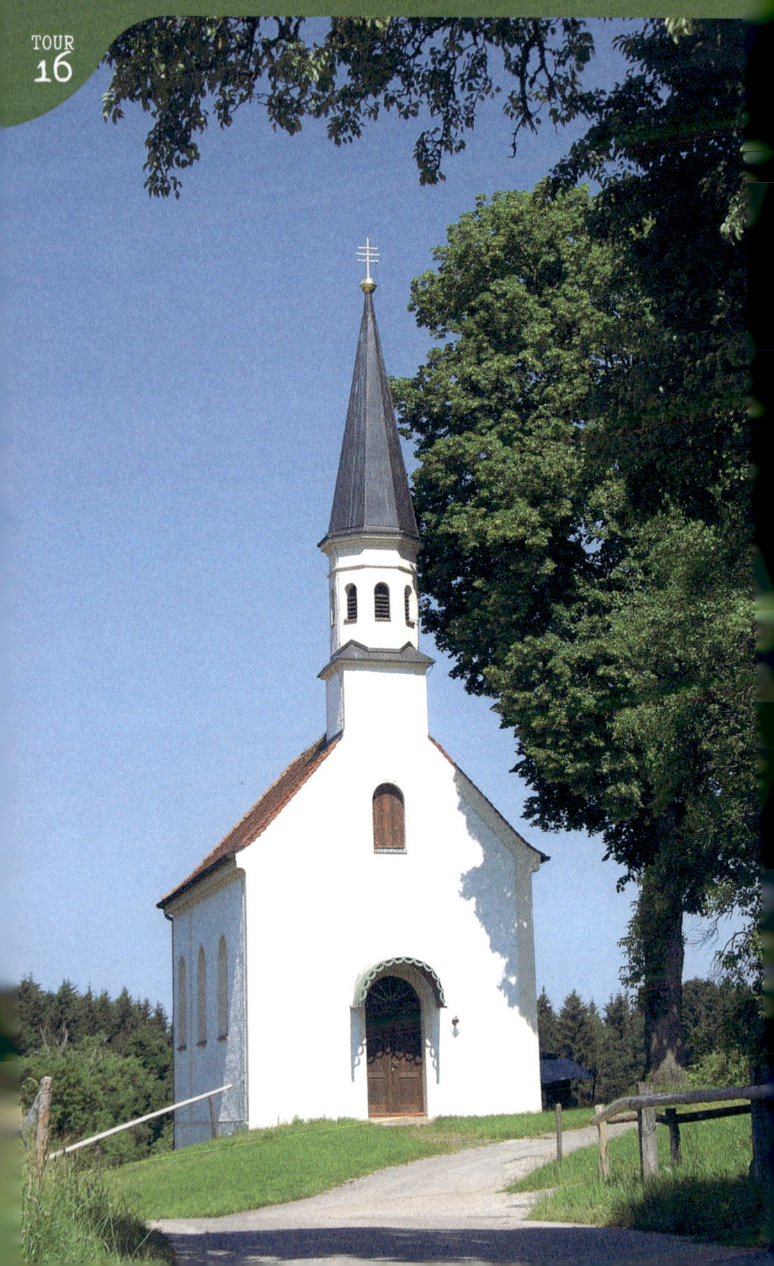

einsame Waldwege – bayerische Voralpenidylle – Badespaß

Walderlebnis beim Buchscharner Seewirt

Hundefreundlichkeit: **Bei dieser Wanderung kommt alles zusammen: Zuerst darf der Vierbeiner im Eurasburger Wald ausgiebig schnuppern, dann geht´s beim Buchscharner Seewirt ins Wasser und zum Schluss kann sich der Besitzer über einen tollen Einkehrschwung mit Aussicht freuen. Einziges Manko: Teile des Eurasburger Waldes fallen in ein Naturschutzgebiet und der Hund muss dort angeleint werden. An einigen Stellen geht es entlang der Autostraße, doch mit entsprechender Voraussicht ist auch das zu bewältigen. Im Erholungsgelände oberhalb des Seewirtes sind Hunde während der Badesaison verboten.**

Tour-Info	↔ 11 km	3 Std.	⇅ 720/608 m
Kategorie:	leicht – ganzjährig möglich		
Start-Ziel:	Münsing, Buchscharner Seewirt		
GPS:	47°50'42.1"N 11°20'21.1"E		
Markierung:	keine Markierung		
Wegecharakteristik:	73 % Weg – 13 % Nebenstraße – 11 % Straße – 3 % Wanderweg		

Vom Buchscharner Seewirt – je nach Parkplatz – den südlichen oder nördlichen Weg in den Eurasburger Wald nehmen. So oder so muss die „Sankt-Heinricher-Straße" überquert werden. Anschließend nach links Richtung Norden abbiegen. Nun geht es ca. 1,2 km bis zur nächsten Gabelung – hier den linken Abzweig wählen – immer auf dem gleichen Weg gen Norden durch den Wald. An der T-Kreuzung den Weg nach Osten einschlagen. An der nächsten T-Kreuzung kurz nach links – an der **1** Kirche St. Kastulus vorbei - und dann gleich wieder rechts gen Osten halten. Der Waldweg führt über den Grenzgraben und an einem kleinen Schilfweiher vorbei. Nach einer langgezogenen Links-/Rechtskurve kommt die nächste Gabelung. Hier den östlichen (rechten) Weg nehmen und an der nächsten T-Kreuzung abermals

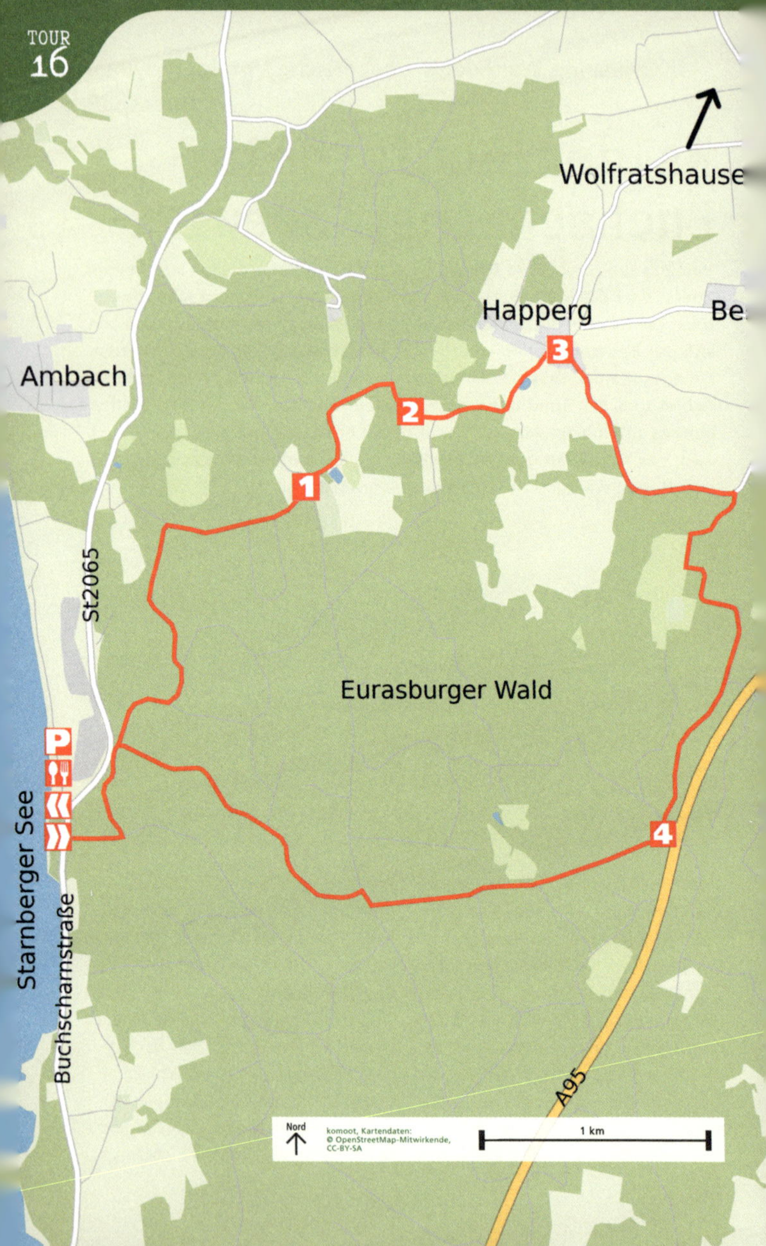
Wolfratshause
Happerg
Be
Ambach
St2065
Eurasburger Wald
Starnberger See
Buchscharnstraße
A95
1
2
3
4
Nord
komoot, Kartendaten:
© OpenStreetMap-Mitwirkende,
CC-BY-SA
1 km

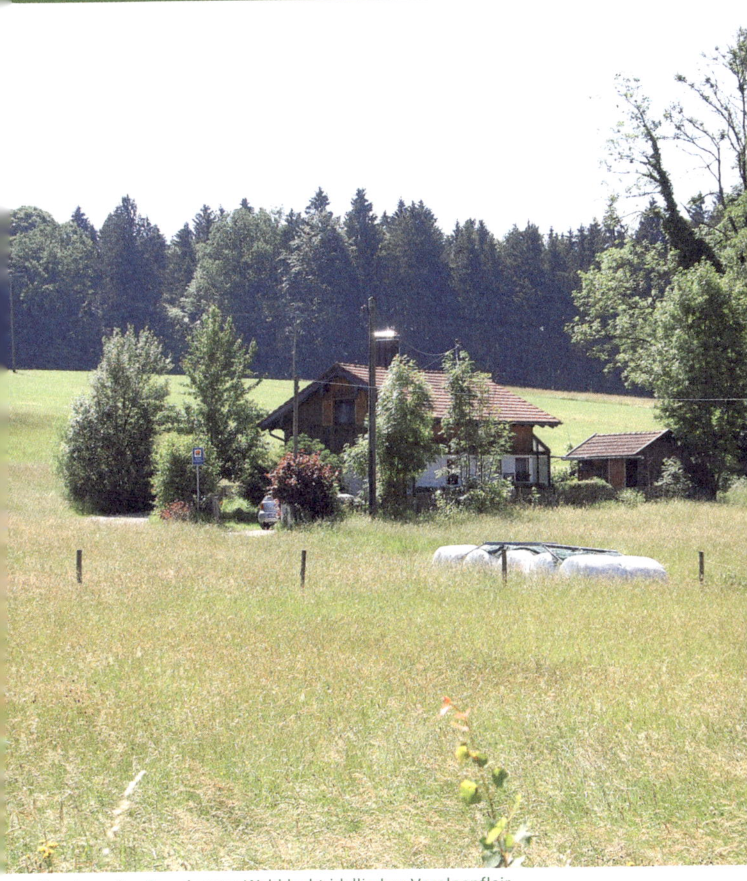

Rund um den Eurasburger Wald lockt idyllisches Voralpenflair

rechts gen Süden über den Fahrweg am Weiler **2** Mühljörg und Steingrub vorbeiwandern. Die Straße führt leicht ansteigend wieder an einem Weiher vorbei Richtung **3** Happerg. Dort angekommen geht es für ein kurzes Stück nach Osten und nach 50 m rechts in die Straße "Am Kronberg". Die Wanderung führt in einer Linkskurve an der Abbiegung zum Weiler Schwarzlehen vorbei und erst, wenn die Straße einen eindeutigen Linksknick macht (ca. 500 m ab der Abbiegung nach Schwarzlehen), nach Süden in den Wald hinein abbiegen. Dem Weg immer weiter nach Süden im Zickzack folgen und dabei die Privatstraße („Rohr 1") rechts liegenlassen. Nun geht es etwas

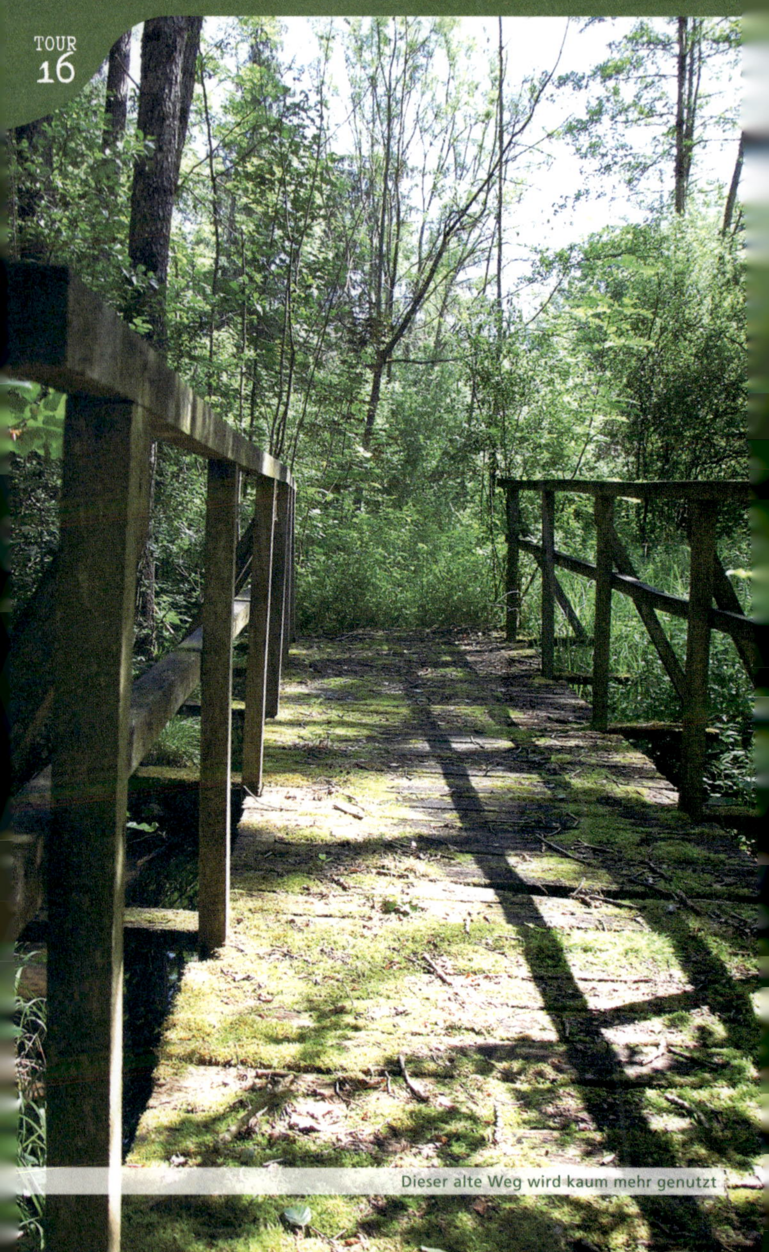

Dieser alte Weg wird kaum mehr genutzt

ungemütlich laut nahe der Autobahn entlang. Kaum zu glauben, dass durch dieses schöne bayerische Idyll eine wichtige Verbindungsstraße führt führt. Doch irgendwie müssen die Wanderer ja in die Berge und zurück. Das Wanderstück in der Nähe der Autobahn ist schnell bewältigt, denn an der 4 Unterführung (nach knapp 500 m) führt der Weg rechts nach Westen durch das moorige Naturschutzgebiet. An der nächsten T-Kreuzung den Buchscharn im Norden überqueren und sofort weiter nach Westen wandern. Nun dem Waldweg so lange folgen, bis er auf die altbekannte Straße zum Buchscharner Seewirt zurückführt.

Kastulus-Kirche in Schallenkam

Das kleine Gotteshaus in Schallenkam wurde 1678 n. Chr. errichtet und 1740 n. Chr. von Ignaz Anton Gunetzrhainer umgebaut. Bis zur Jahrhundertwende – vom 19. ins 20. Jahrhundert – war sie ein bekanntes Wallfahrtsziel und die reichste Kirche der Pfarrei Münsing.

Tipp

Über die verschiedenen Waldwege im Eurasburger Wald kann die Wanderung beliebig verlängert oder verkürzt werden.

Unterhalb des Buchscharner Seewirts gibt es eine kleine, aber feine Hundebadebucht.

Info

S7 Wolfratshausen, Regionalbus nach Seeshaupt

Münsing, Buchscharner Seewirt

KOMPASS-Wanderkarte München und Umgebung WK 184, Karte 1 (West), 1:50000, Kompass Verlag

Buchscharner Seewirt
Buchscharn 1
82541 Münsing – Starnberger See
Tel.: 8801-2409
www.buchscharner-seewirt.com
täglich geöffnet

Camping und Gästehaus
Buchscharnstraße 10
82541 St. Heinrich
Tel.: 08801-802
www.camping-beim-fischer.de
Camping – ÜN Hunde: kostenlos
Gästehaus – ÜN Hunde: 2 Euro/Tag

Tourismusverband Starnberger Fünf-Seen-Land
Hauptstraße 1
82319 Starnberg
www.sta5.de
Tel.: 08151-90600

Tierarzt
Michael Steinberger
Kirchstraße 8
82547 Eurasburg
Tel.: 08179-8471

Osten

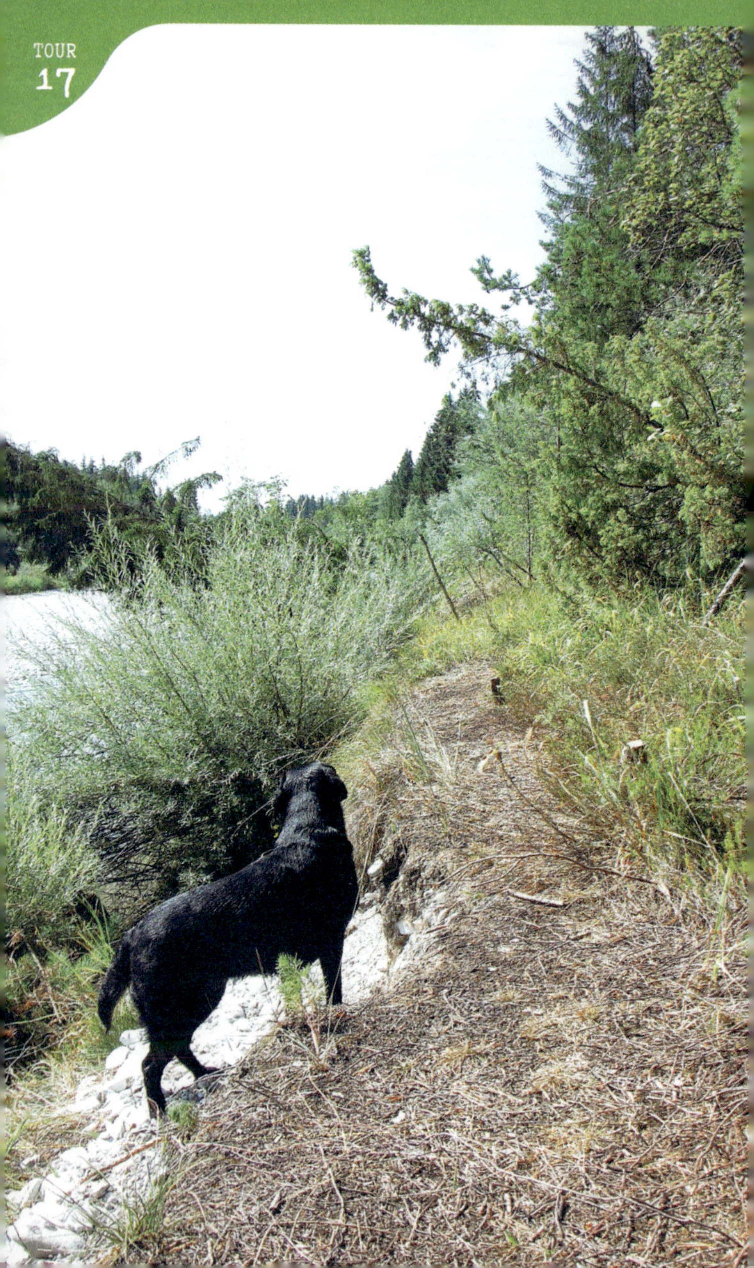

schmale Pfade – erfrischendes Isarplanschen – herrliches Bergpanorama

Durch den wilden Isar-Dschungel

Hundefreundlichkeit: Diese Tour ist der perfekte Sommertraum. An den idyllischen Pfaden entlang der Isar locken viele Badestellen mit reichlich Planschvergnügen. Doch bevor es dazu kommt, ist am Anfang etwas Geduld gefragt: Denn es geht zunächst entlang einer Autostraße bis Huppenberg. Die dann folgenden breiten Wanderwege lassen noch nicht ahnen, welcher Spaß noch folgen wird. Die Wanderung ist größtenteils schön schattig und vor allem in der Kurzversion direkt an der Isar auch an heißen Sommertagen machbar. Für die steile Passage zum Malerwinkel und zurück ist Trittsicherheit gefragt.

Tour-Info	↔ 11 km	3 Std.	658/613 m
Kategorie:	mittelschwer – ganzjährig möglich, aber am besten in den Sommermonaten machbar		
Start-Ziel:	Königsdorf, Wanderparkplatz bei Huppenberg		
GPS:	47°48'41.0"N 11°32'19.9"E		
Markierung:	keine Markierung		
Wegecharakteristik:	72 % Wanderweg – 12 % Straße – 6 % Weg – 6 % Bergwanderweg – 4 % Nebenstraße		

Vom Parkplatz Lochen bei Huppenberg geht es für etwa 500 m an der Autostraße entlang, bis linker Hand eine Fahrstraße nach Süden Richtung **1** Huppenberg abbiegt und in einer Rechtskurve bis zum kleinen Weiler führt. Von hier weiter nach Westen über die Wiesen und bis zur T-Kreuzung durch einen Wald bergab Richtung Osterhofen wandern. Nun geht es nach rechts Richtung Norden, über die **!** Tölzer Straße und – alle Abzweigungen ignorierend – über eine Forststraße bis zur **2** Jugendsiedlung Hochland durch den Wald. Ab dem Parkplatz bei dem Camp nordwestlich halten. Der anfangs breite Waldweg wird später schmaler und wandelt sich bald zu einem kleinen Trampelpfad. Er führt zum Teil direkt

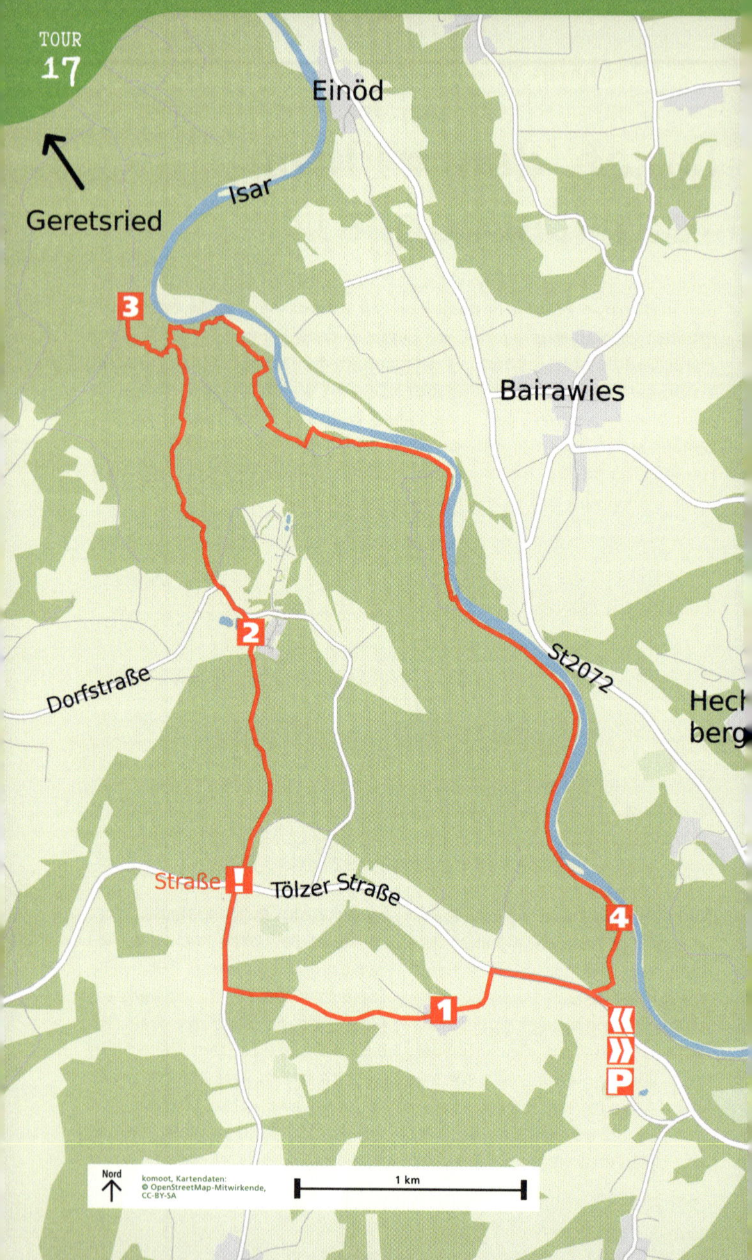
TOUR
17
Einöd
Isar
Geretsried
3
Bairawies
2
Dorfstraße
St2072
Straße
Tölzer Straße
4
1
P
Nord
komoot, Kartendaten:
© OpenStreetMap-Mitwirkende,
CC-BY-SA
1 km

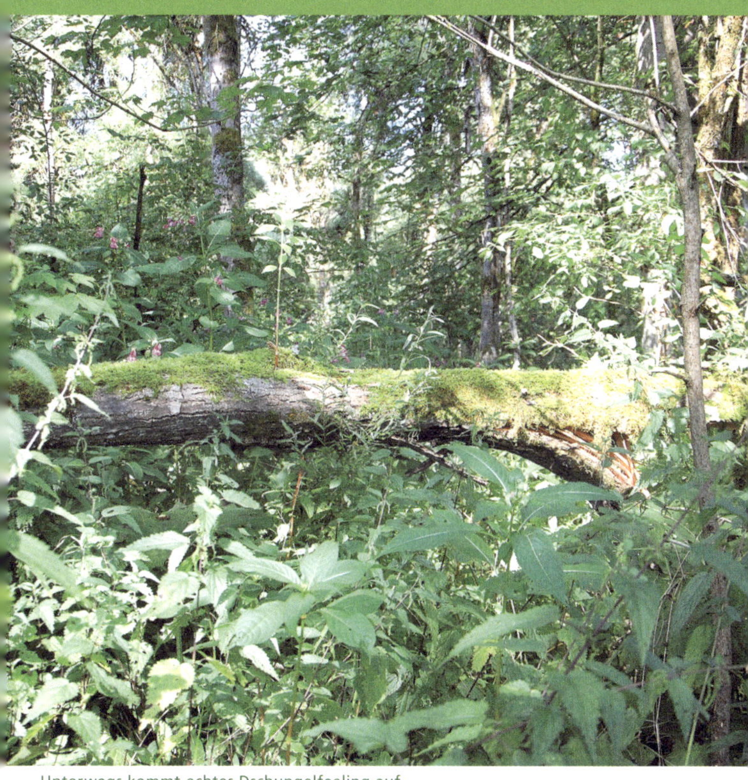

Unterwegs kommt echtes Dschungelfeeling auf

am Großen Rothbach entlang, über einen verwurzelten Pfad ein paar m nach unten auf eine Wiese, die fast weglos gequert wird. Bei der Gabelung des Pfades – etwa 70 m nach der Wiese – führt ein Abstecher deutlich sichtbar in einer Linkskurve über Treppen und einen steilen Steig hinauf zum **3** Malerwinkel. Nach kurzer Rast und herrlichem Blick auf die Berge geht es wieder zurück bis zur Linkskurve und dann nach Norden bis zur Isar. Ab hier dem kurvigen Verlauf der Isar zunächst über schmale, verwachsene Pfade oder auch direkt dem weglosen Isarufer gen Westen bzw. Südwesten entlang folgen. Der Weg über die Pfade ist kaum sichtbar. Nach einer Gesamtstrecke von ca. 6,6 km besteht auch die Möglichkeit, auf dem etwas breiteren Kiesweg zu wandern. Mehr Abenteuercharakter und Bademöglichkeiten bietet aber der schmale Pfad. Nach etwa 10 km Gesamtwanderung heißt es aufpassen: Nun führt ein ausgeschilderter **4** ITV-Weg nach Südwesten durch den Wald zur Autostraße und zum Parkplatz zurück.

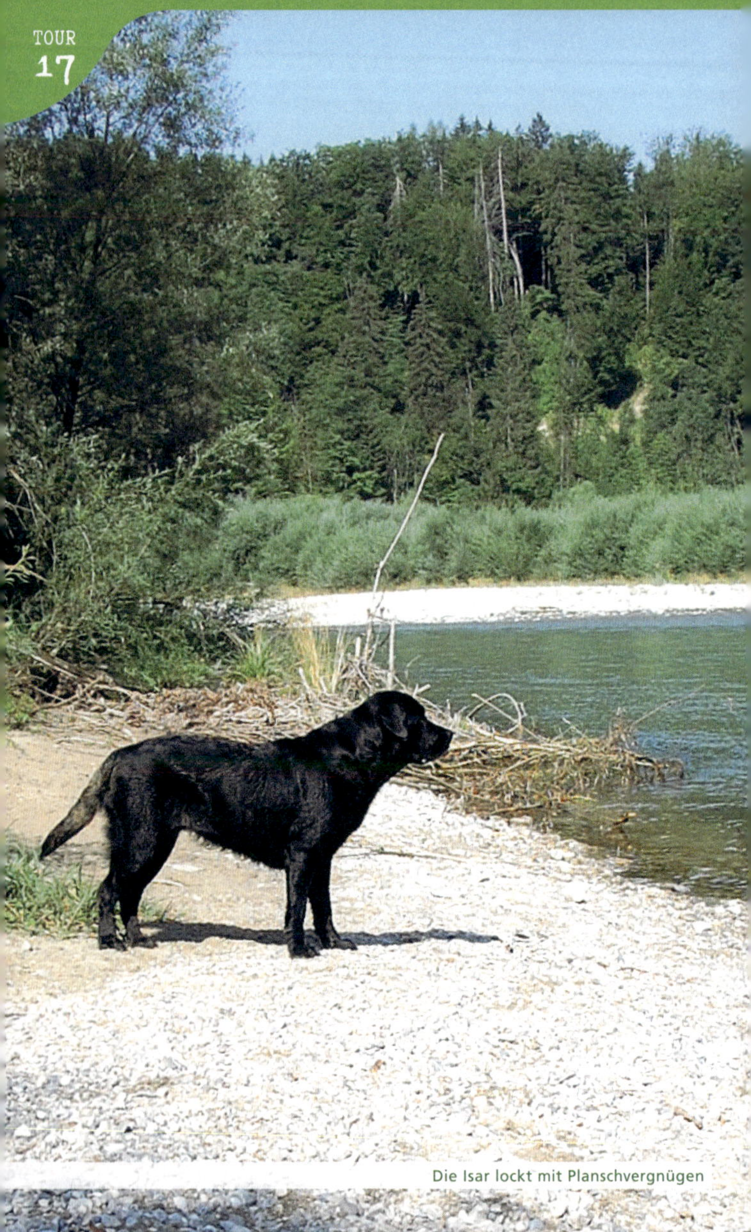

Die Isar lockt mit Planschvergnügen

Jugendbildungsstätte Oberbayern

Erstaunlich aber wahr: Schon die Hitlerjugend nutzte diese schöne, wildromantische Gegend von 1936 – 1945 für ein Hochlandlager. Nach dem Zweiten Weltkrieg wurde das Lager aufgelöst. Interessanterweise übernahm die zionistische Bewegung Hagana bis 1948 das Gelände als illegale Militärschulung. Mittlerweile befindet sich hier eine Jugendbildungsstätte des Bezirks Oberbayern sowie auch eine Sternwarte.

Isar-Rafting

Dieser Teil der Isar wird im Sommer gerne für private und organisierte Schlauchboottouren von Bad Tölz bis Wolfratshausen genutzt.

Tipp

Natürlich kann die Wanderung – statt über die einsamen Pfade – auf den etwas breiteren Wanderwegen gemacht werden.

Badesachen und Picknick einpacken: Statt Einkehrschwung heißt es auf dieser Wanderung Baden und Selbstversorgen.

An heißen Sommertagen einfach vom Parkplatz aus direkt an der Isar entlang zum Malerwinkel und wieder zurück wandern.

Info

S7 Richtung Wolfratshausen und weiter mit dem Bus 379 bis Huppenberg

Königsdorf, Wanderparkplatz Lochen bei Huppenberg

KOMPASS-Wanderkarte München und Umgebung WK 184, Karte 2 (Ost), 1:50000, Kompass Verlag

Bei dieser Wanderung gibt es keine Einkehrmöglichkeit. Wer möchte besucht nach der Tour eine Gaststätte in Königsdorf oder macht als Krönung noch einen Abstecher ins idyllische Bad Tölz.

Campingplatz Königsdorf
Zum Lindenrain 8
82549 Königsdorf
Tel.: 08171-81580
www.camping-koenigsdorf.de
ÜN Hund: 3 Euro/Nacht

Tölzer Land Tourismus
Prof.-Max-Lange-Platz 1
83646 Bad Tölz
Tel.: 08041-505206
www.toelzer-land.de

Gemeinde Königsdorf
Hauptstraße 54
82549 Königsdorf
Tel.: 08179-93120www.gemeinde-koenigsdorf.de

Tierarzt
Dr. med. vet. Ghirmai Michiel
Osterhofener Straße 12
82549 Königsdorf
Tel.: 08179-1259

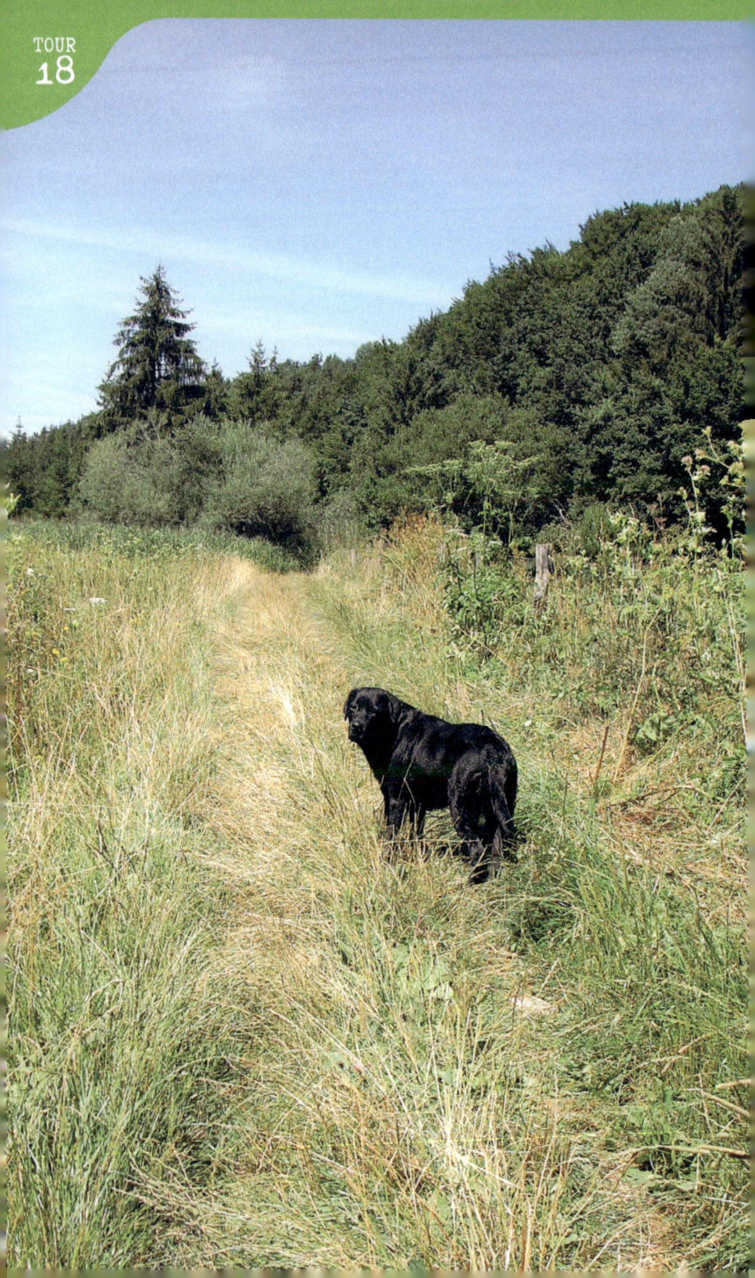

herrliche Waldwege – freie Wiesen – fischreiche Weiher

Unterwegs im klassischen Voralpenidyll

Hundefreundlichkeit: Die Tour entlang der drei Weiher bei Thanning ist eine schöne Wanderung durch typisches Alpenvorland. Es geht über freie Felder und durch einen wunderschönen Wald. Beim ersten Teil des Weges kann der Hund frei laufen, doch direkt am Fischweiher herrscht Anleingebot für Hunde. In den Moorweihern dürfen weder Mensch noch Hund ins Wasser. Dafür lohnen die fischreichen Gewässer mit dem Anblick von wunderschönen Seerosenteppichen.

Tour-Info	↔ 9 km	2,5 Std.	706/643 m
Kategorie:	leicht – ganzjährig möglich		
Start-Ziel:	Thanning, Pfarrkirche St. Peter und Paul		
GPS:	47°55'19.9"N 11°32'07.5"E		
Markierung:	keine Markierungen		
Wegecharakteristik:	42 % Wanderweg – 35 % Weg – 13 % Straße – 6 % Nebenstraße – 4 % Bergwanderweg		

Von der Ortsmitte kurz ein Stück nach Süden wandern und dann in die „Schmiedbergstraße" nach links abbiegen. Bei der nächsten Gelegenheit – nach dem Maibaum – geht es wieder nach Süden in die „Gräfin-Justitia-Straße" und dann erneut nach links in die „Ötzstraße". Dem Feldweg entlang der Blumenwiesen bis zur Gabelung am Waldrand folgen. Nun den südöstlichen (rechten) Weg einschlagen, bei der nächsten Gabelung wieder nach Südosten (rechts) abbiegen und bis zur nächsten **1** Kreuzung wandern. Wer möchte, kann hier schon links direkt nach Nordosten zu den Weihern abbiegen oder rechts einen Abstecher zum Gasthaus Hansch in Feldkirchen machen. Ansonsten geht es über die Kreuzung drüber weiter gen Süden bis zur Ortschaft **2** Reichertshausen. Hier der **!** Fahrstraße bergab nach Süden folgen und bei nächster Gelegenheit links in den Weg nach Osten abbiegen. Nach ca. 100 m geht es

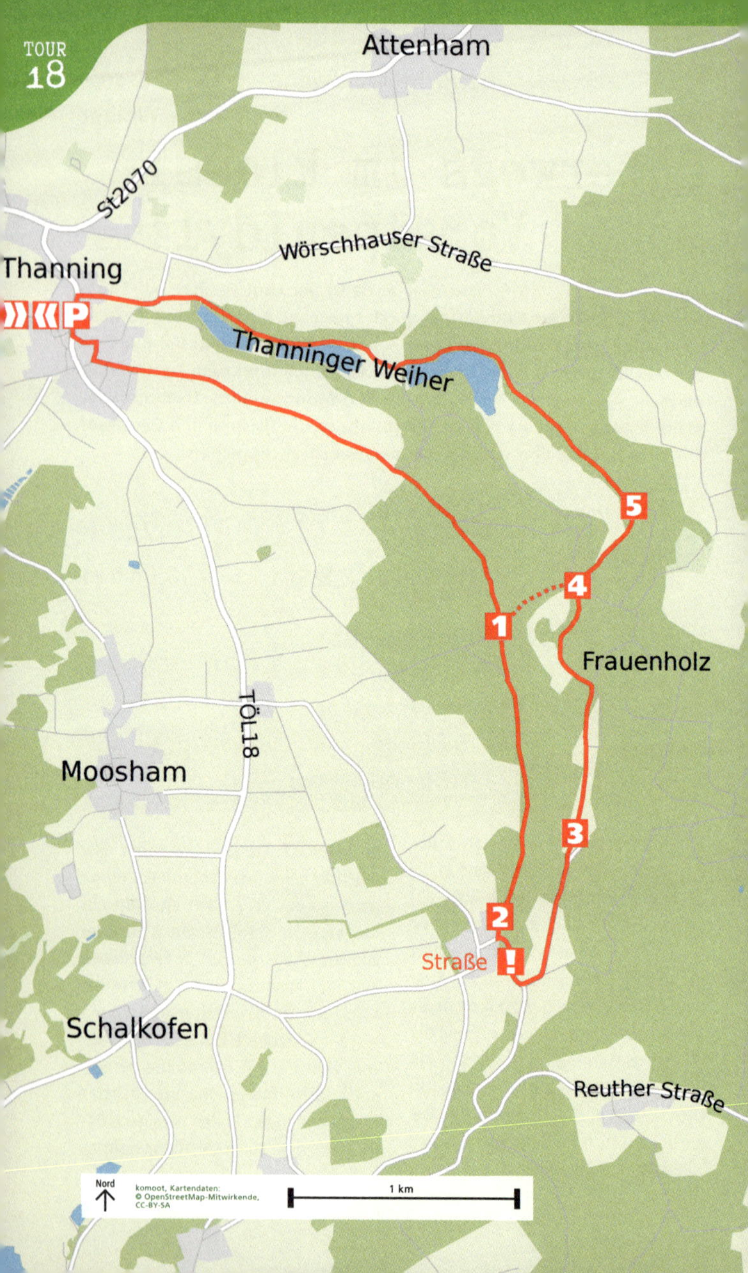
Attenham
St2070
Wörschhauser Straße
Thanning
P
Thanninger Weiher
5
4
1
Frauenholz
TÖL18
Moosham
3
2
Straße
!
Schalkofen
Reuther Straße
Nord
komoot, Kartendaten: © OpenStreetMap-Mitwirkende, CC-BY-SA
1 km

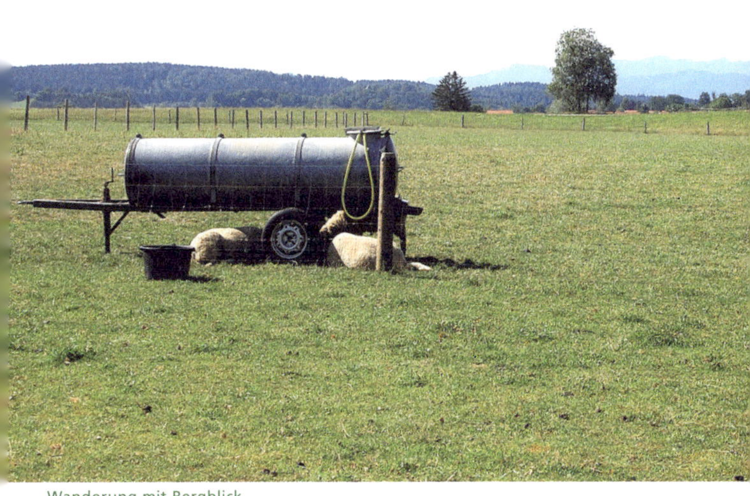

wieder links nach Norden – zunächst über freies Feld, dann durch den Wald und westlich des Weilers **3** Thalweber immer weiter gen Norden durchs Frauenholz. Knapp 600 m nach dem der Weiler passiert ist, geht es an der Weggabelung nach links. An der **4** Wegkreuzung nach einer markanten Rechtskurve geht es weiter geradeaus. Der Weg führt nach Nordosten, am südlichen Schilfende des Weihers vorbei in den Wald und bis zur nächsten **5** T-Kreuzung. Hier nach links Richtung Nordwesten abbiegen. Nun geht es am Rande des Mooses entlang und schließlich an allen drei Weihern vorbei. Der Weg zwischen Schilf und Wald verläuft teilweise über schmale Pfade und Wurzeln. Bald wird der Wanderweg immer breiter und führt weiter westlich verlaufend auf den „Weiherweg", der letztendlich wieder in Thanning, dem Ausgangspunkt der Tour, endet.

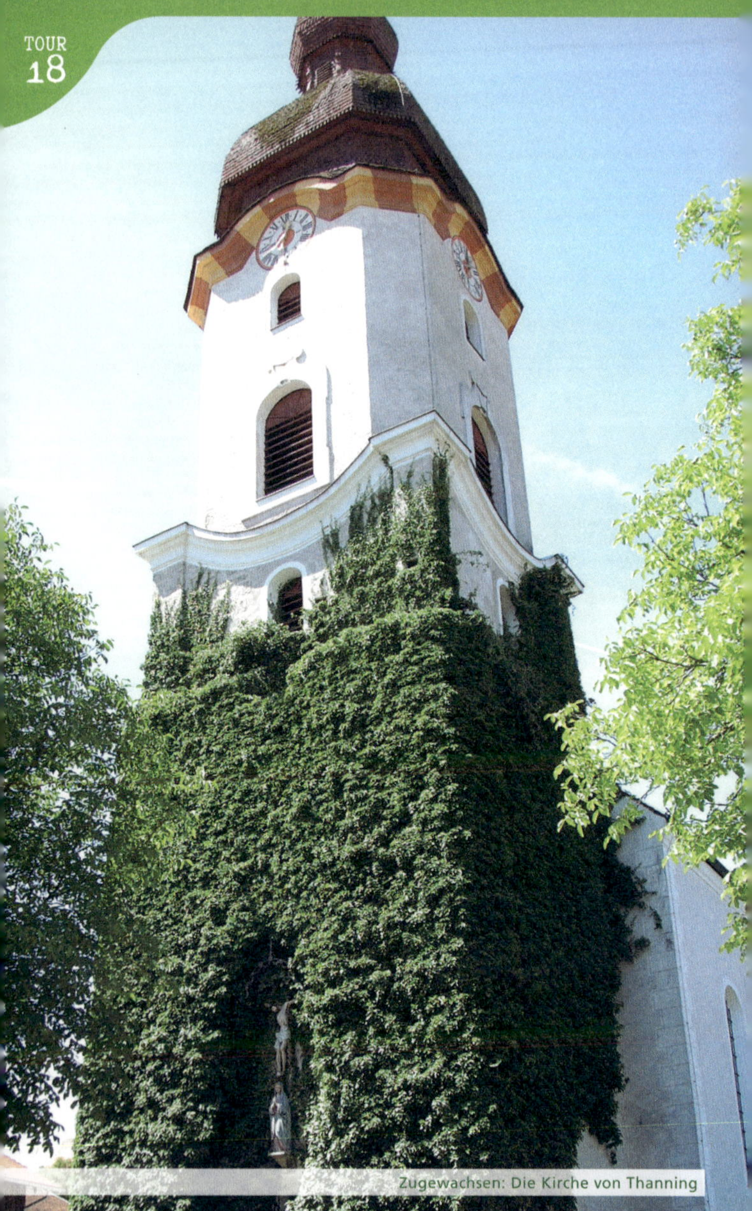

Zugewachsen: Die Kirche von Thanning

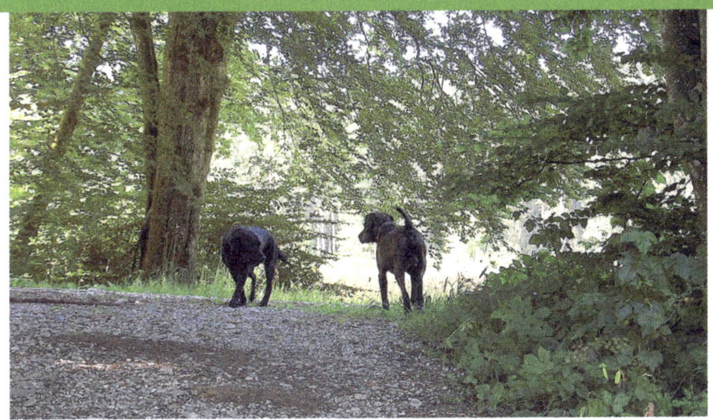

Spielpause unterwegs

Thanninger Weiher

Die drei Gewässer des Thanninger Weihers – er wird meist in der Einzahl genannt – bedecken ca. 11 ha Wasserfläche. Da sie nur knapp zwei m tief sind, kann man hier bei günstigen Lichtverhältnissen die Fische – Karpfen, Schleien, Hecht, Zander, Aal, div. Weißfischarten, Forellen etc. – gut beobachten.

Kapelle St. Coloman

In Reichertshausen steht die spätgotische Kapelle St. Coloman. Sie wurde im Jahre 1517 errichtet und ist ein geschütztes Baudenkmal.

Tipp

Die Tour kann z. B. bis zur Gasstätte Hansch in Feldkirchen verlängert oder zu einem Rundweg um den Thanninger Weiher verkürzt werden.

Zum Abschluss des schönen Wandertages lädt der Jägerwirt in Aufhofen zu Spezialitäten aus der hauseigenen Metzgerei ein.

Info

- S7 bis Wolfratshausen, mit dem Regionalbus 377 nach Thanning oder S7 bis Höllriegelskreuth und mit dem Regionalbus 271 nach Thanning
- Thanning, Ortsmitte
- KOMPASS-Wanderkarte München und Umgebung WK 184, Karte 2 (Ost), 1:50000, Kompass Verlag
- Picknick einpacken: Leider gibt es in Thanning derzeit keine Gaststätte.
- Gasthof & Hotel Jägerwirt
Hofmarkstraße 5
82544 Aufhofen-Egling
Tel.: 08176-998950
www.gasthof-jaegerwirt.de
ÜN Hund: 10-20 Euro Reinigungskosten
- Gemeindeverwaltung
Rathausstraße 2
82544 Egling
Tel.: 08176-9312-0
www.egling.de
- Tierarzt
Dr. med. vet. Horst Anton
Am Hochfeld 10
82544 Egling
Tel.: 08176-92111

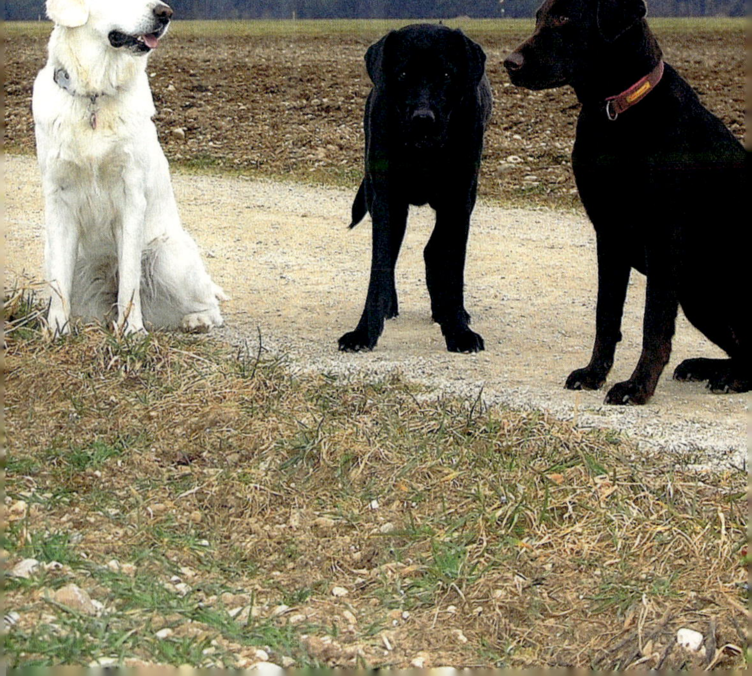

Hundeplanschen – Naturlehrpfad – jede Menge Schnupperfreuden

Rund um das Mallertshofener Holz

Hundefreundlichkeit: **Zwar muss der Hund zumindest im Naturschutzgebiet angeleint werden, doch dafür darf er sich im Mallertshofener See so richtig austoben. Auf den großen Verbindungsstrecken zwischen Unterschleißheim, Eching, Garching und Hochbrück ist mit Radlern zu rechnen. Also besser kleinere Wege wählen. Unterwegs gibt es nur wenig Schatten, deshalb ist die Wanderung an heißen Tagen nicht zu empfehlen!**

Tour-Info	↔ 11,5 km	3 Std.	480/468 m
Kategorie:	leicht – ganzjährig möglich		
Start-Ziel:	Eching, Parkplatz Freizeitgelände		
GPS:	48°17'27.2"N 11°37'20.2"E		
Markierung:	keine Markierung, zum Teil als Heidepfad ausgeschildert		
Wegecharakteristik:	46 % – Wanderweg – 29 % Weg – 21 % Bergwanderweg – 3 % Straße – 2 % Nebenstraße		

Ab dem Parkplatz in Eching über die „Heidestraße" Richtung Süden wandern und die erste Möglichkeit nach dem **1** Freizeitpark (hier ist Hundeverbot) nach links gen Osten abbiegen. Bei der nächsten Abzweigung geht es über gut einsehbare Feldwege für etwas mehr als 2 km immer weiter Richtung Süden bis zur nächsten T-Kreuzung. Hier für ca. 250 m nach links gehen, um dann gleich wieder nach rechts Richtung Süden bis **2** kurz vor den Garchinger See weiter zu laufen. Zwischendrin muss der Hund angeleint werden (s. Beschilderung). Wer möchte, macht einen kleinen Abstecher geradeaus zum Garchinger See. **!** Vorsicht: Hier muss eine Autostraße überquert werden. Ansonsten führt die Wanderung gen Westen weiter Richtung Unterschleißheim. Dazu geht es bei den nächsten beiden Gelegenheiten jeweils rechtsab, bis ein Feldweg nach Westen führt. An der nächsten T-Kreuzung geht es für ein kurzes Stück rechts Richtung

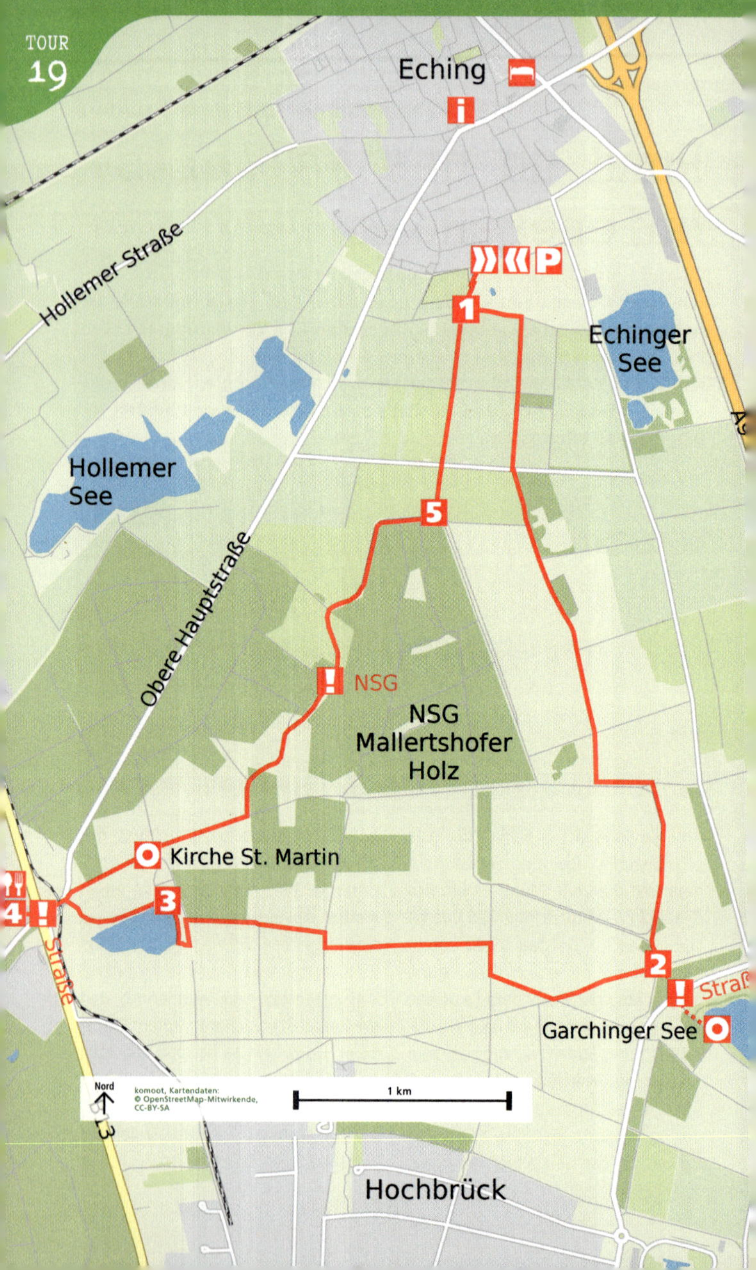
Eching
Hollemer Straße
Echinger See
Hollemer See
Obere Hauptstraße
NSG
NSG Mallertshofer Holz
Kirche St. Martin
Straße
Garchinger See
Nord
komoot, Kartendaten: © OpenStreetMap-Mitwirkende, CC-BY-SA
1 km
Hochbrück

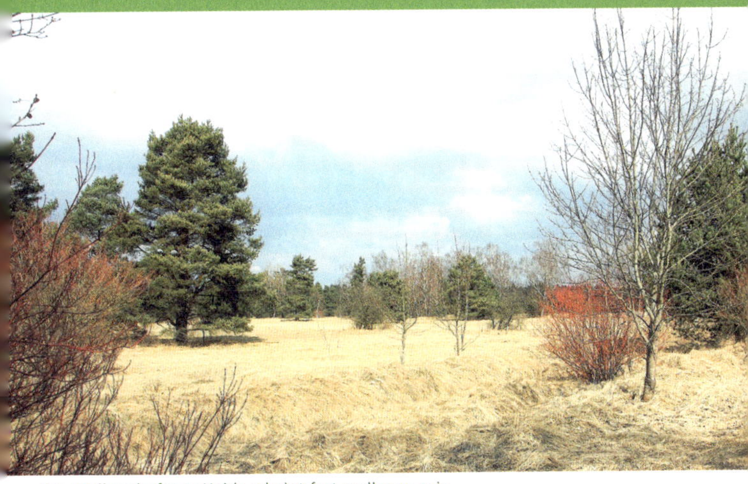

Die Mallertshofener Heide scheint fast endlos zu sein

Norden und anschließend sofort wieder links weiter gen Westen. An der Kreuzung nach 650 m zunächst links haltenund bei nächster Gelegenheit nach Westen bis zum **3** Mallertshofener See weitergehen. Den See am nördlichen Ufer umrunden und am Westende nach rechts abschwenken. Hunde dürfen sich zwischendrin auf Badespaß freuen. Für den Besitzer bietet sich mit dem **4** Gasthof Kreuzhof in Lohof eine schöne Einkehrmöglichkeit. Dafür am Westende des Sees weiter geradeaus Richtung Westen laufen. **!** Vorsicht: Hund anleinen, da Schienen sowie die vielbefahrene B13 („Ingolstädter Landstraße") überquert werden müssen (Ampel vorhanden). Auf der anderen Straßenseite Richtung Norden bis zum Gasthaus laufen. Tipp: Aus Rücksicht vor anderen Gästen Hund abtrocknen. Nach der Stärkung geht es wieder über die „Ingolstädter Straße" und dort gleich auf den Heidepfad an der **⊙** Kirche St. Martin vorbei Richtung Nordosten. Knapp 500 m hinter der Kirche die Abzweigung nach links Richtung Nordosten nehmen, alle weiteren Abzweigungen ignorieren und immer weiter geradeaus dem Weg durch das **!** Naturschutzgebiet Mallertshofener Holz folgen. Schon bald ist Eching wieder zu sehen. An der **5** Kreuzung (nach ca. 10 km) auf den Feldweg nach Norden biegen und immer weiter geradeaus Richtung Parkplatz zurücklaufen.

Mallertshofen und sein See

Das kleine Dorf Mallertshofen wurde 1880 aufgegeben. Heute ist davon lediglich noch die romanische Mallertshofer Kirche St. Martin aus dem 12. Jahrhundert übrig. Sie steht nordöstlich der Gaststätte „Kreuzhof" in der Heide. Bislang ist die weitläufige Heidelandschaft am Stadtrand von München

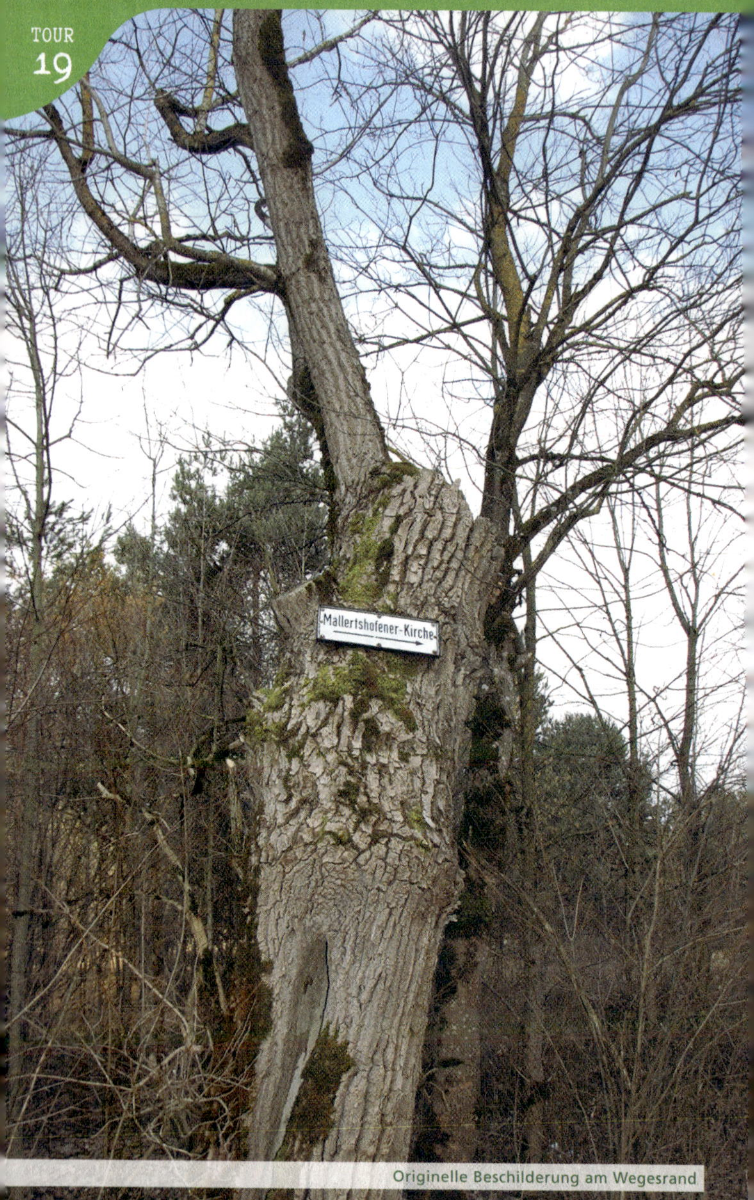

Originelle Beschilderung am Wegesrand

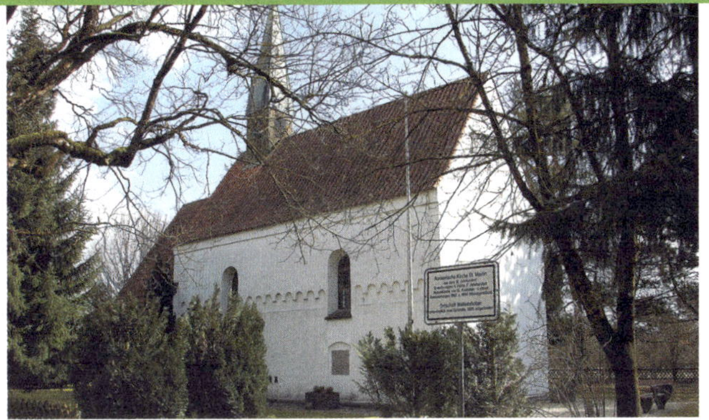

Die Kirche St. Martin ist das Einzige, was noch an den Ort Mallertshofen erinnert

noch weitgehend unbekannt. Das wenig bewaldete Gebiet lohnt bei Föhn mit einem weiten Blick bis in die Alpen. Unterwegs informieren Schautafeln des Heideflächenvereins Münchener Norden über die Geschichte von Mallertshofen und das Naturschutzgebiet.

Der Mallertshofener See ist Überbleibsel einer Kiesgrube aus den 1970er-Jahren. Da diese mit unbekannten Materialien zugeschüttet wurde und der Ausbau zum Badesee hohe Kosten verursachen würde, ist man das Projekt bis jetzt noch nicht angegangen. Deshalb ist der See auch heute noch eine kleine, wildromantische Oase für Lagerfeuerromantik, FKK-Freunde und Hundebesitzer.

Tipp

Die Wanderung kann auch von Garching, Hochbrück oder von Unterschleißheim aus starten und an den jeweiligen Orten per S-Bahn beliebig verkürzt werden.

Bei der Fischzucht Nadler in Eching hausgemachte Feinkost für daheim mitnehmen.

Info

H	S1 nach Eching
P	Eching, Parkplatz Freizeitgelände
Karte	KOMPASS-Wanderkarte München und Umgebung WK 184, Karte 2 (Ost), 1:50000, Kompass Verlag
Gastronomie	Wirtshaus zum Kreuzhof Kreuzstraße 1 85764 Oberschleissheim Tel.: 089-3105289 www.wirtshaus-zum-kreuzhof.de Täglich geöffnet
Übernachtung	Golden Tulip Hotel Olymp Wielandstraße 3 Eching 85386 Tel.: 089-327100 www.goldentulipolymp.de ÜN Hund: 15 Euro/Nacht
i	Tourist Info Eching Untere Hauptstraße 3 85386 Eching Tel.: 089-3190000 www.eching.de
Tierarzt	Tierärztliche Praxis Dr. med. vet. Elke Adriany Siedlerstraße 42 85716 Unterschleißheim Tel.: 089-37061997 www.tierarztpraxis-adriany.de

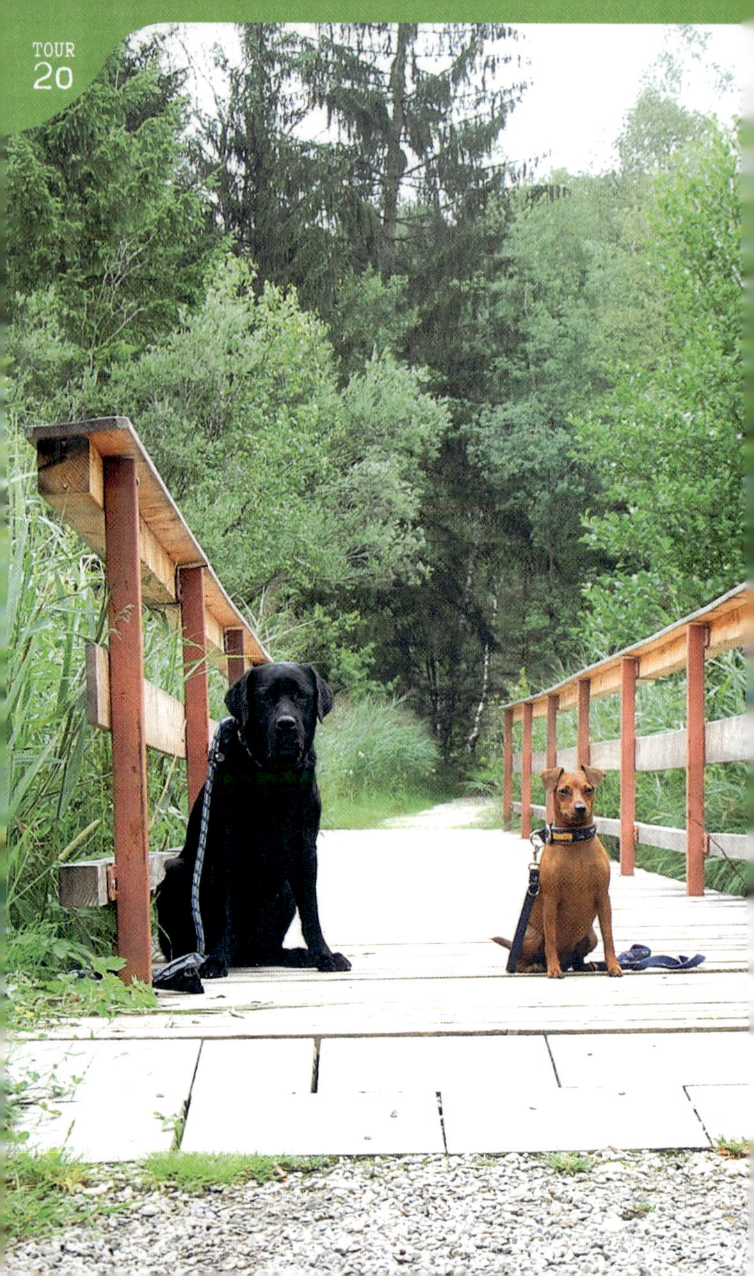

Landidylle – Waldpfade – Badespaß

Durchs Gleißental zum Deininger Weiher

Hundefreundlichkeit: **Die Tour führt anfangs durch das schattige Gleißental, in dem Hunde bis auf einige ausgeschilderte Stellen frei laufen können. Außerhalb der Badesaison lädt der Deininger Weiher zum Hundeplanschen ein. Danach geht es über ein fast vergessen scheinendes Voralpenidyll von Ebertshausen, nach Jettenhausen und Kreuzpullach zurück nach Deisenhofen. Achtung: Teile des Weihers sind Naturschutzgebiet. Hier muss der Hund angeleint werden.**

Tour-Info	↔ 17 km	4,5 Std.	670/596 m
Kategorie:	mittelschwer – ganzjährig möglich		
Start-Ziel:	Deisenhofen, Stefanienstraße		
GPS:	48°00'45.3"N 11°35'00.5"E		
Markierung:	keine Markierung		
Wegecharakteristik:	50 % Weg – 37 % Wanderweg – 6 % Nebenstraße – 4 % Straße – 3 % Bergwanderweg		

Vom Parkplatz geht es über die „Stefanienstraße" nach Südwesten ins schattige Gleißental. Von hier verläuft der relativ breite Wanderweg für etwa 3 km nach Südwesten durch den Wald immer geradeaus. Zwischendurch wird der Weg von der „Römerstraße" gekreuzt – hier an der Kreuzung kurz links halten und anschließend weiter geradeaus wandern – und führt an einem **1** Biotop sowie einem Marterl mit Bank vorbei. Der Fahrstraße **!** „Ödenpullach" für knapp 100 m nach links gen Osten folgen und bei nächster Gelegenheit sofort wieder nach rechts Richtung Südwesten abbiegen. Der Wanderweg schlängelt sich nun weiter durch das bewaldete Gleißental. Sämtliche Abzweigungen – z. B. nach Jettenhausen und kurz darauf nach Großdingharting – werden ignoriert. In einer großen Linkskurve folgt die Wanderung dem Gleißenbach, führt an einem Parkplatz vorbei über die „Dinghartinger Straße" bis zum **2**

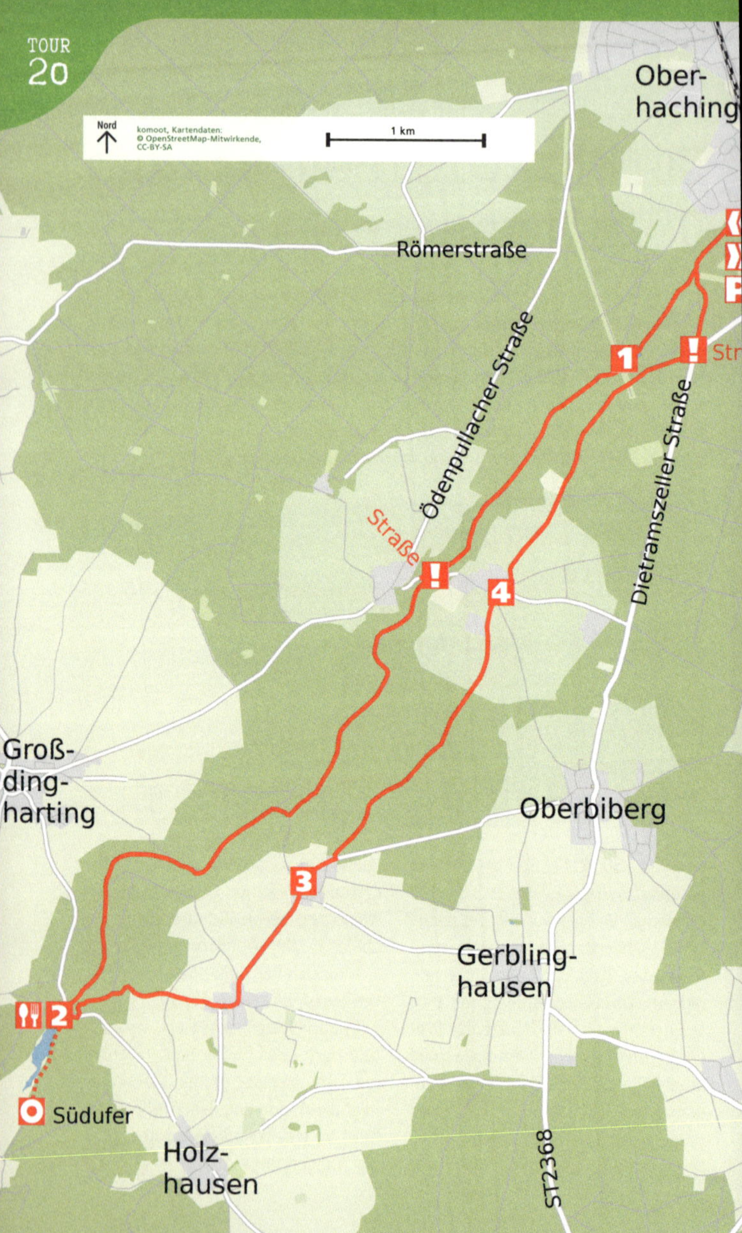

TOUR 20
Nord
komoot, Kartendaten: © OpenStreetMap-Mitwirkende, CC-BY-SA
1 km
Ober-
haching
Römerstraße
Ödenpullacher Straße
Straße
Dietramszeller Straße
Groß-
ding-
harting
Oberbiberg
Gerbling-
hausen
Südufer
Holz-
hausen
ST2368
1
2
3
4

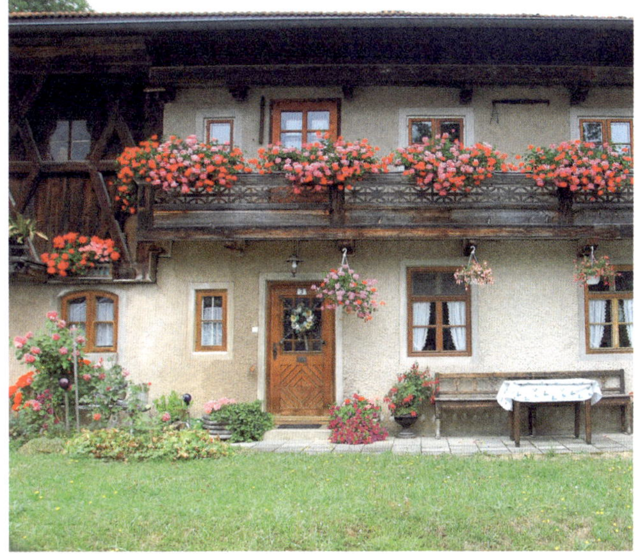

Blumenpracht an Häuserfassade

Gasthaus Deininger Weiher. Hier lockt eine wohlverdiente Rast mit herrlichem Blick auf den wunderschönen Weiher. Um noch ein bisschen das Seeufer genießen zu können, lohnt der Abstecher bis zum schilfigen ⊙ Südende des Weihers. Nun geht es auf demselben – oder dem parallel führenden – Weg zurück bis zur „Dinghartinger Straße". Dieser für ein kurzes Stück nach rechts Richtung Südosten folgen, dann linker Hand in den Wanderweg nach Norden abbiegen und bei der Weggabelung den Weg nach Ebertshausen gen Osten einschlagen. Die Wanderung führt zunächst durch einen Wald und dann über Felder zum Ortskern. Hier geht es nördlich eines Weihers und westlich einer kleinen Kapelle vorbei über die wenig befahrene „Hachinger Straße" nach Nordosten Richtung 3 Jettenhausen. In Jettenhausen kurz der hübschen Beschilderung Richtung Oberbiberg/Sauerlach folgen und nach dem Ort gleich nach links Richtung Kreuzpullach in den Wald abbiegen. Bei den Gabelungen stets den nordöstlichen Weg wählen und weitere Abzweigungen ignorieren. Der Weg führt zunächst durch den Wald und dann entlang von Feldern bis nach 4 Kreuzpullach. Hier geht es kurz nach rechts Richtung Osten und bei nächster Gelegenheit wieder nach links. Auf dem Feldweg Richtung Nordosten bis zur ! „Dietramszeller Straße" (ST 2368) wandern. Hier wiederum sofort nach links gen Norden in den Wald abbiegen und dem Wegverlauf – alle Abzweigungen

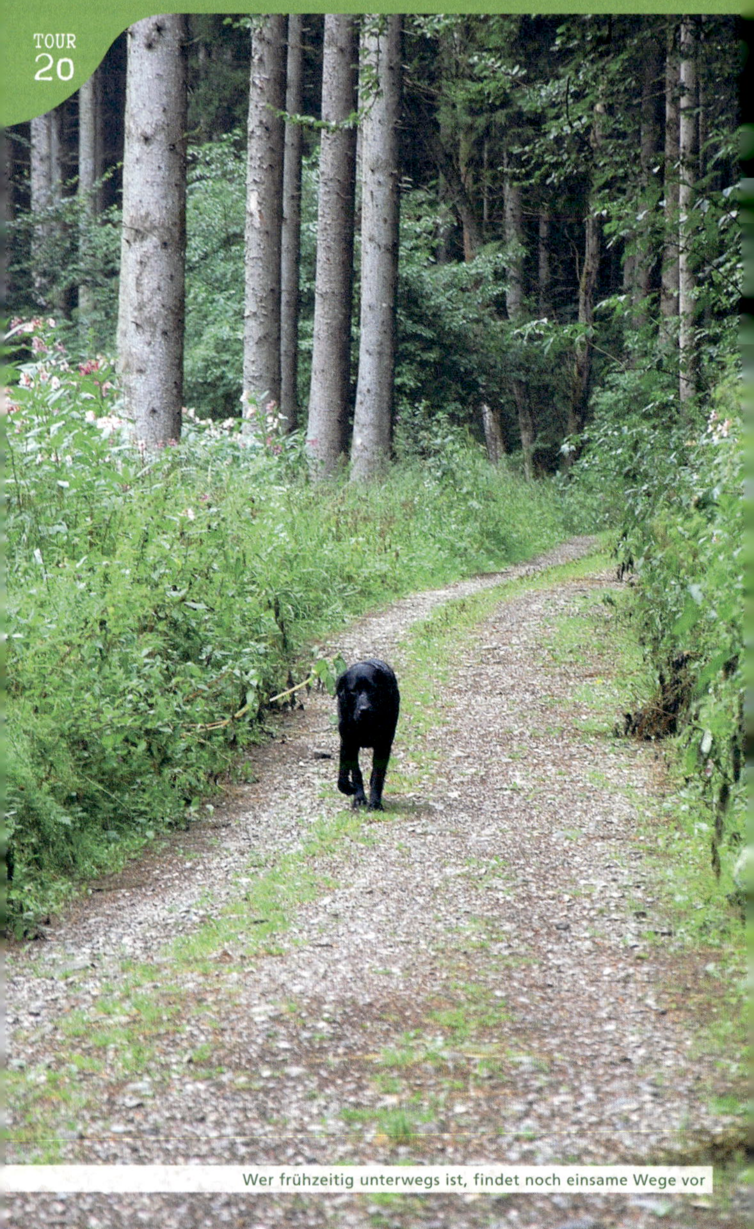

Wer frühzeitig unterwegs ist, findet noch einsame Wege vor

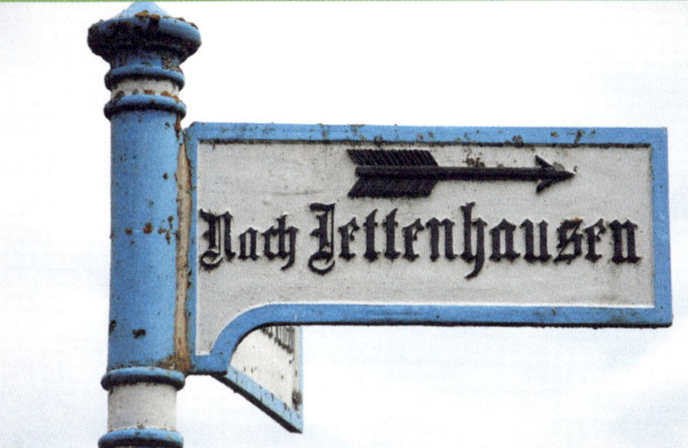

Beschilderung auf dem Rückweg

ignorierend – über die „Römerstraße“ bis zum altbekannten Wanderweg folgen. Von hier sind es noch 500 m zurück bis zum Ausgangspunkt.

Deininger Weiher

Der in der Würmeiszeit entstandene Deininger Weiher ist ein nur bis zu 1,80 m tiefer Moorsee. Der südliche Teil des Sees ist Naturschutzgebiet in dem u. a. Blindschleichen, Ringelnattern und Wasserschildkröten beheimatet sind. Zum Zulauf gehört neben anderen das aus Deining kommende Weiherbachl. Der Abfluss im Norden des Weihers zeigt die Lage des ehemaligen Gletschertores. Nach wenigen Metern versickert der Abfluss im Geröllbett des Gleißentales.

Tipp

Wer mit der S-Bahn unterwegs ist, kann auch die knapp 20 km von Deisenhofen bis nach Schäftlarn wandern.

Ebenfalls schön ist die Wanderung von Deining zum Deininger Weiher über die Ludwigshöhe und zurück.

Info

S3 bis nach Deisenhofen

Deisenhofen, Stefanienstraße

KOMPASS-Wanderkarte München und Umgebung WK 184, Karte 2 (Ost), 1:50000, Kompass Verlag

Waldhaus Deininger Weiher
Deininger Weiher 4
82064 Straßlach-Dingharting
Tel.: 08170-998700
www.waldhaus-deiningerweiher.de
Täglich geöffnet

Hotel Hachinger Hof
Pfarrer-Socher-Straße 39
82041 Oberhaching
Tel.: 089-613780
www.hachinger-hof.de
ÜN Hund: einmalig 10 Euro

Gemeinde Oberhaching
Alpenstraße 11
82041 Oberhaching
Tel.: 089-613770
www.oberhaching.de

Tierpraxis
Dr. Marion Sander-Becker
Gebrüder-Batscheider-Straße 5
82041 OberhachingTel.:
089-6133669
www.marion-sander-becker.de

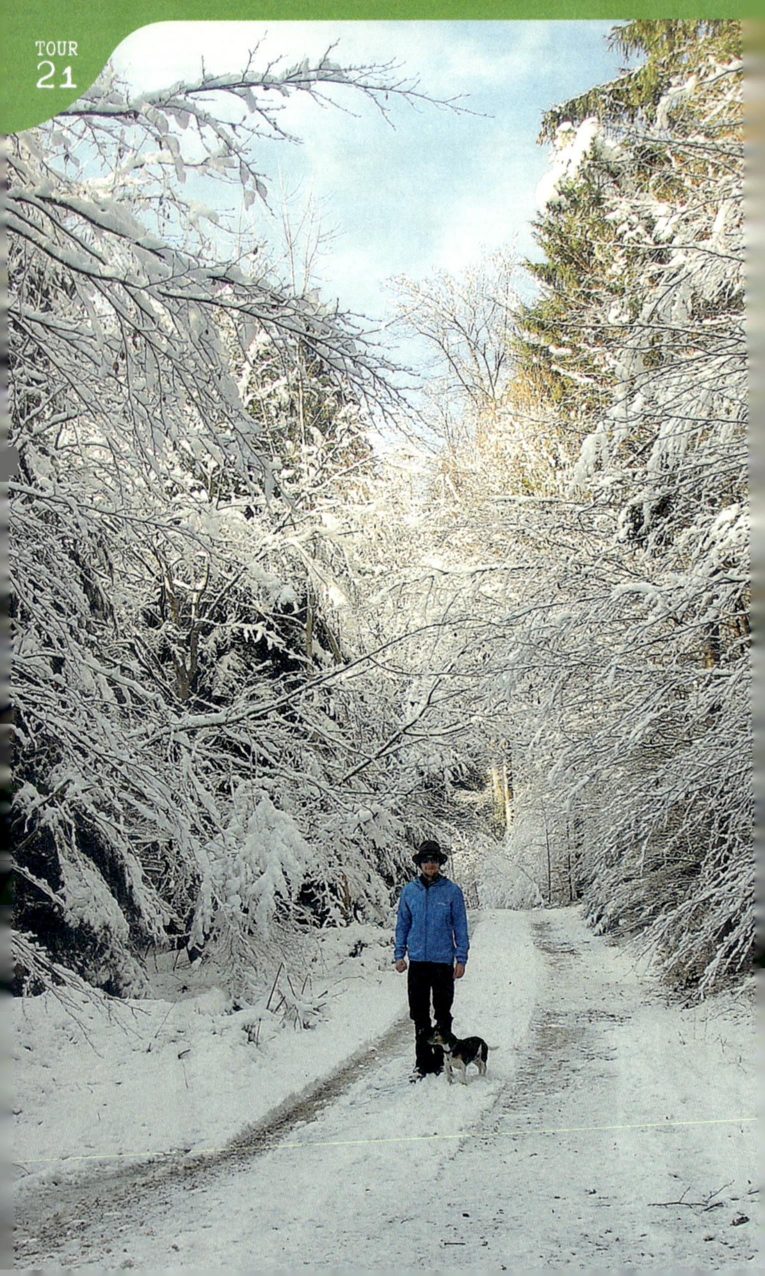

Winterwandern bei Dietramszell

Hundefreundlichkeit: **Bei dieser Wanderung gibt es für den Hund viel zu schnuppern. Da die Wege im Winter nicht geräumt sind, lädt das Gebiet zu jeder Menge Schneespaß ein. Im Sommer locken die Weiher und kleine Nebenarme zum Planschen. An einigen Stellen muss der Hund angeleint werden. Bitte Hinweisschilder beachten.**

Tour-Info	↔ 12 km	3 Std.	803/696 m
Kategorie:	leicht – ganzjährig möglich		
Start-Ziel:	Dietramszell, Pfarrkirche		
GPS:	47°50'57.5"N 11°35'52.0"E		
Markierung:	anfangs D2, später D3		
Wegecharakteristik:	49 % Wanderweg – 49 % Weg – 2 % Nebenstraße		

Vom Parkplatz an der Pfarrkirche geht es nach Osten über eine Forststraße in den Wald hinein (Beschilderung D2). Der Weg führt immer geradeaus am **1** Neuweiher und am Hochufer des **2** Waldweihers vorbei. Eventuelle Abzweigungen werden bis kurz vor dem Hackensee ignoriert. Unterwegs gibt es zwei Weggabelungen gen Nordosten – einmal Richtung Reith und einmal eine kleine Schleife – diese ignorieren und jeweils östlich (rechts) gehen. Kurz vor dem **3** Hackensee kann entweder weiter der Forstweg oder – nach ca. 3 km – der kleine Trampelpfad hinauf zum Hochufer des Hackensees genommen werden. Die Mühe lohnt: Hier zeigen sich ein paar schöne Ausblicke auf den untenliegenden See. Es geht im Wald um das Nordufer des Sees herum. Dabei wird der Kirchseebach überquert. Wer möchte, biegt bei nächster Gelegenheit nach links Richtung Osten zum Einkehrschwung nach **4** Kleinhartpenning ab. Ansonsten geht's weiter bis zur **5** Touristeninformation, die ebenfalls einen schönen Rastplatz bietet. Weiter folgt die Wanderung nun Richtung Südwesten, lässt dabei zwei kleine Pfade rechts liegen, um direkt danach den Feldweg nach Westen (rechts) zu nehmen. Wieder

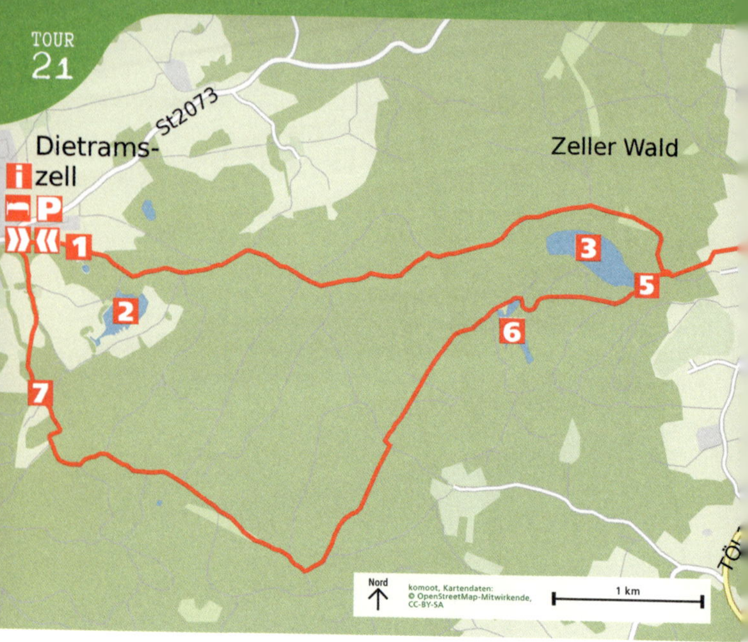

geht es über den Kirchseebach und am Nordufer des kleineren 6 „Hacken" vorbei. Dem Weg weiter geradeaus gen Südwesten durch den Wald folgen, bis er an einer großen T-Kreuzung endet. Nun kurz nach links und dann wieder nach rechts Richtung Südwesten abbiegen, bis der Weg auf den Wanderweg Nummer D3 trifft. Hier rechts halten und an der nächsten Kreuzung links Richtung Nordwesten wandern, auch wenn der Weg schmaler als die anderen erscheint. Alle Abzweigungen ignorierend geht es am Schwarzen Kreuz und der Grünen Marter vorbei bis zur 7 Kapelle Maria Elend. Ab hier führt die Wanderung auf der Straße „Am Weiherfeld" Richtung Norden bis zum Parkplatz zurück.

Kloster Dietramszell

Das Kloster Dietramszell wurde 1099 vom Abt Udalschalk des Benediktinerklosters Tegernsee gegründet. In der ersten Hälfte des 18. Jahrhunderts erhielt das Kloster seine barocke Gestaltung. Während es von außen eher schlicht wirkt, zeigt sich seine wahre Schönheit mit Fresken und Stuck von Johann Baptist Zimmermann im Inneren des Gebäudes. Zu den besten Gemälden zählt die Himmelfahrt Mariens auf dem Hochaltar. Von Franz Xaver Schmädl stammen die prächtigen Figuren des St. Petrus Fourier, des St. Johannes Nepomuk sowie die Madonna von 1641 auf dem Rosenkranzaltar. Hackensee

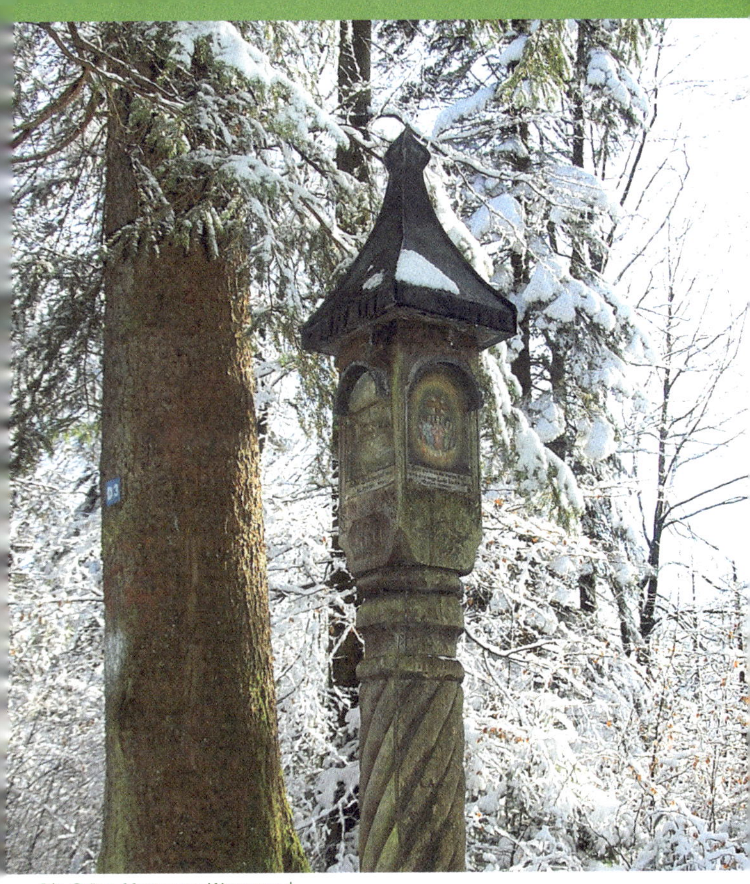

Die Grüne Marter am Wegesrand

Am idyllischen Hackensee wurden einige Filmszenen der bayerischen Lausbubengeschichte „Wer früher stirbt ist länger tot" (2006) von Marcus H. Rosenmüller gedreht. Unerschrockene Wassersportler baden in dem mit Pflanzen bewucherten Wasser des Moorsees. Gespeist wird der Hackensee vom Kirchseebach, während sein Ablauf in den Teufelsgraben mündet.

Wallfahrtskirche Maria Elend

Die Wallfahrtskirche Maria Elend wurde 1687 – 1690 erbaut. Sehenswert ist das Deckenfresko des Weilheimer Malers Johann Sebastian Troger. Übrigens stammt der Name Elend mundartlich von „illat" ab, was so viel wie „anders Land, fremdes Land, Grenzland, außerhalb der Gemarkung liegendes Land"

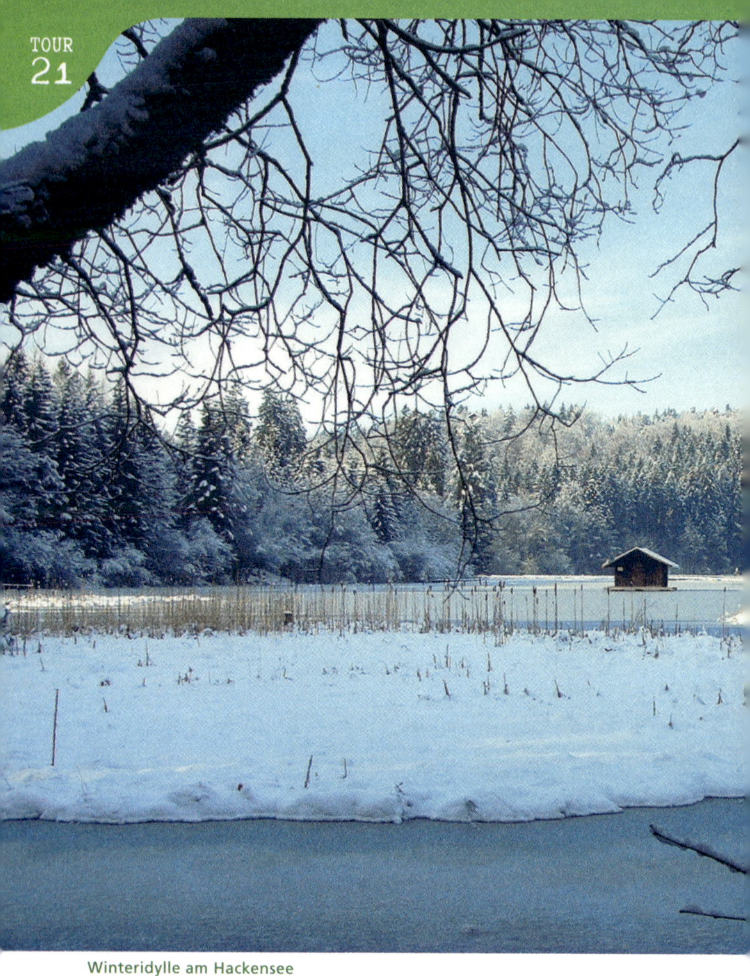

Winteridylle am Hackensee

bedeutet. Die Kirche lag zur Zeit der Augustinerchorherren im Grenzgebiet ihrer Hofmark, während sie heute zum einsamen Grenzland der Gemeinde Dietramszell gehört. Im Winter ist die Kirche nur am Wochenende bei schönem Wetter geöffnet.

Schwarzes Kreuz

Am „Schwarzen Kreuz" hat früher das so genannte „Haberfeldtreiben" stattgefunden. Hier sollen Bauern und Handwerker – die Haberer – vermummt und mit schwarz bemalten

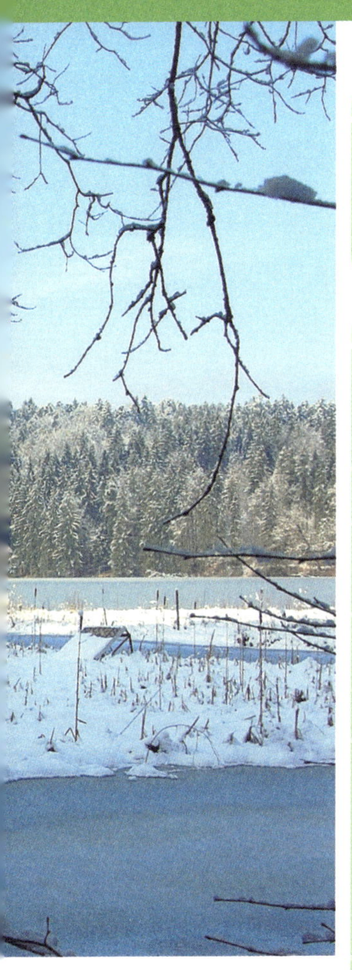

Gesichtern über Verstöße der Obrigkeiten oder einzelner Personen geschimpft haben. Sie erhofften, dass die Beschuldigten sie im Dorfe hörten und ihr Verhalten bereuten.

Tipp

Ebenfalls sehr schön ist die Wanderung von Dietramszell zum Kirchsee, nach Lochen oder rund um den Dietramszeller Weiher. Von Holzkirchen – oder, um einiges kürzer von Kleinhartpenning – empfiehlt sich eine schöne Rundwanderung um den Hackensee.

Info

H	Tram 25 bis Grünwald, Derbolfinger Platz, dann weiter mit dem Bus 271 bis Dietramszell oder mit der S3 bis Holzkirchen und weiter mit dem Bus 9568 bis Dietramszell
P	Dietramszell, Parkplatz Pfarrkirche
	KOMPASS-Wanderkarte München und Umgebung WK 184, Karte 2 (Ost), 1:50000, Kompass Verlag
	Schreinerwirt Dorfstraße 23 83607 Holzkirchen Tel.: 08024-6084272 www.schreinerwirt.com Do. – So. geöffnet
	Klosterschänke Dietramszell Klosterplatz 2 83623 Dietramszell Tel.: 08027-904500 www.klosterschaenke-dietramszell.de Restaurantbetrieb: täglich geöffnet (im Winter Mo. und Di. Ruhetag) ÜN Hund: nach Anmeldung kostenlos
i	Gemeinde Dietramszell Am Richteranger 10 83623 Dietramszell Tel.: 08027-90580 www.dietramszell.de
+	Tierarztpraxis Wolfgang Missaga Am Gasteig 2 83623 Dietramszell Tel.: 08027-428

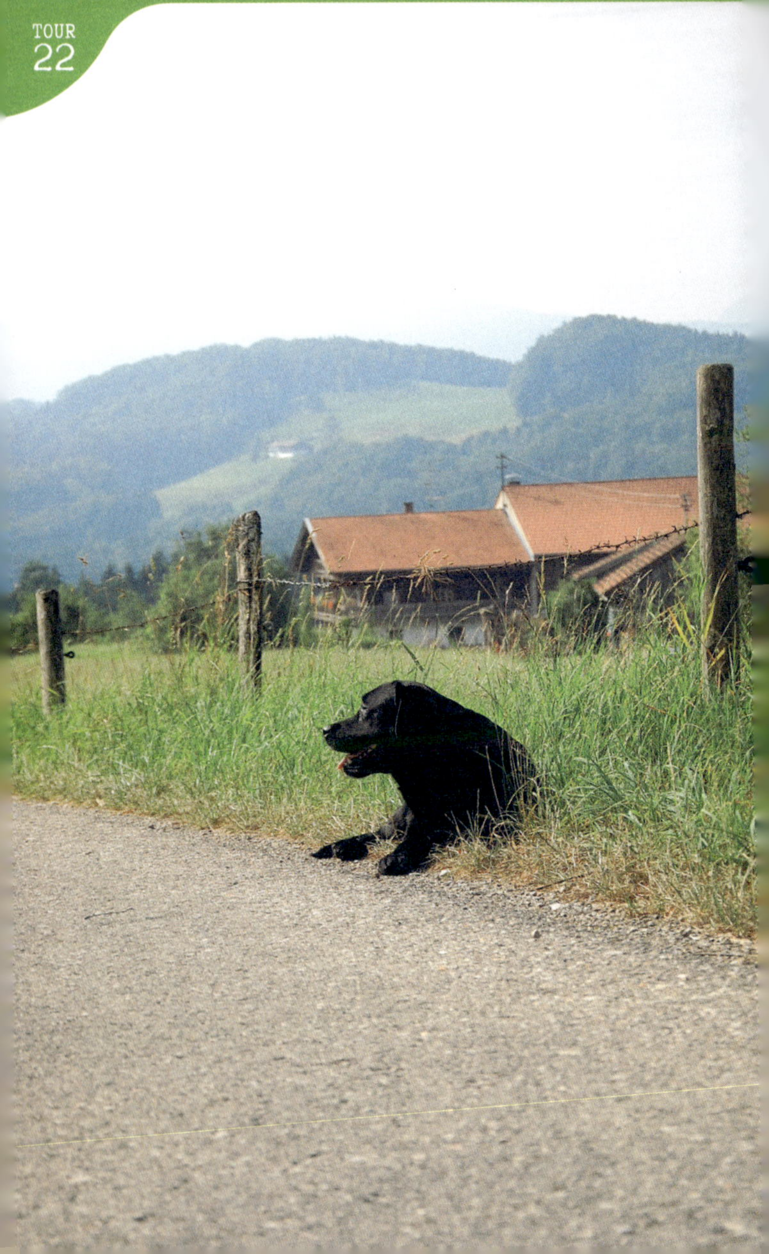

herrlicher Panoramablick – einsame Straßen – wunderschöne Bauernhöfe

Über den Meditationsweg zum Giglberg

Hundefreundlichkeit: **Ob Wald, Wiesen oder kleine Fahrstraßen – bei dieser abwechslungsreichen Tour gibt es für den Vierbeiner viele Freilaufmöglichkeiten. Unterwegs laden die kleinen Zuflüsse zur Leitzach zum gelegentlichen Planschen ein. Die Tour führt über asphaltierte Wege an wunderschön restaurierten, alten Bauernhöfen vorbei. Etwas steilere Abschnitte am Anfang trainieren die Kondition. Als Belohnung bietet der Giglberg eine wunderschöne Aussicht auf das Mangfallgebirge und die Chiemgauer Alpen. Sogar der „Kaiser" ist an schönen Tagen zu sehen.**

Tour-Info	↔ 10 km	◷ 2,5 Std.	⇅ 764/613 m
Kategorie:	leicht – ganzjährig möglich		
Start-Ziel:	Irschenberg, Auerschmiede		
GPS:	47°49'30.5"N 11°52'58.2"E		
Markierung:	keine Markierung		
Wegecharakteristik:	38 % Wanderweg – 36 % Nebenstraße – 25 % Weg – 1 % Straße		

Am Gasthof Auerschmiede geht es zunächst einmal westlich zum ersten Stopp: Der gläsernen Kapelle. Hier kann man sich – während der Vierbeiner kurz planschen geht – schon mal auf den Meditationsweg einstimmen, der bald folgen wird. Die Wanderung führt über einen Forstweg (die Abzweigung nach Westen ignorierend) in langgezogenen Kurven bergauf bis nach **1** Hinteröd. Von hier der wenig genutzten **!** Fahrstraße am Weiler Locher und Willenberg gen Nordwesten vorbei folgen und die dank des freien Wiesengeländes herrliche Bergsicht genießen. Die Stichstraßen zu den jeweiligen Höfen ignorieren und bei der ersten Gabelung nach insgesamt ca. 2,5 km links Richtung Westen halten. Bei der nächsten Kreuzung weisen Schilder Richtung Pienzenau/Miesbach. Dieser Richtung

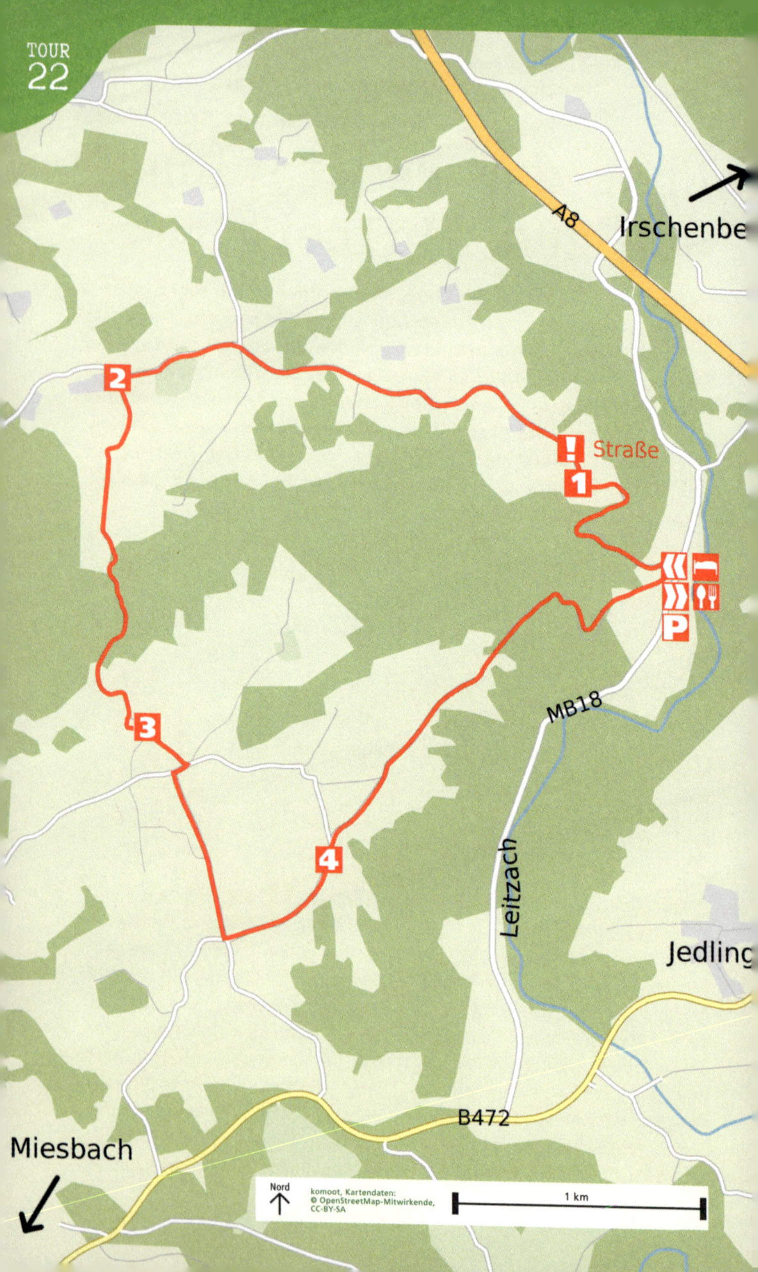
TOUR
22
A8
Irschenbe
Straße
1
2
3
4
P
MB18
Leitzach
Jedling
B472
Miesbach
Nord
komoot, Kartendaten:
© OpenStreetMap-Mitwirkende,
CC-BY-SA
1 km

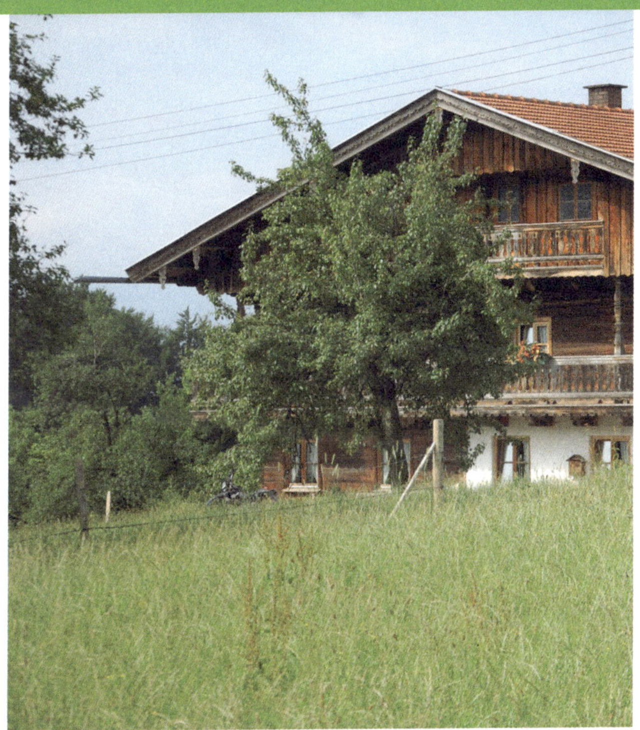

Rund um den Giglberg liegen wunderschöne alte Bauernhöfe

folgend führt der Wanderweg mit schönen Aussichten über den Höhenrücken an Schwibich vorbei weiter nach Westen bis **2** Giglberg. Hier an der T-Kreuzung Richtung Moos nochmals die schöne Aussicht genießen. Eine Bank lädt zur Rast ein. Dann geht es zunächst über einen Feldweg und schon bald durch den Wald und über Felder nach **3** Schwarzöd gen Süden. An der Gabelung im Weiler Schwarzöd zunächst den asphaltierten Weg nach links Richtung Südosten einschlagen. An der folgenden Kreuzung kurz nach rechts und dann wieder nach links Richtung Süden wandern. Es geht bergab am Weiler Wienbauer, Hofer und Berger vorbei bis zur nächsten Kreuzung am Waldrand. Nun der Fahrstraße nach links Richtung Nordosten folgen. Kurz nach dem **4** Weiler Heimberg gabelt sich die Straße und die Wanderung führt weiter bergab nach Nordosten an den Höfen Kasthub und Karlinger vorbei. Nach einer langen Rechts-Links-Kurve im Wald geht es entlang einer Siedlung kurz auf die MB 18. Nun sind es noch wenige Meter zurück zum Parkplatz.

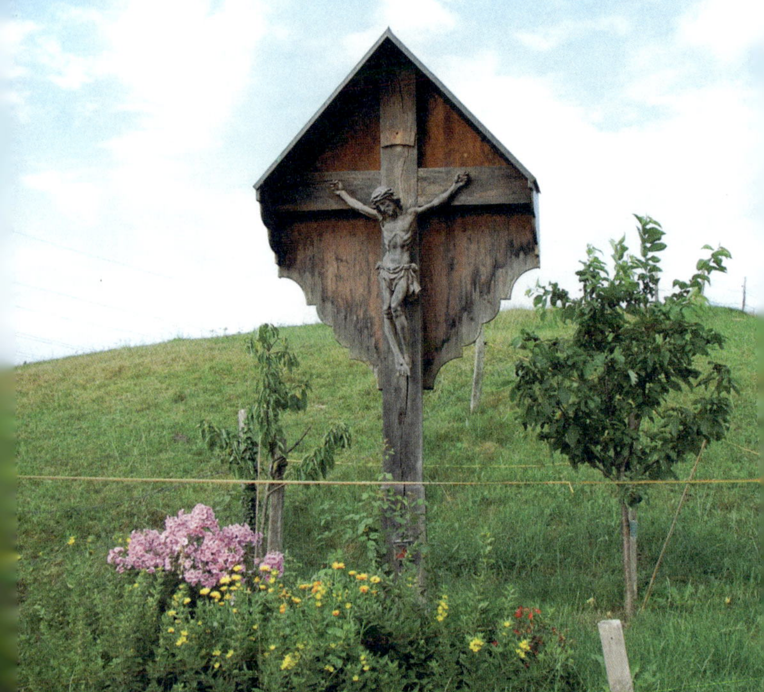

Das Materl lässt kurz innehalten

Meditationsweg am Giglberg

Zu Beginn der Wanderung steht eine gläserne Kapelle. Sie wurde 2007 errichtet und soll den Wanderer auf den nun kommenden Meditatonsweg vorbereiten. Dieser führt zwischen Bad Aibling und Holzkirchen in drei Tagesetappen an Kirchen, Feldkreuzen und stillen Kraftorten vorbei. Ziel ist, sich bei der Auszeit für die Seele mit den Stationen, die den eigenen Lebensweg betreffen, auseinanderzusetzen. Also mit Vergangenheit, Gegenwart und Zukunft.

Tipp

Am Irschenberg gibt es einige schöne Wanderungen: Wer wenig Zeit hat, macht eine Tour rund um den Seehamer See. Wer die Mangfall genießen möchte, wandert von Miesbach bis nach Weyarn (und zurück). Ebenfalls sehr beliebt ist die Wanderung vom Mangfallknie bis nach Valley.

Info

H	kein ÖPNV
P	Irschenberg, Auerschmiede
Karte	KOMPASS-Wanderkarte München und Umgebung WK 184, Karte 2 (Ost), 1:50000, Kompass Verlag
Essen	Auerschmiede (s.u.)
Unterkunft	Landgasthof Auerschmiede Auerschmied 2 83737 Irschenberg Tel.: 08025-1380 www.auerschmiede.de ÜN Hund: 5 Euro/Nacht
i	Tourismusverband Alpenregion Tegernsee Schliersee Hauptstraße 2 83684 Tegernsee Tel.: 08022-9273890 www.tegernsee-schliersee.de
+	Tierarzt Dr. med. vet. Franz Gasteiger Frauenried 5 83737 Irschenberg Tel.: 08025-6909

Einladende Bank am Meditationsweg

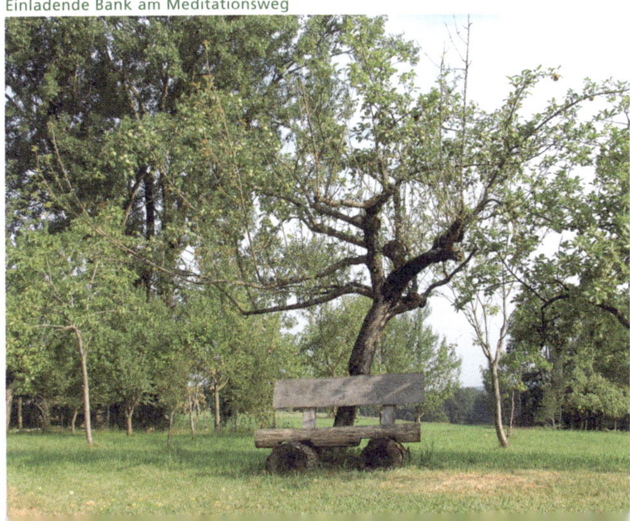

Wanderung über berühmte Pfade – herrliches Bergpanorama – Landidylle

Aussichtstour nach Kleinhöhenrain

Hundefreundlichkeit: Diese wunderschöne Wanderung bietet für den Vierbeiner wie auch den Besitzer eine gelungene Abwechslung. Sie führt durch bayerische Voralpenidylle, entlang vieler Felder, durch Wälder und quert Bäche über hölzerne Brücken. Nur einmal muss ein Gitterrost überwunden werden. Bei klarem Wetter lockt die Wanderung zudem mit einer herrlichen Aussicht auf die Chiemgauer Alpen, die Schlierseer und Tegernseer Berge sowie das Kaisergebirge.

Tour-Info	↔ 12 km	3 Std.	620/506 m
Kategorie:	leicht – ganzjährig möglich		
Start-Ziel:	Bruckmühl, Kirchdorf am Haunpold, Feuerwehrhaus		
GPS:	47°53'39.7"N 11°55'08.0"E		
Markierung:	keine Markierung		
Wegecharakteristik:	37 % Wanderweg – 31 % Straße – 15 % Nebenstraße – 11 % Weg – 6 % Bergwanderweg		

Vom Parkplatz geht es zunächst nordwestlich um die **1** Kirche St. Vigilius herum und weiter an der wenig befahrenen „Maxhofener Straße" entlang bis Maxhofen. Alternativ kann für dieses Stück auch die Straße „Im Almfeld" genommen werden. Am Ende der kleinen Ortschaft führt die Wanderung nach rechts leicht bergauf gen Norden. Bei der nächsten Gabelung rechts über den „Kreuzweg" immer weiter nördlich, an einem Aussichtsbankerl vorbeiwandern. An der nächsten T-Kreuzung steht ein schönes **2** Holzkreuz – wiederum mit einer Bank. Hier kurz nach links und dann sofort wieder nach rechts Richtung Norden abbiegen. Wer möchte, macht gen Osten schon den ersten Einkehrschwung in der Ortschaft Ginsham. Ansonsten führt die Wanderung über den Kreuzweg – oder auch Wanderweg der Sinne – weiter nach Norden. Ab der Kreuzung

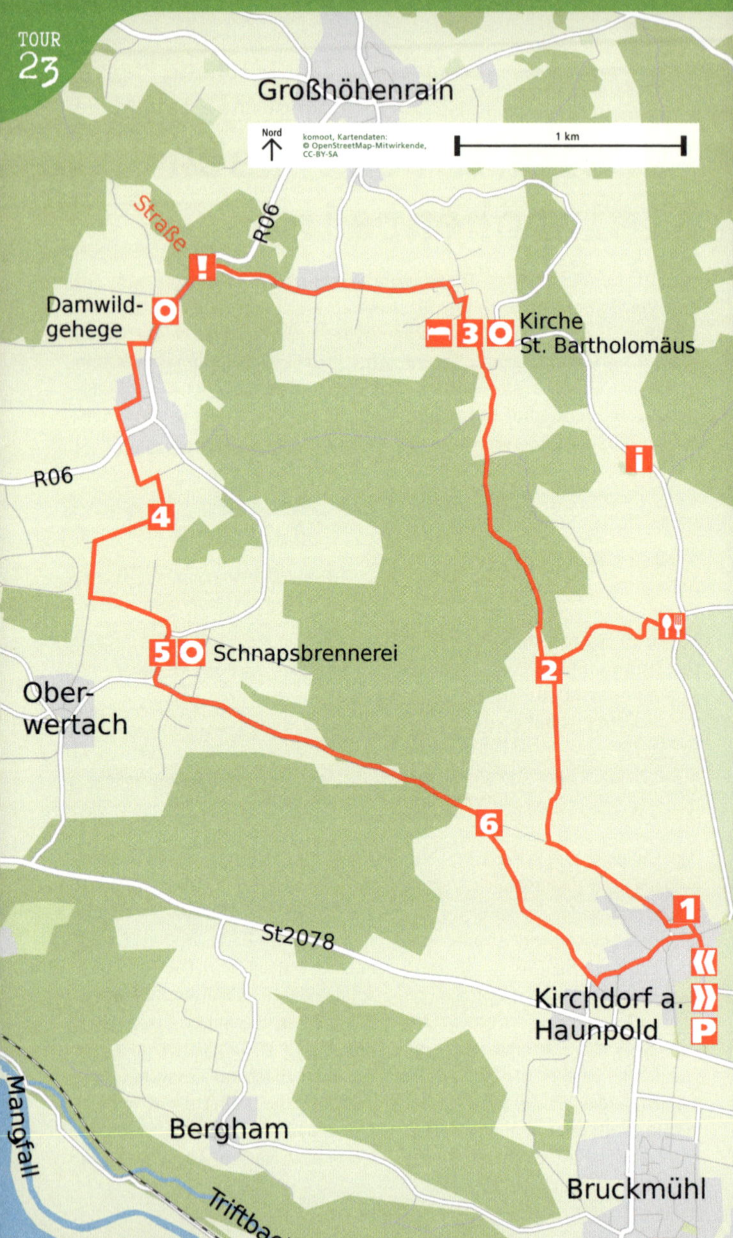
Großhöhenrain
Nord
komoot, Kartendaten: © OpenStreetMap-Mitwirkende, CC-BY-SA
1 km
Straße
R06
Damwild-
gehege
Kirche
St. Bartholomäus
R06
Schnapsbrennerei
Ober-
wertach
St2078
Kirchdorf a.
Haunpold
Mangfall
Bergham
Triftbach
Bruckmühl

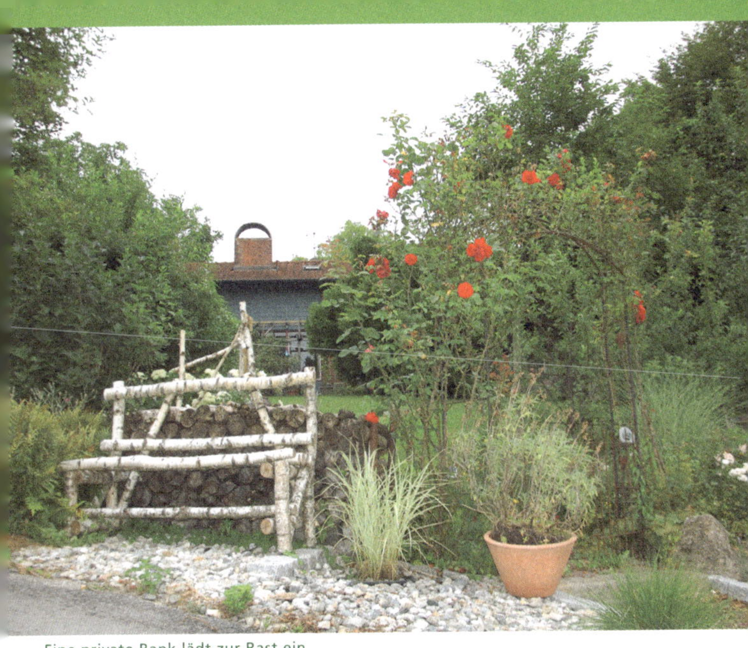

Eine private Bank lädt zur Rast ein

nach 1,5 km geht es kurz gen Nordwesten Richtung Wald und sofort wieder nördlich auf dem Kreuzweg weiter. Der Weg führt wunderschön durch den Wald hindurch und über einige Brücken drüber. Anschließend geht es über einen Feldweg, dann einen Treppenweg bergauf – alle Abzweigungen ignorierend – und schließlich über einen kleinen Steig bis zur Gaststätte 3 „Zur schönen Aussicht." Hier lohnt sich ein Stopp um die wunderbare Aussicht auf die Berglandschaft zu genießen. An der Kirche St. Bartholomäus steht eine informative Panoramakarte, die die Berge der Umgebung zeigt. Nun geht es auf der Straße „Schöne Aussicht" kurz nach Norden, dann an der „Dorfstraße" nach Westen (links), bis der „Kürschnerweg" erreicht wird. Dieser führt am Weiler Hub vorbei nach links Richtung Westen. An der nächsten T-Kreuzung auf die ! „Aschhofener Straße" (R06)) nach links abbiegen und für ca. 400 m nach Süden wandern. Zwischendrin gibt es ein Damwildgehege zu bestaunen. Nun kommt rechts ein kleiner Weg, der westlich um die Ortschaft Aschhofen herumführt und dabei abermals die R06 quert. An der nächsten T-Kreuzung nun kurz nach links wandern und an der nächsten Möglichkeit nach rechts gen Süden abbiegen. Vor dem 4 Hof führt die Straße wieder nach rechts und umrundet die Felder in zwei Linkskehren

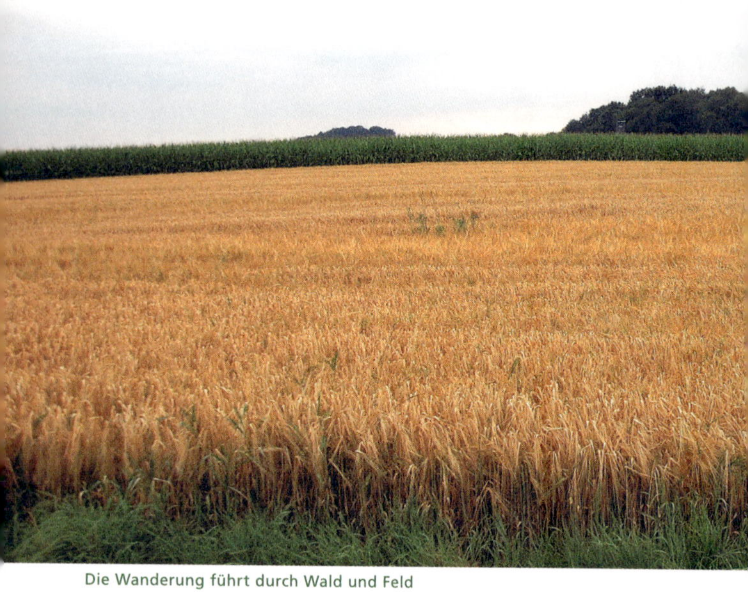

Die Wanderung führt durch Wald und Feld

bis zum 5 Weiler Unterwertach. Wer möchte, geht hier beim Schnapsbrenner Schnitzenbaumer einkaufen. Ansonsten bis zur Kreuzung an der kleinen Kapelle nach Süden wandern und dann den Weg nach links Richtung Osten einschlagen. Es geht am Samer Bründl und dem Sägewerk Grabichler vorbei. Kurz vor dem 6 Weiher biegt die Wanderung nach rechts und dann in einer Kehre nach links Richtung Südosten ab. Dem Weg bis Kirchdorf am Haunpold folgen und dann bei der ersten Abbiegemöglichkeit nach links Richtung Nordosten – alle Abzweigungen ignorierend – zum Ausgangspunkt zurückwandern.

Pfarrkirche St. Vigilius

Die Wanderung startet an der Pfarrkirche St. Vigilius. Sie wurde 1250 – 1258 zu Ehren des Trientiener Märtyrers St. Vigilius erbaut. Das Bildnis des heiligen Christophorus an der Außenfassade ist den Salzsäumern, die früher die Kirche kreuzten, gewidmet.
Ein Stück der Wanderung führt über berühmte Routen wie den Samerweg (Kirchdorf, Maxhofen, Unterwertach)

und die Via Julia. Neu hinzugekommen ist der Wanderweg der Sinne von Maxhofen nach Kleinhöhenrain.

Maxhofen

Das Schloss Maxhofen dient heute als Landschulheim der Stadt München. Es wurde 1513 erbaut und war ursprünglich Stammsitz des Herrschergeschlechts der Ainhover. Es wechselte über die Jahrhunderte hinweg mehrfach den Besitzer – darunter Wolfgang Scherr, Graf Maximilian von Preising, Josef Ferdinand, Graf Tattenbach und Graf Arco. 1903 baute die Landesversicherungsanstalt Oberbayern das Schloss zu einem Invalidenheim um, bis es 1960 an die Stadt München ging und zu einem Landschulheim wurde.

Tipp

Wer die Wanderung über die – zwar wenig befahrenen – Autostraßen meiden möchte, geht ab Kleinhöhenrain auf demselben Wege wieder zurück.

Die Wanderung führt an der vielfach prämierten Obstbrennerei Georg Schnitzenbaumer vorbei. Wer also zur richtigen Zeit vor Ort ist oder sich vorher ankündigt, sollte sich den ein oder anderen edlen Tropfen mit nach Hause nehmen.

Info

Mit dem Zug nach Bruckmühl, von da zu Fuß weiter

Bruckmühl/Kirchdorf am Haunpold, Feuerwehrhaus

KOMPASS-Wanderkarte München und Umgebung WK 184, Karte 2 (Ost), 1:50000, Kompass Verlag

Wirtshaus zum Schaukelpferd
Ginsham 38
83052 Bruckmühl
Tel.: 08062-908283
Fr., Sa. und So. geöffnet

Gasthof-Hotel „Zur schönen Aussicht“
Schöne Aussicht 9
83620 Kleinhöhenrain
Tel.: 08063-8663
www.zur-schoenen-aussicht.com
ÜN Hund: 8 Euro/Nacht

Touristik und Freizeit Im Mangfalltal e. V.
Schnürmann 1
83052 Bruckmühl
Tel.: 08062-9745
www.tourist-info-bruckmuehl.de

Tierärztliche Gemeinschaftspraxis
Dr. Monika Mager & Dr. Tanja Radzey
Bahnhofstraße 1a
83052 Bruckmühl
Tel.: 08062-728 9760
www.tierarztpraxis-bruckmuehl.de

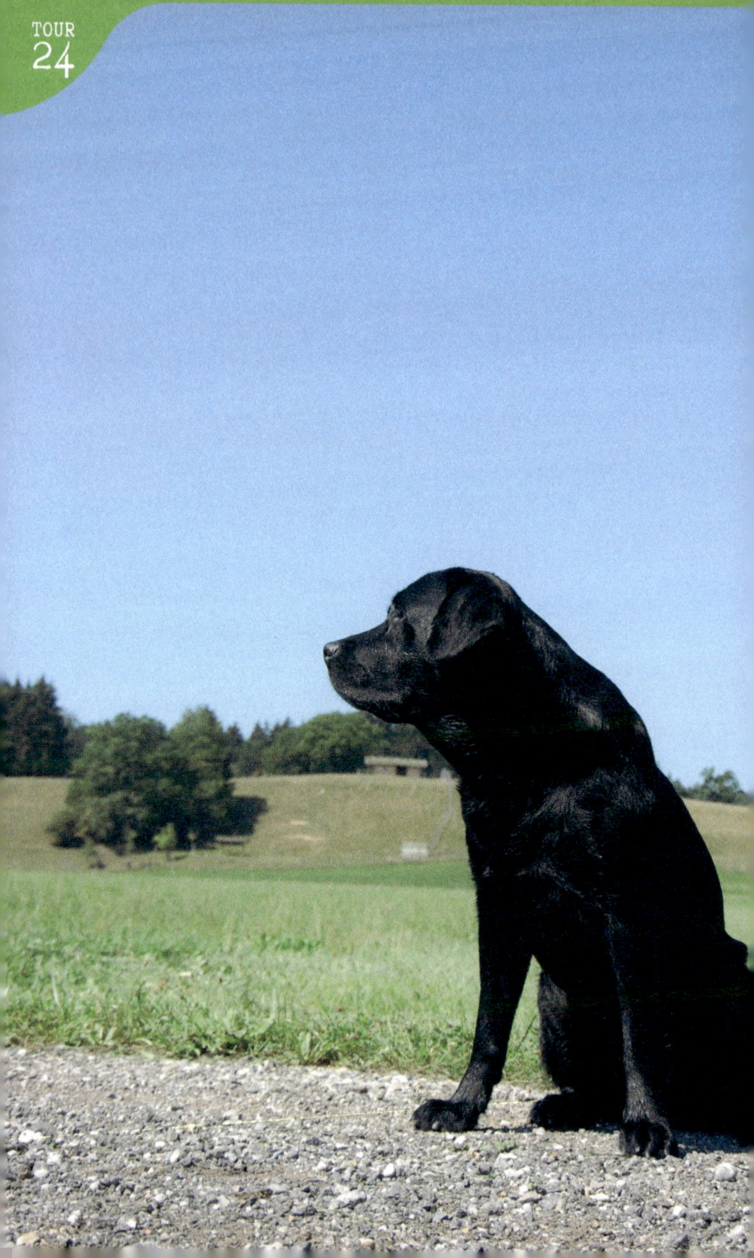

Bachwanderung – Voralpenflair – Bergaussichten

Wasserspaß im Kupferbachtal

Hundefreundlichkeit: **Besonders beim zweiten Teil der Wanderung kann sich der Hund so richtig im Kupferbach austoben. Doch Achtung: Das Kupferbachtal ist Naturschutzgebiet – also hier den Hund an die Leine nehmen. Die Wanderung durchs Kupferbachtal ist größtenteils schattig und ruhig, während die Wege von Unterlaus über Mattenhofen bis Glonn über freie Felder gehen und teilweise die Autostraße (EBE13) kreuzen.**

Tour-Info	↔ 15 km	4 Std.	609/538 m
Kategorie:	mittelschwer – ganzjährig möglich		
Start-Ziel:	Unterlaus, Parkplatz am Schwimmbad vom Lauser Weiher		
GPS:	47°56'25.8"N 11°51'32.5"		
Markierung:	keine Markierungen		
Wegecharakteristik:	36 % Wanderweg – 21 % Bergwanderweg – 19 % Weg – 18 % Nebenstraße – 6 % Straße		

Vom Schwimmbad in Unterlaus geht es zunächst einmal über die ! R03, dann leicht bergauf nach Norden Richtung 1 Oberstetten. Ab hier beginnt das Naturschutzgebiet Kupferbachtal – der Hund muss also angeleint werden. Der Weg führt zunächst über freie Felder wieder leicht bergab in Richtung des Kupferbachs. Ist dieser überquert, geht es weiter geradeaus Richtung Norden. In sanfter Steigung wird dabei dem neu angelegten Waldweg bergauf gefolgt. Bei eventuellen Gabelungen immer nördlich halten. Der Weg führt aus dem Wald heraus und über freies Feld bis zur kleinen Fahrstraße nach 2 Frauenreuth. Hier kurz gen Osten wandern und nach der sehenswerten, neu renovierten Kirche ⊙ Mariä Himmelfahrt sofort den Weg nach links gen Norden einschlagen. Die Wanderung führt nun über Feldwege nach Nordwesten bis zum hübschen 3 Materl an der ! „Feldkirchener Straße" (EBE 13). Hier geht es wenige Meter entlang der

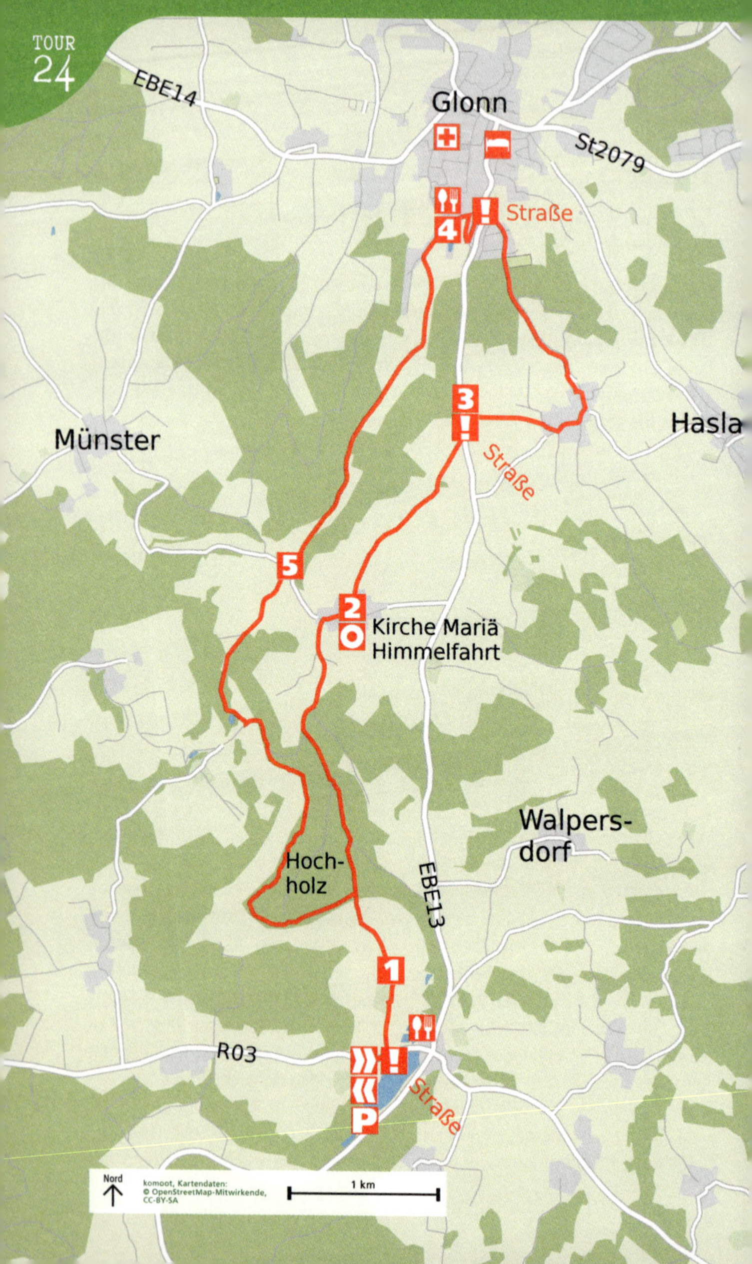
EBE14
Glonn
St2079
Straße
4
3
Hasla
Münster
Straße
5
2
Kirche Mariä Himmelfahrt
Walpers-dorf
Hoch-holz
EBE13
1
R03
P
Straße
Nord
komoot, Kartendaten: © OpenStreetMap-Mitwirkende, CC-BY-SA
1 km

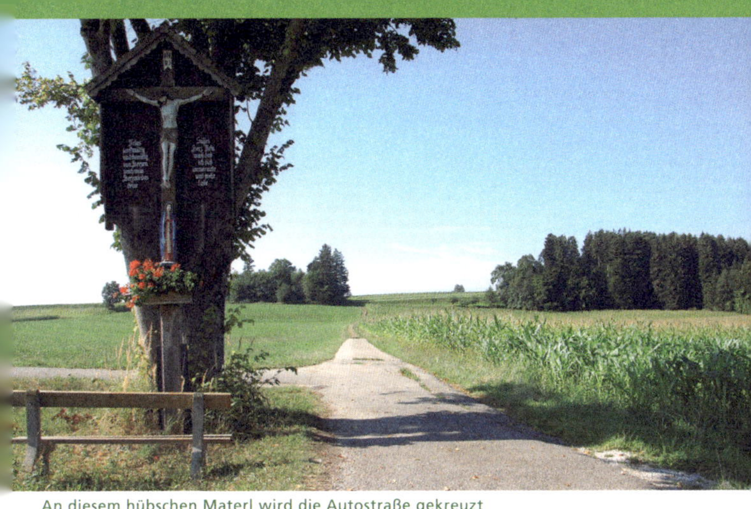

An diesem hübschen Materl wird die Autostraße gekreuzt

Straße nach Norden und bei nächster Gelegenheit nach rechts über einen Feldweg Richtung Mattenhofen. In Mattenhofen dem Weg durch die Siedlung folgen und den Ort Richtung Norden über die „Mattenhofener Straße" verlassen. Die wenig befahrene, asphaltierte Straße führt über Felder und dann durch einen Wald bis nach Glonn hinein. Hier erneut die ! EBE 13 überqueren und etwas westlich den „Keltenweg" hinunter. Am Ende des Weges in den „Mühlweg" nach rechts abbiegen und über die „Reisenthalstraße" nach links Richtung 4 Wirtshaus an der Wiesmühle wandern. Nach knapp 7 km bietet das hundefreundliche Restaurant einen Zwischenstopp. Doch Achtung: Der Hund darf nicht in das Naturfreibad! Anschließend geht es weiter über die „Reisenthalstraße" links des Kupferbaches entlang immer weiter gen Südwesten. Es folgt eine wunderbare Moorlandschaftmit Quellen, moosbewachsenen Hängen, kleinen Bächen und Tümpeln. Der Weg überquert den Kupferbach und führt nun rechts an ihm entlang bis zum hübschen Weiler 5 Reisenthal. Hier die Fahrstraße nach Frauenreuth queren und immer weiter südwestlich in den Wald hinein wandern. An einer T-Kreuzung nach 500 m den Weg nach Osten – also nicht zum Weiler Spielberg – einschlagen und über den, je nach Wetterlage etwas schlammigen Pfad in einer großen Rechts-/Linkskehre entlang des Kupferbaches wandern. Alternativ kann auch bei der ersten Gabelung der linke Weg genommen werden. Er führt östlich und dann südöstlich auf die altbekannte Route zum Parkplatz zurück. Ansonsten geht es über den Pfad entlang des Kupferbaches, bis er am südlichen Waldrand auf den altbekannten Weg nach Unterlaus trifft. Von hier ist es noch mal knapp 1 km bis zum Parkplatz.

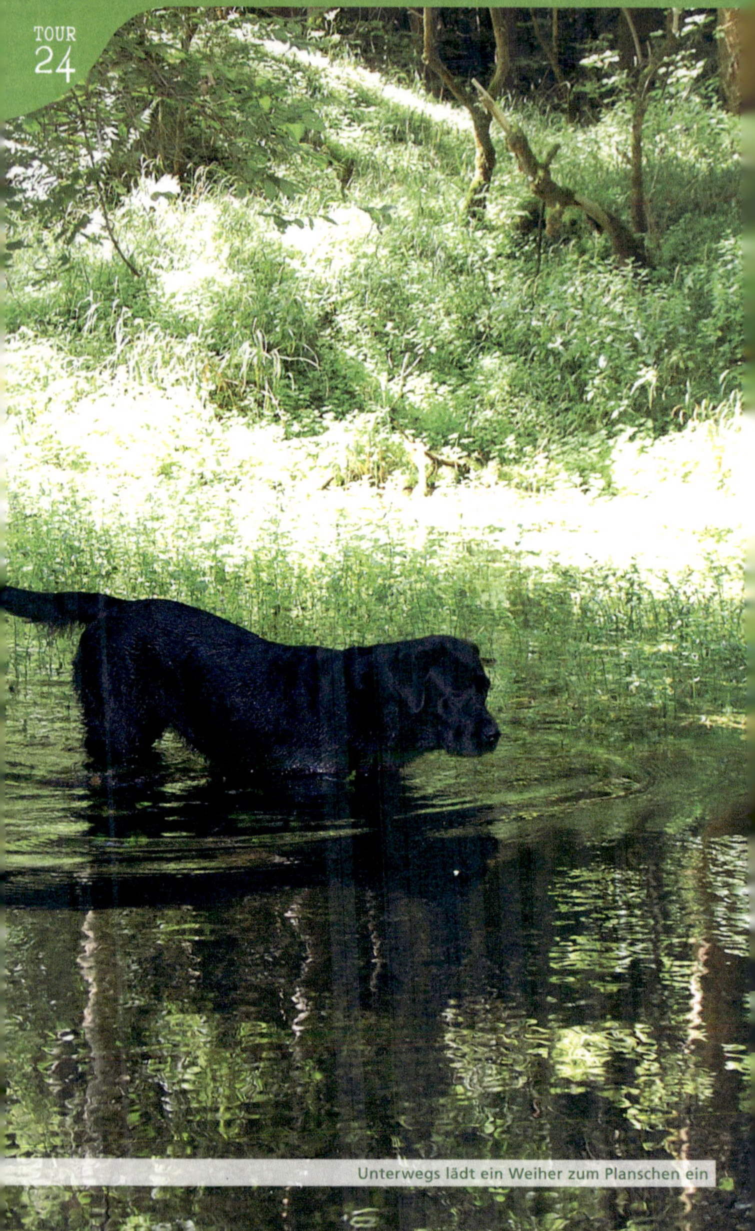

Unterwegs lädt ein Weiher zum Planschen ein

Das Kupferbachtal

Das Kupferbachtal ist in der letzten Eiszeit, als die Schmelzwässer des Inn-Chiemsee-Gletschers und des Isar-Gletschers Richtung Nordosten abfließen mussten, entstanden. Im Tal sind viele kalkhaltige Quellen zu finden. Zweck des 46 ha großen Naturschutzgebietes ist, das seltene Kalkflachmoorgebiet zu schützen. Außerdem findet sich hier das seltene Bayerische Löffelkraut.

Kirche St. Vitus

Schon 821 wurde Laus (damals Luges) aufgrund der Einweihung einer Kirche durch Bischof Hitto von Freising erstmals erwähnt. Das Entstehungsdatum der heutigen Kirche St. Vitus an der Römerstraße ist nicht bekannt. Ihr spätgotischer Tuffquaderbau wurde später barock ausgebaut.

Tipp

Bei sonnigem Wetter die Tour hin und zurück durchs Kupferbachtal wandern.
Nördlich von Glonn startet eine wunderschöne Wanderung Richtung Steinsee und Moosach.

Info

Route ab Glonn: S4 Grafing, mit dem Regionalbus nach Glonn

Unterlaus, Parkplatz am Schwimmbad

KOMPASS-Wanderkarte München und Umgebung WK 184, Karte 2 (Ost), 1:50000, Kompass Verlag

Wirtshaus an der Wiesmühle
Reisenthalstraße 13
85625 Glonn
Tel.: 08093-5295
www.wadw.de
Mo./Di. Ruhetag

Landgasthof Bergmüller
Unterlaus 22
83620 Feldkirchen-Westerham
Tel.: 08063-295
www.landgasthof-bergmueller.de
Mo./Di. Ruhetag

Hozel Schweiger
Feldkirchner Straße 3-5
85625 Glonn
Tel.: 08093-90880
ÜN Hund: 10 Euro/Nacht

Tourismusinformation
Ollinger Straße 10
83620 Feldkirchen-Westerham
Tel.: 08063-97030
www.feldkirchen-westerham.de

Tierarzt
Dr. Eva Heidenberger
Wiesmühlstraße 8A
85625 Glonn
Tel.: 08093-902164

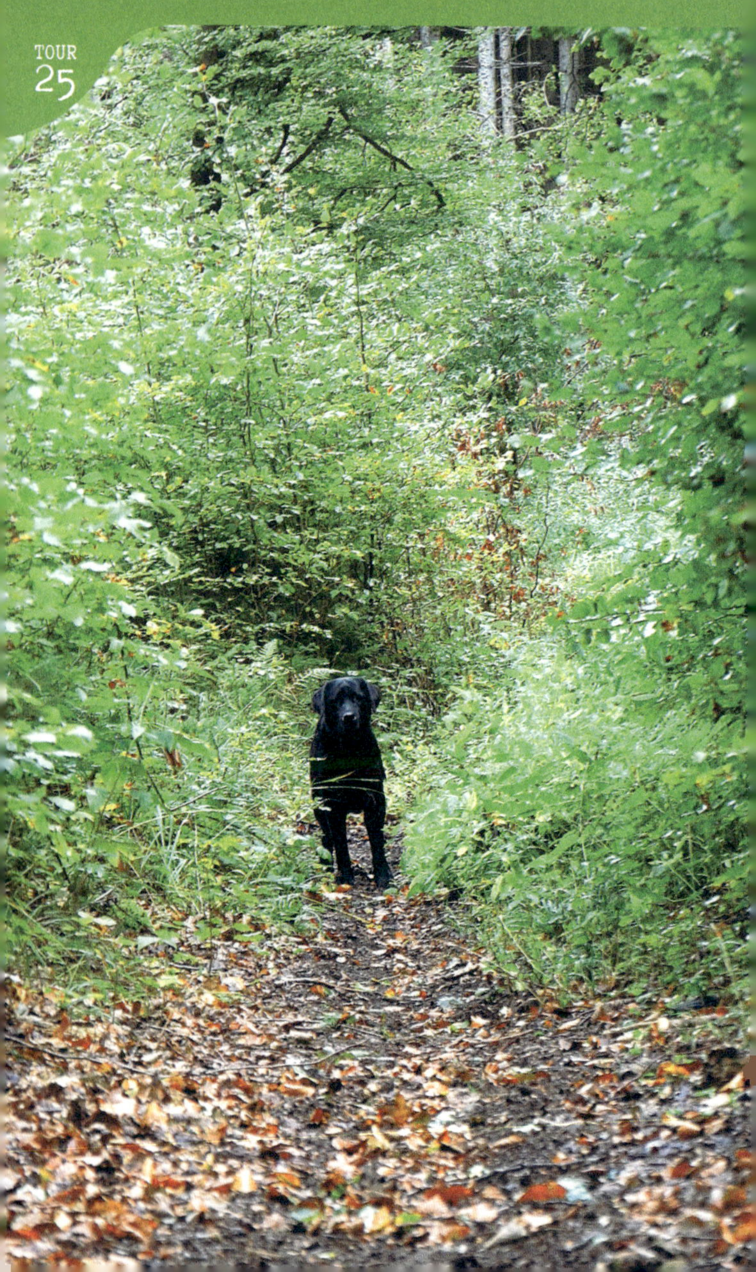

abwechslungsreicher Mischwald – einzigartiges Bier

Waldvergnügen der unendlichen Art

Hundefreundlichkeit: **Eine wunderschöne Tour, bei der der Hund viel Freilauf hat und schnuppern kann. Auch wenn Hin- und Rückweg identisch sind, stört dies kaum, denn durch die leichte Hügellandschaft erhält man den Eindruck, zwei unterschiedliche Strecken zu gehen. Unterwegs geht es durch ein Landschaftsschutzgebiet – hier muss der Hund angeleint werden. Und: Leider dürfen keine Hunde in den umzäunten Bereich des Kastenseeoner Sees.**

Tour-Info	↔ 14 km	4 Std.	667/602 m
Kategorie:	leicht – ganzjährig möglich		
Start-Ziel:	Aying, S.Bahn		
GPS:	47°57'36.7"N 11°46'36.1"E		
Markierung:	keine Markierung		
Wegecharakteristik:	84 % Wanderweg – 12 % Weg – 4 % Straße		

Am Bahnhof geht es zunächst in die „Bahnhofstraße". Dieser gen Osten bis auf die „Peißer Straße" (ST 20819) folgen. Dem Straßenverlauf in einer leichten Rechtskurve nach links folgen und nach der Sparkasse in den Fußweg nach links einbiegen. An der Gabelung rechts halten und bis zur „Bräugasse" vorlaufen. Nun geht es wieder nach Norden (links) am Quellbach entlang bis zur „Unteren Dorfstraße". Auf dieser wieder rechts abbiegen, die „Zornedinger Straße" queren – hier ist linker Hand ein **1** schönes Materl in einem alten Baum montiert – und immer weiter geradeaus wandern. Nach dem Wohngebiet geht der Fahrweg am Holzkreuz in einen schönen breiten Wanderweg über. Für fast 3 km führt der Weg – alle Abzweigungen ignorierend – gen Osten. Kurz vor dem Waldsaum ist linker Hand ein Laichgewässer zu bestaunen. Nach nur wenigen Metern kommt die **2** Gedenkstelle an den guten Hirten Much und bald darauf eine kleine, hölzerne Kapelle, die zum kurzen Innehalten einlädt. Ein Materl

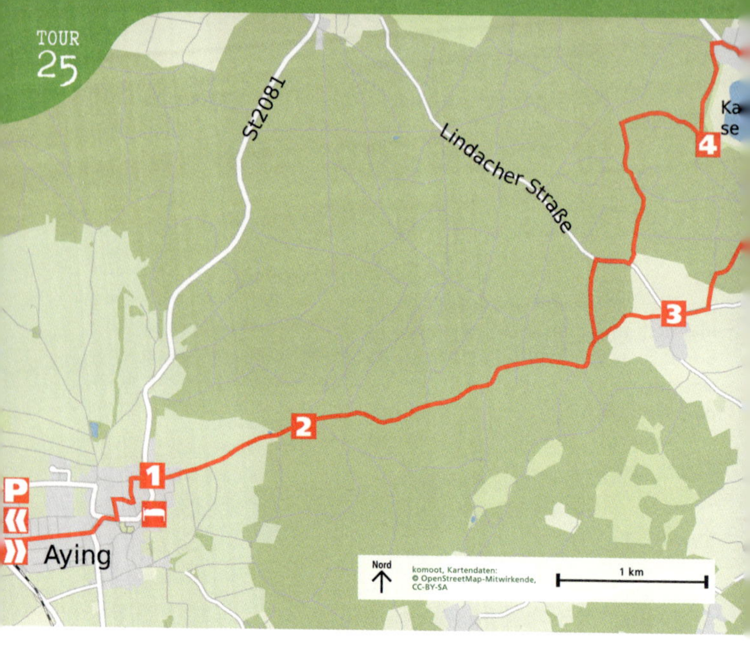

ganz in der Nähe der Kapelle erinnert an ein junges Mädchen, das hier im Jahre 1876 von einem Baum erschlagen wurde. Nach ca. einer Stunde Wanderung geht es an der Kreuzung nach links Richtung Lindach weiter. Bei der nächsten Gabelung den rechten Weg („Mühlweg") nehmen und bis nach **3** Lindach wandern. Hier lädt nochmals eine kleine Bank zu einer Pause ein. Die Fahrstraße queren und weiter über die Asphaltstraße geradeaus gen Osten wandern. Bei nächster Gelegenheit geht es dann nach links Richtung Norden über den Feldweg in den Wald hinein. Bei der ersten Gabelung den rechten (nordöstlichen) Weg nehmen und – wieder alle Abzweigungen ignorierend – bis nach Kastenseeon wandern. Der Kastensee wird in einem großen Linksbogen umrundet. Dafür geht es zunächst auf die Hauptstraße (EBE14) nach links Richtung Nordwesten am Reiterhof vorbei. Bei nächster Gelegenheit nach 500 m abermals nach links abbiegen. An der kurz darauf folgenden Kreuzung wieder links Richtung Süden halten. Augen auf: Nach knapp 600 m, am Südwestende des Sees, führt eine **4** Spitzkehre nach rechts Richtung Nordwesten in den Wald hinein. Dem Weg bis zur nächsten T-Kreuzung folgen – unterwegs erinnert eine Gedenktafel an einen versehentlich erschossenen Jäger – und dann nach links Richtung abbiegen. Alle Abzweigungen ignorierend geht es bis auf die „Lindacher

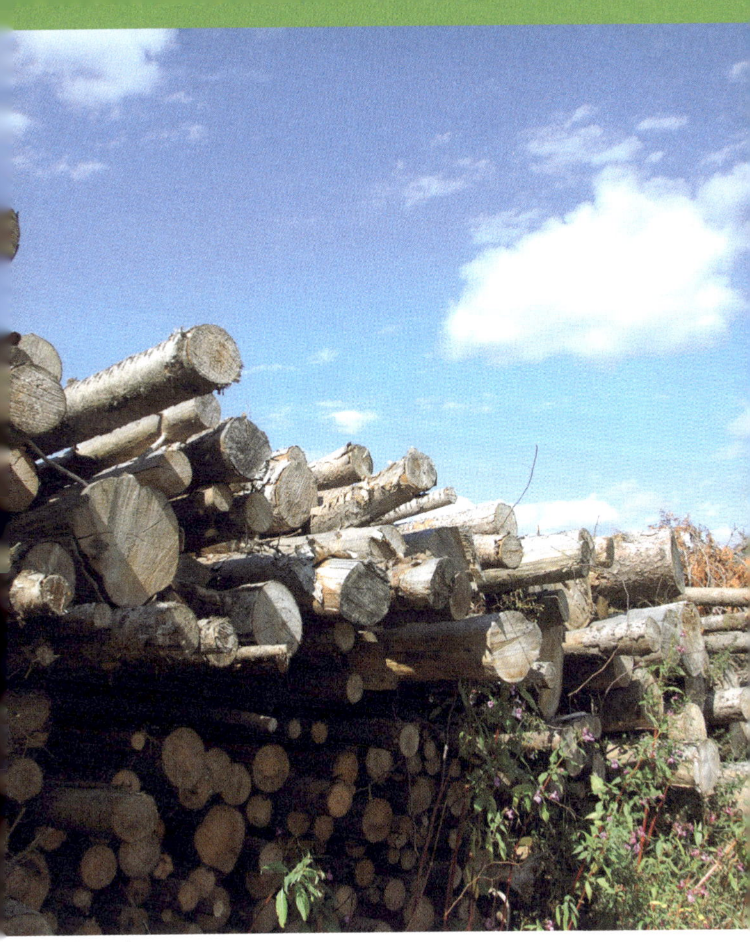

Holzlagerplatz unterwegs

Straße". Hier für knapp 200 m nach rechts gen Westen, an der wenig befahrenen Straße entlanglaufen. Dann führt ein Forstweg wieder nach links in den Wald hinein. An der nächsten T-Kreuzung trifft die Wanderung wieder auf altbekannte Pfade, über die es bis zum Ausgangspunkt zurückgeht.

Der gute Hirte

Der Sage nach soll Ende des 19 Jahrhunderts ca. 100 m von der heutigen Gedenkstätte entfernt ein Hirte mit seinen Schafen unter einer alten Buche, an der auch eine Quelle war, Schutz vor einem Gewitter gesucht

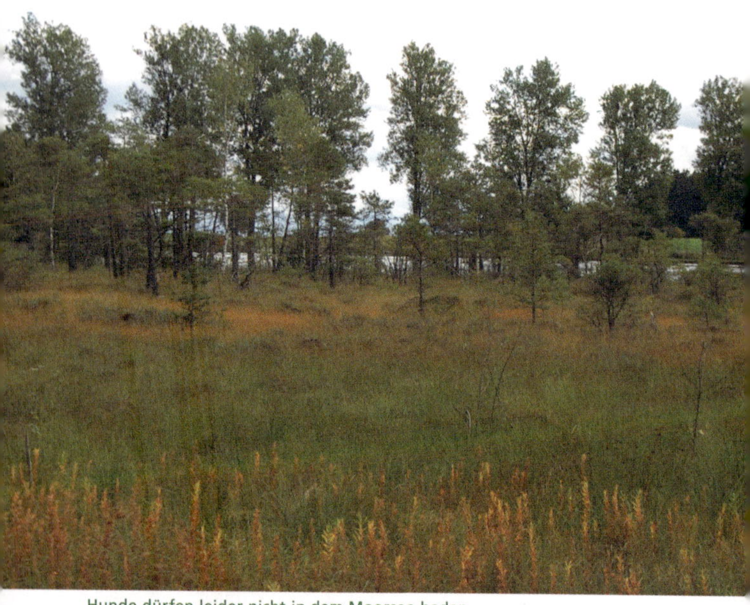

Hunde dürfen leider nicht in dem Moorsee baden

haben. Aus unerklärlichen Gründen rannten aber seine Schafe, die eigentlich diesen Platz liebten, davon und versteckten sich genau an dem jetzigen Gedenkort, im damaligen Jungwald. Kurz darauf schlug ein Blitz in die alte Buche und zerstörte sie vollends. Die Schafe hatten ihrem Hirten das Leben gerettet. Dieser kniete an der Stelle nieder und dankte dem Herrgott für sein Leben. Wochen später starb er genau an dieser Stelle aus unerklärlichen Gründen – er hatte seinen Sonntagsanzug an. Ein Gedenkstein an den Hirten ist mittlerweile von einer Wurzel überwachsen. Aus der Quelle von damals ist eine Grotte geworden.

Der Kastenseeoner See

Hunde dürfen in diesem wunderschönen Moorsee leider nicht baden – aber das hat auch seinen Grund: Der See ist Teil des Landschaftsschutzgebietes „Toteiskessellandschaft Kastenseeon". Immerhin hat der See bei einer amtlichen Messung der Wasserqualität im Jahre 2014 die Note „ausgezeichnet" erhalten. Am Ostrand des Sees befindet sich ein Strandbad.

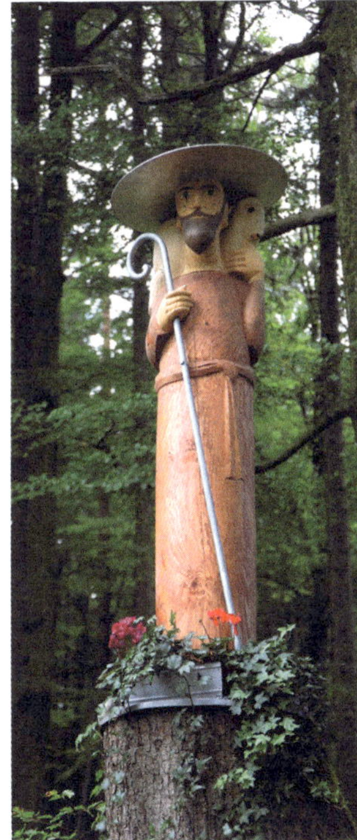

Denkmal an den guten Hirten von Aying

Info

- S7 nach Aying
- entweder bei der S-Bahn oder an einer der Gaststätten
- KOMPASS-Wanderkarte München und Umgebung WK 184, Karte 2 (Ost), 1:50000, Kompass Verlag
- Unterwegs gibt es nichts: Also Brotzeit einpacken! Dafür locken mehrere Gaststätten in Aying mit dem bekannten Bier und leckeren Schmankerln.
- Fremdenzimmer Otschik
  Am Oberfeld 3
  85653 Peiß/Aying
  www.fremdenzimmer-otschik.de
  ÜN Hunde: kostenlos

  Brauereigasthof Hotel Aying
  Zornedinger Straße 2
  85653 Aying
  Tel.: 08095-90650
  www.ayinger.de
  ÜN Hund: 25 Euro/Nacht
- Tourismusverband München-Oberbayern e. V.
  Radolfzeller Straße 15
  81243 München
  Tel.: 089-829218-0
  www.oberbayern.de
- Kleintierpraxis
  Dr. med. vet. Henning Kühn
  Rosenheimer Landstraße 8
  85653 Peiß/Aying
  Tel.: 08095-873883
  www.tierarzt-kuehn.de

Tipp

Auf jeden Fall in einer der Gaststätten von Aying ein Bier aus der Privatbrauerei genießen. Immerhin gibt es den Familienbetrieb seit 1878. Und: Er ist die einzige Brauerei, die über einen privaten Brunnen mit Trinkwasserqualität verfügt.

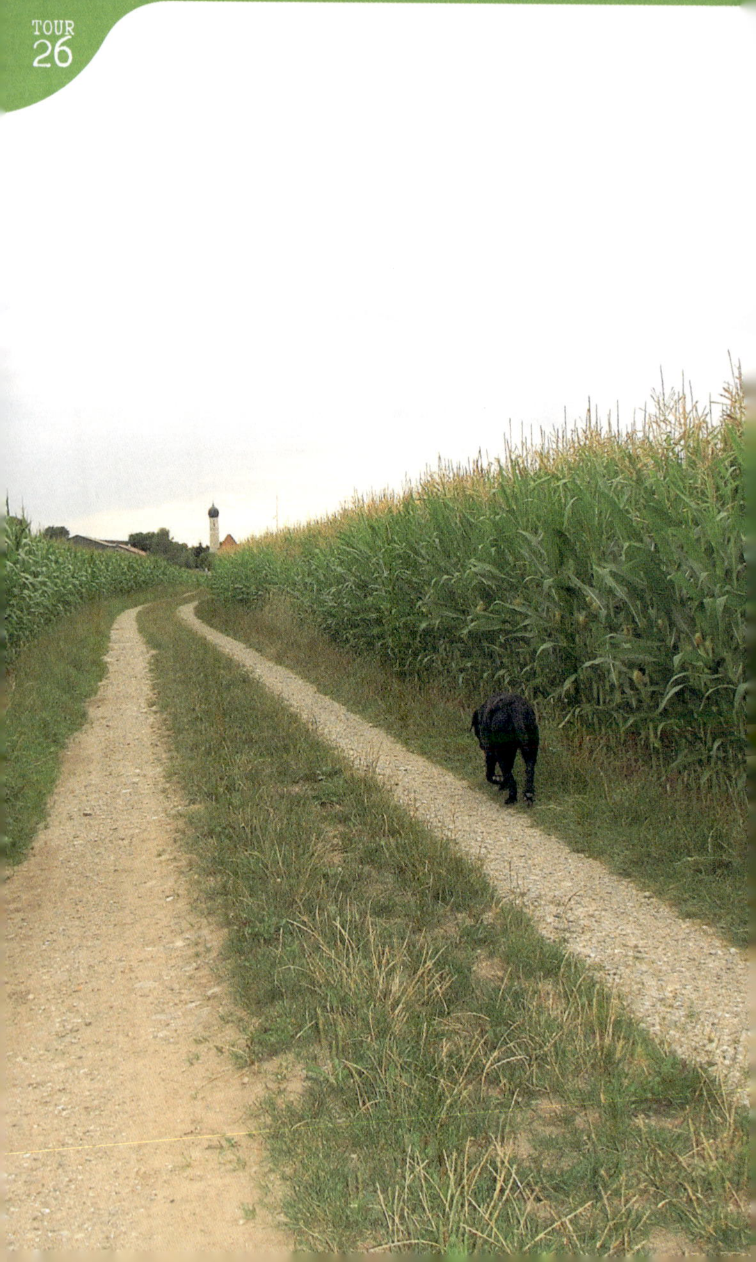

versteckte Waldpfade – Naturdenkmal – kleine Hügel

Pfadfinderspaß um den Taubenberg

Hundefreundlichkeit: **Bei dieser Tour ist Pfadfindergeschick gefragt – deshalb darf auch der Hund mal die Führung übernehmen und viel schnuppern. Achtung: In dem Gebiet gibt es viele Rehe. Deshalb sollten jagende Hunde besser angeleint werden. Dank auf und ab über kleine Hügel, schmale Pfade und breite Wege wird es bei dieser Tour nie langweilig.**

Tour-Info	↔ 12 km	3 Std.	618/561 m
Kategorie:	mittelschwer – ganzjährig möglich		
Start-Ziel:	Kirchseeon, S-Bahnhof		
GPS:	48°04'16.5"N 11°53'14.2"E		
Markierung:	keine Markierung		
Wegecharakteristik:	30 % Weg – 30 % Wanderweg – 18 % Straße – 13 % Nebenstraße – 5 % Bergwanderweg – 3 % weglos		

Vom Bahnhof geht es zunächst gen Südosten über die ! „Wasserburger Straße", dann nach etwa 500 m rechts in die „Moosacher Straße". Hinter den Gleisen kurz nach rechts über die Treppe und am Bahnsteig entlang laufen. Die Straße „Am Bahnsteg" nach links nehmen und nach 100 m in den „Fuchsweg" einbiegen. Dieser führt an einer Gabelung nach 300 m westlich in den Wald hinein. An der ersten Kreuzung geht es weiter geradeaus bis zum Waldrand. Dort angekommen, links Richtung Süden zum 1 Biotop Lippenlacke abbiegen. Wer möchte, macht hier schon die erste kleine Pause. Ansonsten geht es bei der nächsten T-Kreuzung zunächst nach rechts Richtung Südwesten. Bei der nächsten T-Kreuzung für 100 m nach rechts laufen, dann wieder nach links Richtung Südwesten abbiegen und – alle Abzweigungen ignorierend – bis zur Kirche 2 St. Peter in Buch wandern.

Für die Orientierungswanderung geht es nun wieder zurück bis zum Waldrand. Nun heißt es aufpassen, da der Weg nicht immer zu sehen ist. Vor dem Wald, zwischen Waldsaum

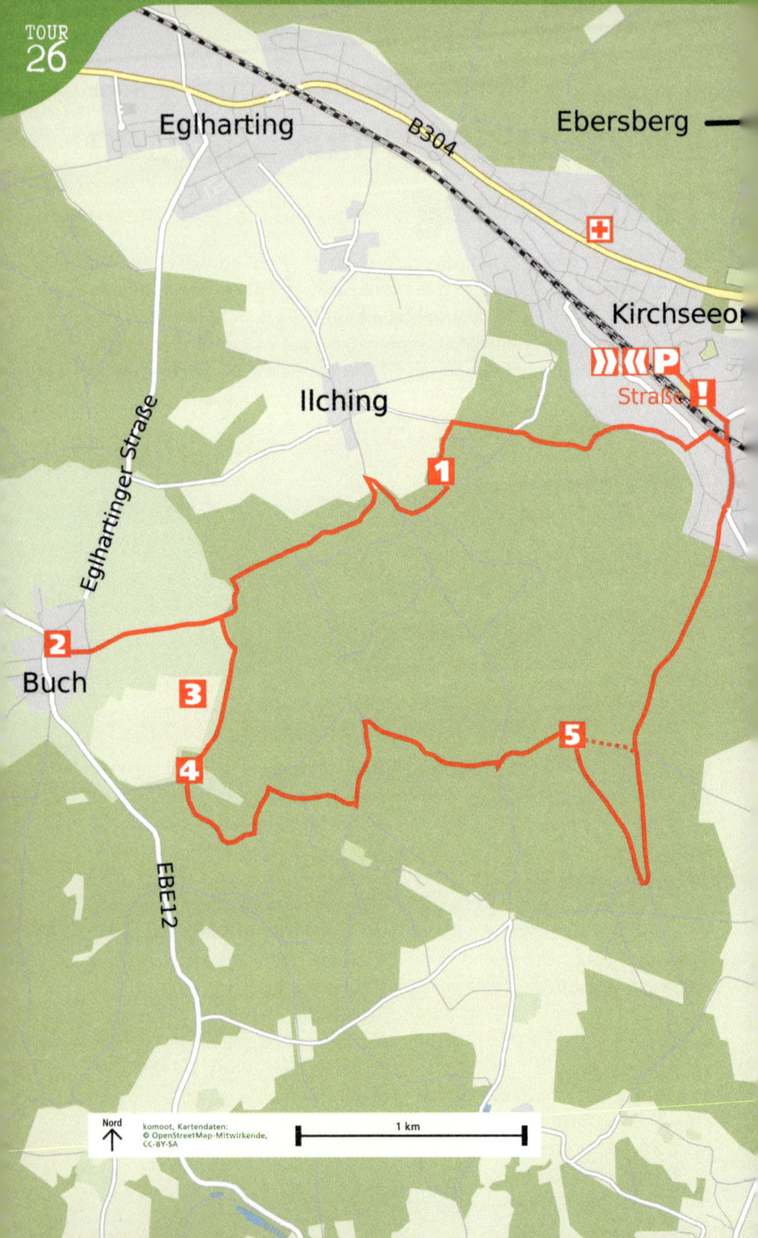
Eglharting
B304
Ebersberg
Kirchseeon
Straße
Ilching
Eglhartinger Straße
1
2
Buch
3
4
5
EBE12
Nord
komoot, Kartendaten:
© OpenStreetMap-Mitwirkende,
CC-BY-SA
1 km

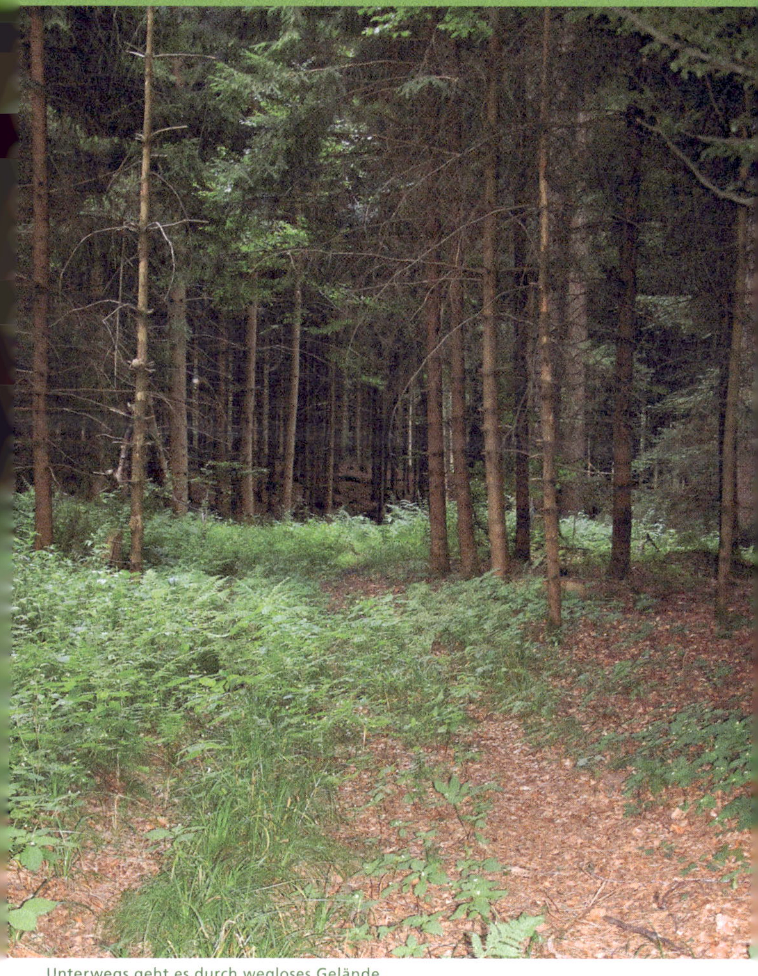

Unterwegs geht es durch wegloses Gelände

und 3 Kieswerk dem Weg nach rechts Richtung Süden folgen. Nach ca. 700 m zweigt nach der 4 Lichtung ein Pfad weiter nach Süden – also nach links - ab, führt bergauf durch einen Jungwald gen Südosten bis zur nächsten T-Kreuzung im Wald. Nun geht es für 200 m links nach Norden und dann wieder 400 m nach rechts bis zu einer weiteren Kreuzung. Hier wieder gen Norden (links) und bei der nächsten T-Kreuzung gen Osten

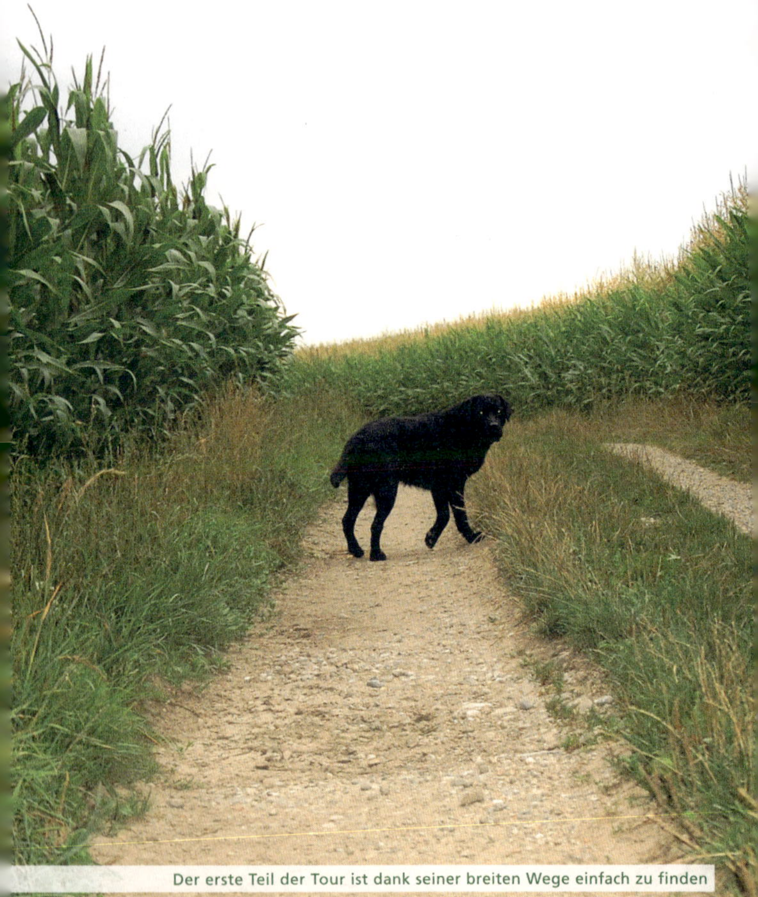

Der erste Teil der Tour ist dank seiner breiten Wege einfach zu finden

(rechts) wandern. Nach 1 km kann der Wegverlauf über einen fast **5** zugewachsenen Weg nach Osten verkürzt werden. Ansonsten geht es nun über den breiten Wanderweg weiter nach Südosten. An der nächsten Weggabelung zweimal kurz nach links und dann nach Norden Richtung Kirchseeon zurück.

Biotop und historische Stätte

Das Biotop Liplack ist ein Naturdenkmal. Je nach Jahreszeit sind hier Teichhühner mit ihren Küken zu bewundern.
Erste Siedlungen – man fand hier Hügelgräber – bei Kirchseeon gehen wohl auf die Hallstattepoche (800 bis 450 v. Chr.) zurück. Auch die Kelten waren hier zu Hause. Kirchseeon selbst wurde 842 als „Sevun" erstmals genannt. Ältester Teil der Gemeinde ist Buch aus dem Jahre 828.

Tipp

Wer sich den Orientierungslauf nicht zutraut, wandert von Buch aus auf der „Zornedinger Straße" südöstlich der Kiesgrube und biegt nach 900 m (ab Ortsausgang) nach links gen Osten ab. An der nächsten drei Weggabelungen jeweils links halten und die obige Wanderroute ist wieder erreicht.
Wer mit der S-Bahn unterwegs ist, dem bietet sich von Kirchseeon zudem eine schöne Wanderung (10 km) um den Egglburger See bis nach Ebersberg.
Der Biergarten liegt zwar nicht direkt an der Route, doch ein Abstecher lohnt: In der Schlossgaststätte Falkenberg wurde u. a. auch die Blechtrommel gedreht – www.schlossgaststaette-falkenberg.de.

Info

S4 bis Kirchseeon

Kirchseeon, Parkplatz an der S-Bahn

KOMPASS-Wanderkarte München und Umgebung WK 184, Karte 2 (Ost), 1:50000, Kompass Verlag

Brückenwirt
An der Brücke 4
85614 Kirchseeon
Tel.: 08091-9234
www.brueckenwirt-kirchseeon.de
Mo. Ruhetag

Hotel Seeluna
Am Priel 3
85560 Ebersberg
Tel.: 08092-8285
www.hotel-seeluna.de
ÜN Hund: 8 Euro/Nacht

Ferienwohnung Ebersberg
Laufinger Allee 16
85560 Ebersberg
Tel.: 08092-861238
www.fewo-ebe.de
ÜN Hund: 5 Euro/Nacht

Hölzer Bräu Hotel
Sieghartstraße 1
85560 Ebersberg
Tel.: 08092-8525890
www.hoelzerbraeu.de
ÜN Hund: 6 Euro/Nacht

Landratsamt Ebersberg
Eichthalstraße 5
85560 Ebersberg
Tel.: 08092-823114
www.tourismus-ebersberg.de

Tourismus-Verein Grafing e. V.
im Ebersberger Land
Hauptstraße 31
85567 Grafing-Bahnhof
Tel.: 08092-84100
www.tourismus-verein-grafing.de

Tierarzt Dr. Wolfgang Eberle
Münchner Straße 62a
85614 Kirchseeon
Tel.: 08091-2000
www.tierarzt-kirchseeon.de

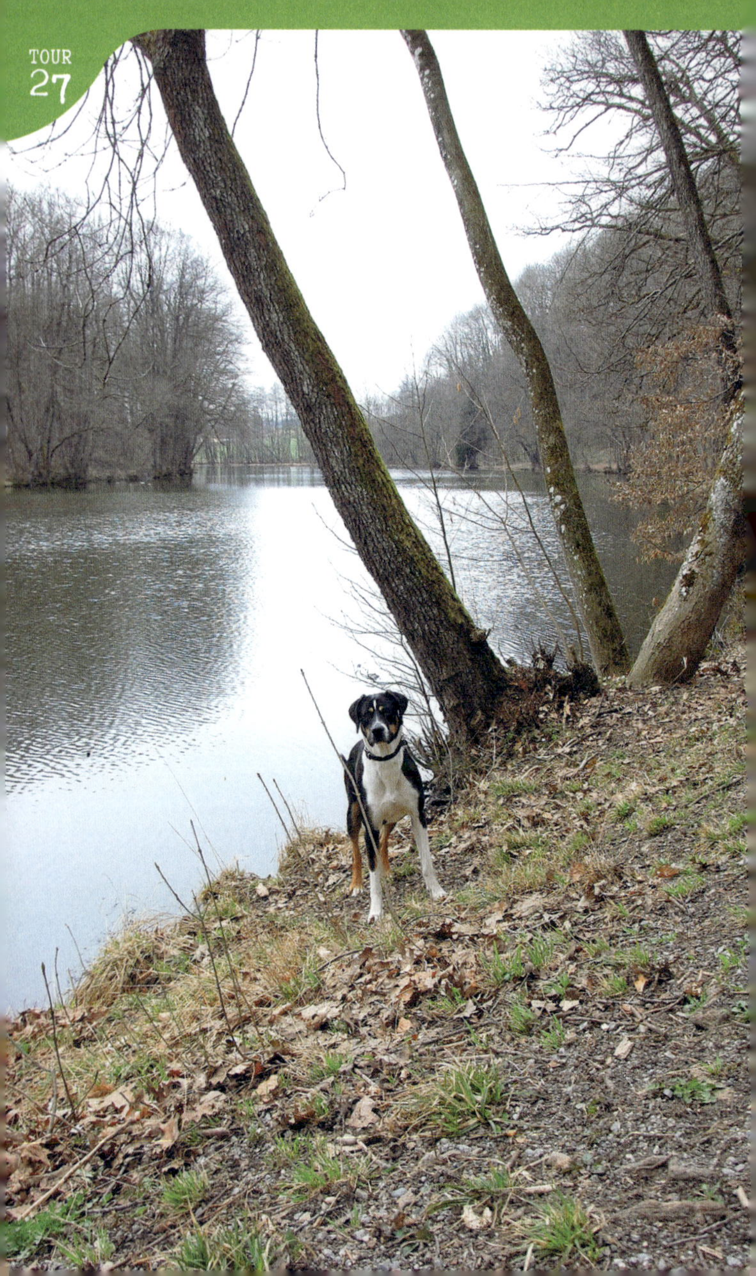

Wasser – Wald – Alpenblick

Von Weiher zu Weiher zum Anzinger Holz

Hundefreundlichkeit: Diese Tour ist schön abwechslungsreich und führt über freies Feld, durch tiefen Wald und sogar an einem Wald- und Umweltmuseum mit Außenexponaten vorbei. Wer mag, steigt noch die Treppen zum Ludwigsturm hinauf und genießt den Blick auf die Alpen. Auch geht es an einigen Weihern vorbei. Nur: hier planschen darf der Vierbeiner nicht, da sie entweder Badegewässer sind oder unter Naturschutz stehen. Nichtsdestotrotz finden sich Gelegenheiten für kurze Wasserspiele.

Tour-Info	↔ 11 km	3 Std.	618/550 m
Kategorie:	leicht – ganzjährig möglich		
Start-Ziel:	Ebersberg, S-Bahnhof		
GPS:	48°04'30.5"N 11°58'16.1"E		
Markierung:	keine Markierung		
Wegecharakteristik:	32 % Wanderweg – 26 % Weg – 25 % Nebenstraße – 11 % Bergwanderweg – 6 % Straße		

Vom Bahnhofsplatz geht es zunächst für ein kurzes Stück nach Westen und dann sofort gen Norden der Beschilderung „Familienbad Klostersee" folgend in die ! „Altstadtpassage". Dieser bis zum Ebersberger Marienplatz folgen, kurz links halten und dann rechts in die Sieghardtstraße abbiegen. Immer weiter gen Norden halten, der „Semptstraße" und dem „Richardisweg" folgen. Nach insgesamt knapp 1 km führt die Wanderung auf die „Eberhardtstraße" (ST2080) und östlich des 1 Klostersees vorbei. Die Ebrach wird überquert. Am Nordostende des Sees führt die Wanderung nun über die Straße „Am Priel" nach links gen Westen. Nun immer rechts bzw. nördlich der Seen (Klostersee, Kleiner Weiher, Langweiher, Seeweberweiher) bleiben und für ca. 1,4 km den Spazierweg nutzen. Vor dem Egglburger Weiher die Straße „Zur Gass" nach links Richtung Süden in die Ortschaft Egglsee nehmen – wer möchte macht im 2 Gasthaus

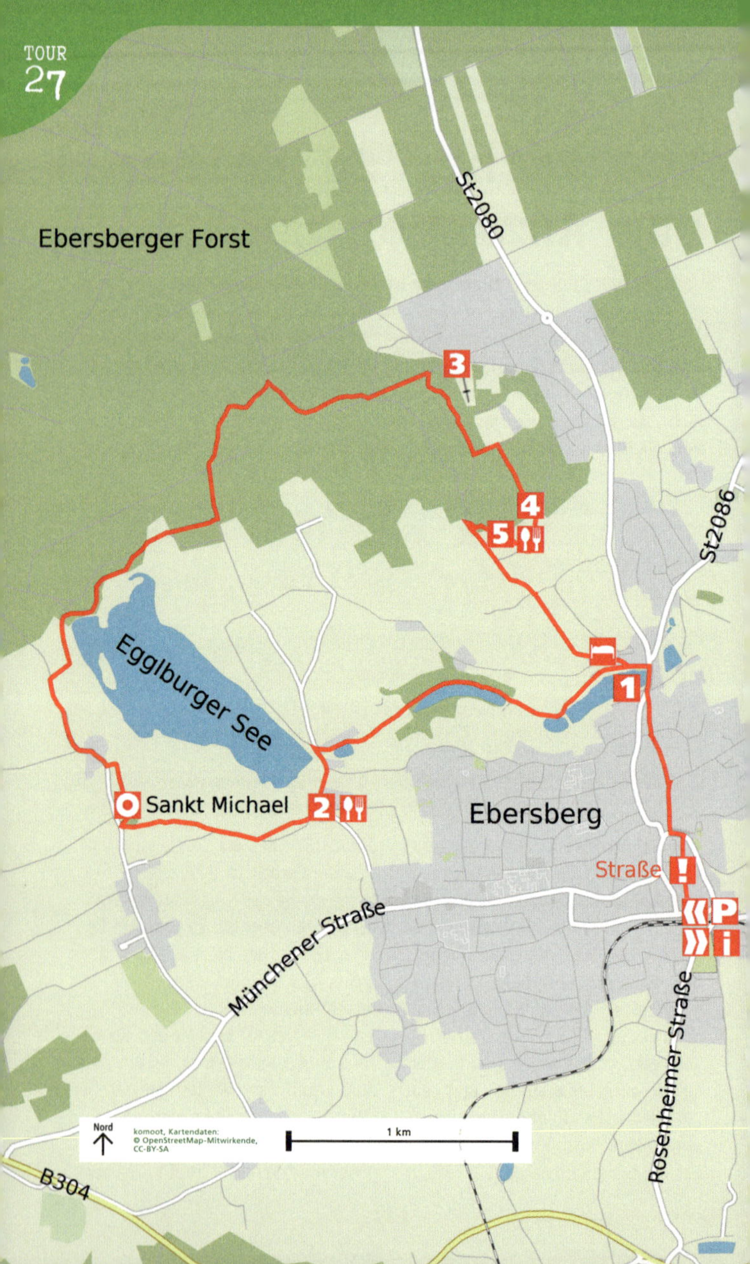
TOUR 27
Ebersberger Forst
St2080
St2086
3
4
5
Egglburger See
1
Sankt Michael
2
Ebersberg
Straße
Münchener Straße
Rosenheimer Straße
B304
Nord
komoot, Kartendaten:
© OpenStreetMap-Mitwirkende,
CC-BY-SA
1 km

„Zur Gass" die erste Rast – und hinter dem Gasthaus wieder nach rechts Richtung Westen auf den schönen Wiesenweg abbiegen. Nun geht es entlang der Felder und Wiesen immer geradeaus. Zwischendrin teilt sich der Weg, führt aber später wieder zusammen. Kurz vor der Fahrstraße „Vorderegglburg" führt der Wanderweg nach Norden zum Burgberg, an Sankt Michael vorbei und in einem Linksbogen bis nach Hinteregglburg. Nun geht es durch die Ortschaft immer gen Norden bis zur nächsten Gabelung. Hier den östlichen Weg zum Weiher nehmen. Entlang des Ufers bis zum Ende des Sees bietet sich eine schöne Bergsicht. Bei der Kreuzung den östlichen Wanderweg nach rechts nehmen. Nach knapp 400 m kommt eine größere Wegekreuzung. Hier geht es nun nochmals für ca. 400 m nach links Richtung Norden durch den Wald. An der Weggabelung den östlichen (rechten) Weg nehmen, bis nach ca. 250 m eine T-Kreuzung erreicht wird. Hier rechts halten und knapp 750 m gen Südosten bzw. Osten – alle weiteren Abzweigungen ignorierend – wandern. Kurz vor dem 3 Skilift und dem Gewerbegebiet Nord führt die Wanderung nach Süden (rechts) weiter durch den Wald Richtung Ludwigshöhe. Nach 400 m den linken Weg nehmen und gleich die nächste Abbiegung wieder nach Süden nehmen. Wer möchte, besteigt den Aussichtsturm auf der 4 Ludwigshöhe, ansonsten geht es Richtung Süden weiter Richtung Ebersberger Alm zur wohlverdienten Rast. Es lohnt sich, nun den kleinen Umweg über das 5 Museum Umwelt und Natur zu machen. Denn an den Außenexponaten kann man sein Wissen über die Natur erweitern. Dazu führt ein Wanderweg Richtung Nordwesten bis zur nächsten T-Kreuzung. Jetzt geht es nach links Richtung Südosten bis zum Klostersee und in altbekannter Weise zum Parkplatz bzw. zur S-Bahn zurück.

Aussichtsturm Ebersberg

Im Jahre 1873 wurde an diesem schönen Aussichtsplatz ein hölzerner Turm errichtet. Im Ersten Weltkrieg setzte sich ein Bürgerverein dafür ein, dass hier später ein 35 m hoher Beton-Turm

Der Egglburger Weiher steht unter Naturschutz

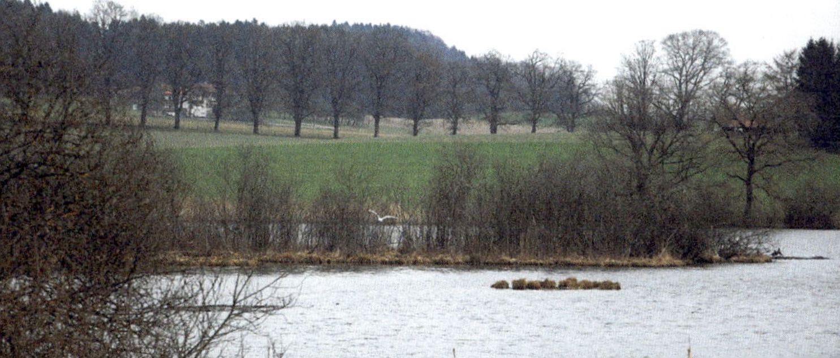

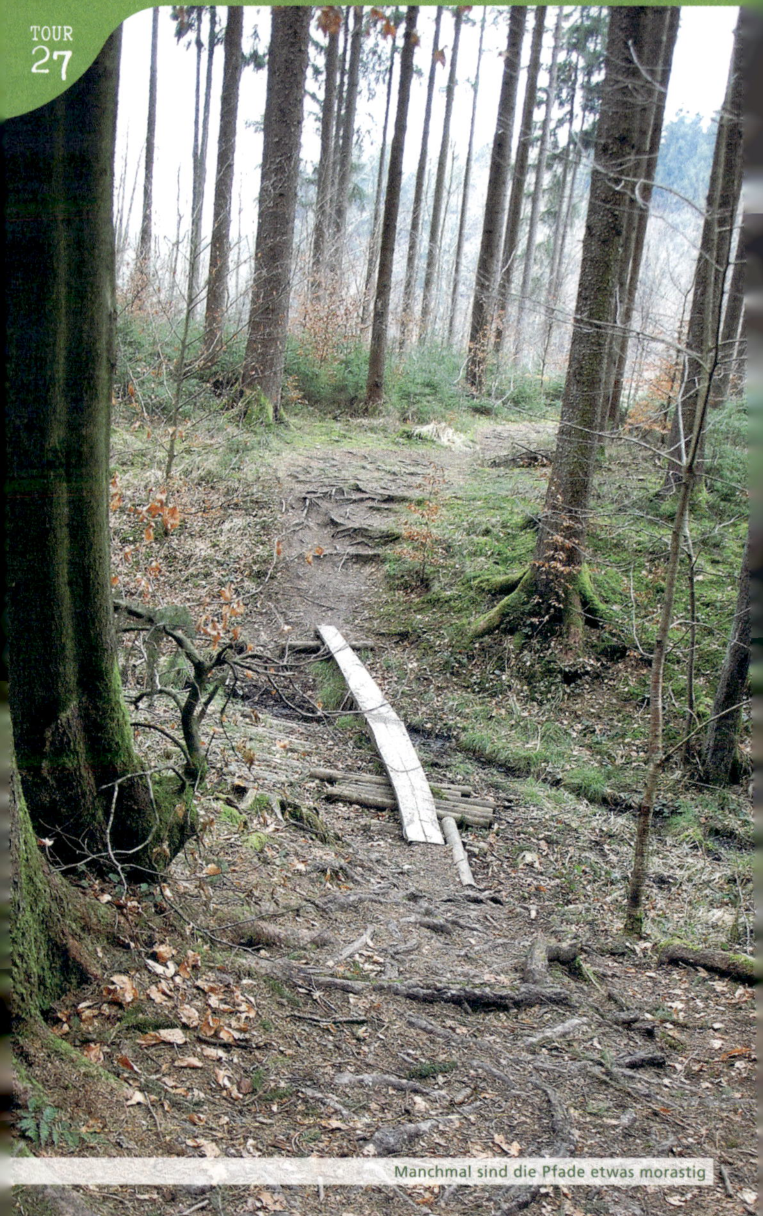

Manchmal sind die Pfade etwas morastig

gebaut wurde. Der Turm bietet einen wunderbaren Panoramablick von den Berchtesgadener Alpen bis hin zum Wettersteingebirge und bei guter Sicht sogar bis hin zu den 3000ern. Direkt unterhalb des Turmes steht das Denkmal des Romantikdichters Joseph Freiherr von Eichendorff.

Museum Wald und Umwelt

Ebenfalls auf der Ludwigshöhe liegt das Museum Wald und Umwelt mit einem interessanten Außenbereich: Hier gibt es Waldschafe, eine Wildobststation und weitere Erlebnispfade, die dazu einladen, die Umwelt spielerisch zu erkunden. Und für alle Technikfans: Sogar ein Eichpunkt für GPS-Empfänger ist vorhanden.

Egglburger Weiher

Die Ebersberger haben ihren idyllischen 33 ha großen Egglburger See sowie die dazugehörige Weiherkette Abt Altmann zu verdanken. Er ließ im 11. Jahrhundert die Ebrach zu Fischereizwecken aufstauen. Seit 1970 steht der See aufgrund der vielen Wiesenbrüter und seltener Wasservögel sowie seiner artenreichen Flora unter Naturschutz. Dementsprechend muss der Hund angeleint werden.

Tipp

Die Wanderung kann noch durch das Anzinger Holz am Antonibrunnen vorbei bis zur Einkehrmöglichkeit Forsthaus St. Hubertus verlängert werden.

Info

S4 nach Ebersberg

Ebersberg, S-Bahnstation

KOMPASS-Wanderkarte München und Umgebung WK 184, Karte 2 (Ost), 1:50000, Kompass Verlag

Gaststätte Ebersberger Alm
Ludwigshöhe 3
85560 Ebersberg
Oberbayern
Tel.: 08092-2911
www.ebersberger-alm.de
Di. Ruhetag

Gasthaus Zur Gass
Egglsee 3
85560 Ebersberg
Tel.: 08092-21558
www.zurgass.de
Mo. Ruhetag

Hotel Seeluna
Am Priel 3
85560 Ebersberg
Tel.: 08092-8285
www.hotel-seeluna.de
ÜN Hund: 8 Euro/Nacht

Ferienwohnung Ebersberg
Laufinger Allee 16
85560 Ebersberg
Tel.: 08092-861238
www.fewo-ebe.de
ÜN Hund: 5 Euro/Nacht

Landratsamt Ebersberg
Eichthalstraße 5
85560 Ebersberg
Tel.: 08092-823114
www.tourismus-ebersberg.de

Tourismus-Verein Grafing e. V.
im Ebersberger Land
Hauptstraße 31
85567 Grafing-Bahnhof
Tel.: 08092-84100
www.tourismus-verein-grafing.de

Mobile Tierarztpraxis
Sandra Klimm
Tel.: 0151-21882480

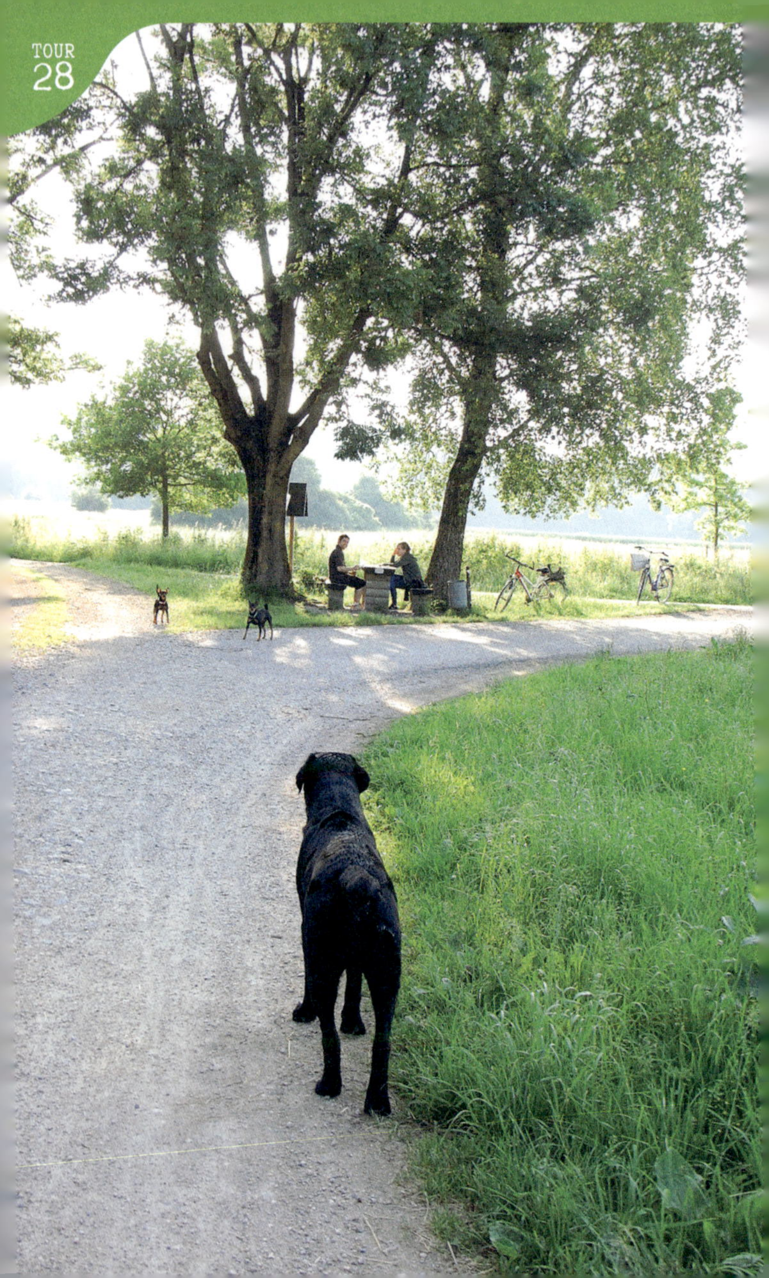

Wasser – Felder – Privatbrauerei

Zum Biergenuss nach Erding

Hundefreundlichkeit: **Diese Wanderung führt wunderschön über freie Felder und an der Sempt entlang, so kann der Hund zwischendrin freilaufen und auch immer mal wieder baden gehen. Auf dem breiten Wanderweg sind zwar immer mal wieder Radler unterwegs, doch hält sich ihr Aufkommen einigermaßen in Grenzen. Hundebesitzer dürfen sich am Ende der Runde in Erding auf einen Einkehrschwung mit einem kühlen gleichnamigen Bier freuen.**

Tour-Info	↔ 11 km	3 Std.	486/464 m
Kategorie:	leicht – ganzjährig möglich		
Start-Ziel:	St. Koloman – S-Bahn, Erding S-Bahn		
GPS:	48°14'39.5"N 11°53'01.0"E		
Markierung:	keine Markierung		
Wegecharakteristik:	67 % Weg – 17 % Nebenstraße – 8 % Straße – 8% Wanderweg		

Vom Bahnhof aus geht es etwa 700 m Richtung Osten. Der Fußweg führt zunächst rechter Hand, dann linker Hand an der ! „Moosburger Straße" (ED4) entlang. An der Abzweigung nach links Richtung Norden in den Feldweg abbiegen und diesem bis zur nächsten T-Kreuzung folgen. Hier kurz nach rechts und dann wieder nördlich weiterwandern. Bei der ersten Weggabelung rechts an der Sempt entlang laufen, bei der zweiten Weggabelung wiederum links gen Norden durch die Felder bis zur nächsten T-Kreuzung. Hier nach Westen bis zum 1 Brotzeitbankerl und dem Materl wandern. Wer möchte, macht hier eine kurze Rast. Ansonsten geht es weiter gen Norden, an der nächsten T-Kreuzung kurz nach 700 m kurz nach links und dann wieder rechts nach Norden. Der Wanderweg führt östlich an der Ortschaft Aufhausen vorbei und per 2 Brücke über den Moosgraben. Kurz darauf geht es nach rechts gen Osten Richtung 3 Pretzen. Am Ortsrand kurz nach Norden auf

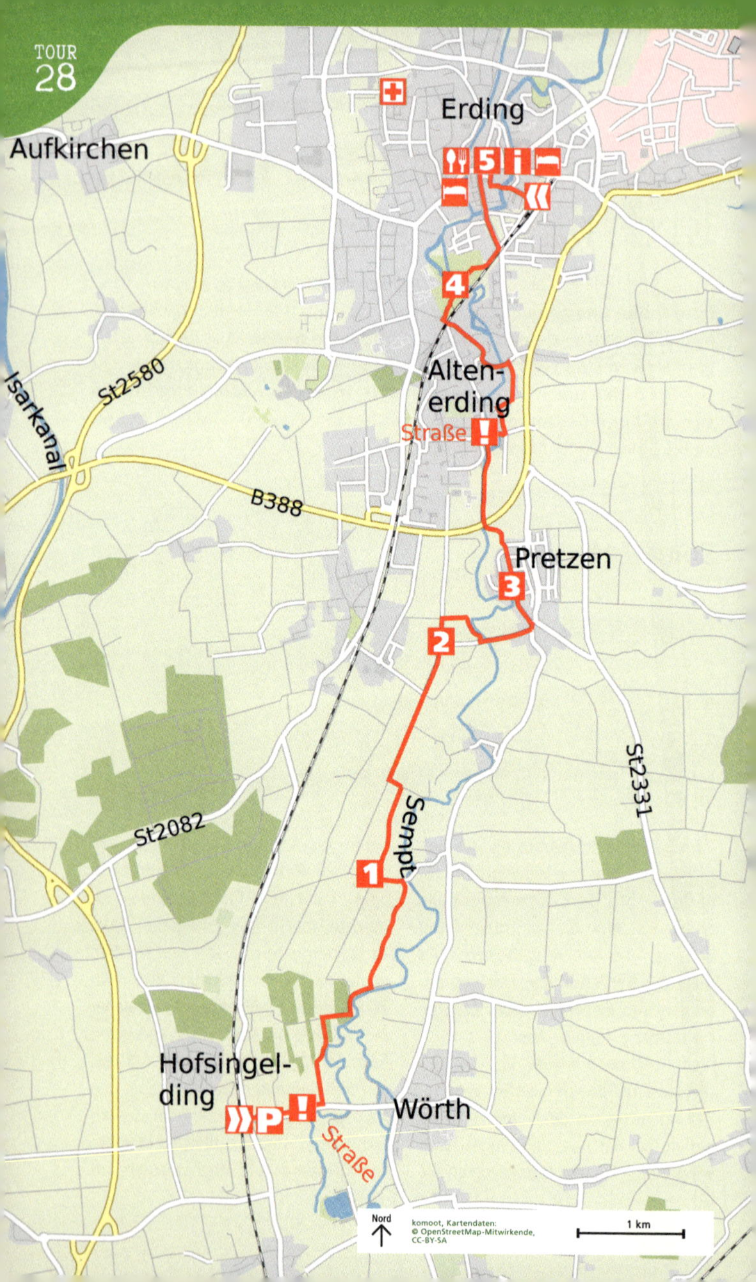

Erding
Aufkirchen
Alten-
erding
Straße
Isarkanal
St2580
B388
Pretzen
St2331
Sempt
St2082
Hofsingel-
ding
Wörth
Straße
Nord
komoot, Kartendaten:
© OpenStreetMap-Mitwirkende,
CC-BY-SA
1 km

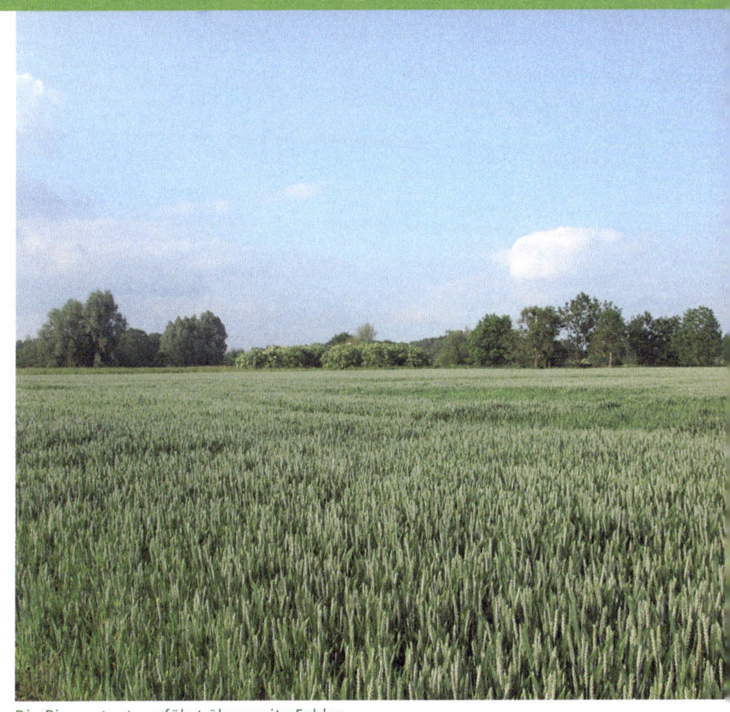

Die Biergartentour führt über weite Felder

die „Singldinger Straße" und bei der nächsten Möglichkeit nach links in die „Tannenstraße" abbiegen. Dieser bis zur „Nußbaumstraße" folgen und dann in einem Links-Rechts-Links-Schwenker Richtung B388 wandern. Hier führt eine Unterführung auf die andere Straßenseite. Nun geht es immer an der Sempt entlang Richtung Norden. Der Weg führt am Sepp-Brenninger-Stadion sowie diversen Tennisplätzen vorbei und erreicht kurz nach dem Brackwasser-Kanal die nächste T-Kreuzung. Jetzt ist wieder Großstadtlärm angesagt: Der Straße ! „Am Altwasser" nach rechts Richtung Osten folgen und nach ca. 140 m in den „Pretzener Weg" links Richtung Norden abbiegen. Nach 200 m biegt die Wanderung nach rechts in die „Petersbergstraße" ab und folgt bei der nächsten Abzweigung der „Austraße" nach Norden. An deren Ende führt die Wanderung nun nach links Richtung Osten über die „Ardeostraße" und dann nach rechts in den „Hofmarkplatz" bzw. verlängerte „Parkstraße". Dieser bis kurz nach der Bahnüberquerung folgen. Dahinter geht es über einen Treppenweg in den 4 Stadtpark von Erding. Hier immer gen Nordwesten wandern und dabei die Sempt überqueren. Südöstlich des

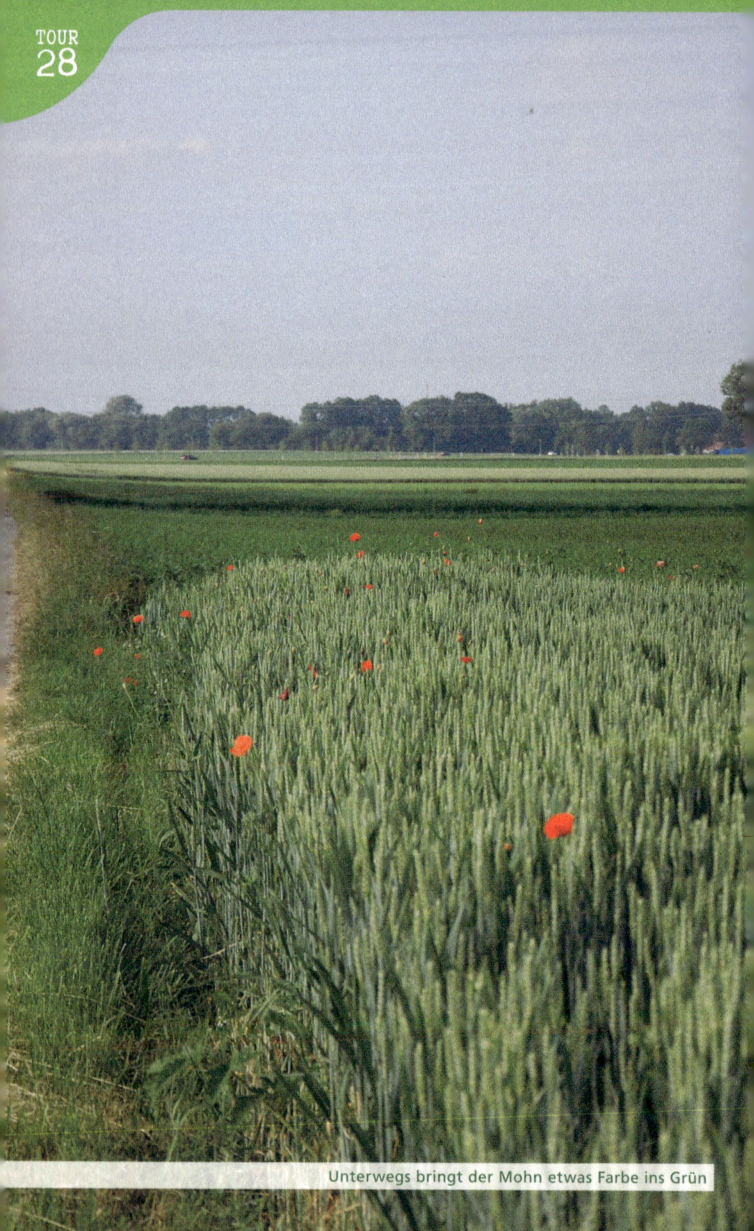

Unterwegs bringt der Mohn etwas Farbe ins Grün

Seniorenzentrums und parallel zu den Bahngleisen bis zur „Haager Straße“ wandern. Dieser nach links weiter folgen, nochmals die Sempt queren und weiter nach Norden Richtung „Schrannenplatz“ laufen. Nach einer kleinen Tour durch die schöne Altstadt von Erding ist der Einkehrschwung in einer der örtlichen Gaststätten am 5 Schrannenplatz wohlverdient. Zur S-Bahn geht's nach Süden über die „Zollnerstraße“ bis zum Grünen Markt. Hier weiter Richtung Osten am Kriegerdenkmal vorbei, nochmals über die Sempt und dann über die „Geheimrat-Irl-Straße“ bis zum Bahnhof.

Erdinger Moos

Mittlerweile ist das Erdinger Moos durch den Flughafen bekannt, doch es bietet tatsächlich auch wunderschöne Wanderwege abseits des Fluglärms. Das Moos entstand vor etwa 15.000 Jahren als Fortsetzung der Münchener Schotterebene. Nach Torfabbau und Entwässerungsmaßnahmen Ende des 19. Jahrhunderts wurde es sukzessive urbanisiert. Derzeit hat es eine Fläche von 255 km². Wie es nach dem Bau der umstrittenen dritten Startbahn sein wird, ist noch offen.

Tipp

Wer die Tour noch etwas verlängern möchte, wandert rund um den Kronthaler Weiher über Langengeisling zur S-Bahn zurück.

Info

S2 nach Erding

St. Koloman, S-Bahnparkplatz

KOMPASS-Wanderkarte München und Umgebung WK 184, Karte 2 (Ost), 1:50000, Kompass Verlag

Gaststätte zum Erdinger Weissbräu
Lange Zeile 1-3
85435 Erding
Tel.: 08122-880010

Café Zeitlos
Heilig Geist Hof 2
85435 Erding
Tel.: 08122-909797
www.zeitlos-erding.de
Täglich geöffnet

Hotel und Gaststätte zum Erdinger Weissbräu
Lange Zeile 1-3
85435 Erding
Tel.: 08122-880010
www.hotel-erdinger-weiss-braeu.de
ÜN Hund: einmalig 25 Euro

City Pension Erding
Dorfener Straße 10
85435 Erding
Tel.: 08122-1874070
Fax: 08122-1874071
www.city-pension-erding.de
ÜN Hund: 5 Euro/Nacht

Tourismusregion Erding e. V.
Landshuter Straße 12
85435 Erding
Tel.: 08122-558488
www.erding-tourist.de

Tierärztliche Praxis
Dr. Blaschke
Ottostraße 5-7
85435 Erding
Tel.: 08122-92010
www.blaschke-erding.de

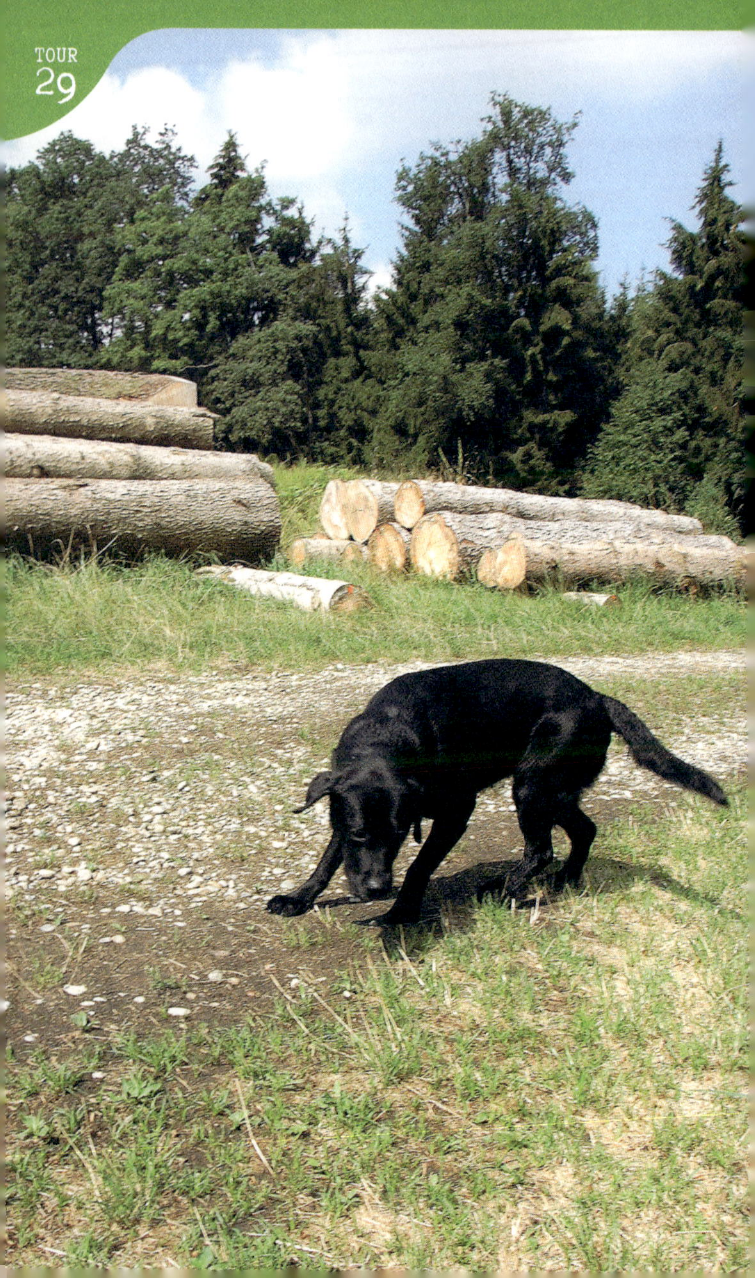

Wald und Keltenschanze – Wiesen und Felder – bayerische Landidylle

Orientierungstour in Walpertskirchen

Hundefreundlichkeit: **Auf dieser Tour gibt es viel zu schnuppern, denn in der abgelegenen Gegend bei Walpertskirchen scheinen sich Fuchs und Hase Gute Nacht zu sagen. Gerade im letzten Wegteil durch den Wald ist die gute Nase des Vierbeiners gefragt, denn hier geht es fast weglos bis zur versteckt liegenden Keltenschanze. Eine schöne Wanderung durch bayerische Landidylle, um die Hektik der Großstadt zu vergessen.**

Tour-Info	↔ 15 km	4 Std.	529/470 m
Kategorie:	mittelschwer – ganzjährig möglich		
Start-Ziel:	Walpertskirchen, Bahnhof		
GPS:	48°15'40.6"N 11°58'13.8"E		
Markierung:	keine Markierung		
Wegecharakteristik:	36 % Wanderweg – 32 % Straße – 18 % Nebenstraße – 13 % Weg		

Vom Bahnhof Walpertskirchen geht es zunächst gen Südwesten über die „Bahnhofstraße" hinunter Richtung „Hauptstraße". Dieser nach links in südöstlicher Richtung folgen und nach der Unterführung links einbiegen. Auf der Straße „Am Bahndamm" entlang Richtung Südosten wandern und den südöstlichen Fußweg auf die „Kirchenstraße" nehmen. Es geht am Orts-Weiher vorbei und dann nach links gen Norden zur Volksschule Walpertskirchen. Bei der Gabelung den nordöstlichen (rechten) Fußweg nehmen und an der nächsten T-Kreuzung aus dem Ort heraus weiter gen Nordosten (links) wandern. Es geht über den 1 Hammerbachgraben und von hier aus nach am Feld entlang Richtung Nordosten. An der zweiten Abzweigung nach … m rechts Richtung Südosten halten und zwischen dem kleinen Bach und Feld entlang bis zur nächsten wenig genutzten Fahrstraße. Diese queren, kurz nach links gen Norden, um dann gleich wieder

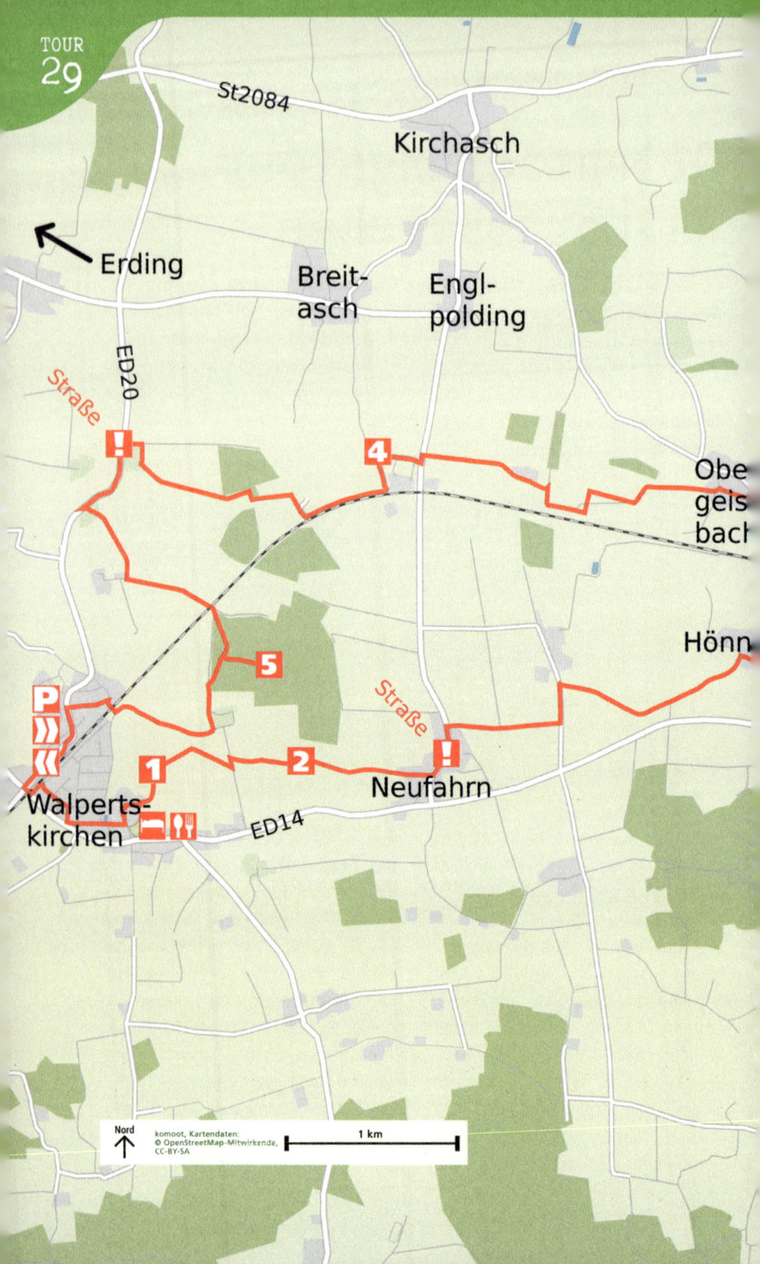

TOUR
29
St2084
Kirchasch
Erding
Breit-
asch
Engl-
polding
ED20
Straße
4
Obe
geis
bach
5
Hönn
Straße
1
2
Neufahrn
Walperts-
kirchen
ED14
Nord
komoot, Kartendaten:
© OpenStreetMap-Mitwirkende,
CC-BY-SA
1 km

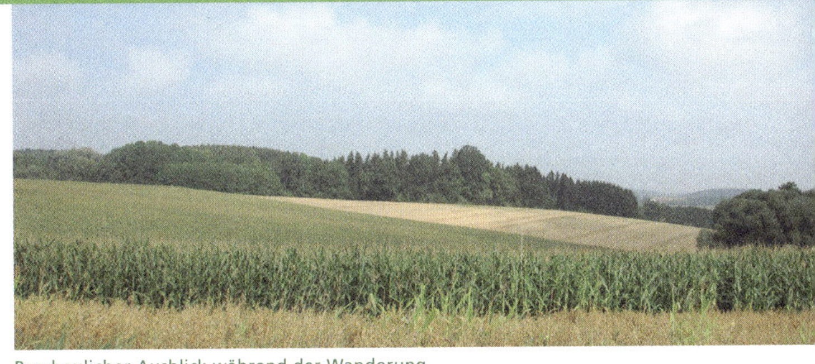

Beschaulicher Ausblick während der Wanderung

nach Osten an den Feldern einzubiegen. Der Weg führt südlich des Bachgrabens zum 2 Fischweiher, an der eine schattige Bank zur ersten Rast einlädt. Dann geht es weiter nach Osten bis zur Ortschaft Neufahrn. Hier nach links gen Nordosten über den ! Fahrweg hinaufwandern und nach 300 m wieder nach rechts Richtung Osten auf einen Feldweg abbiegen. An der nächsten T-Kreuzung für 200 m auf dem Fahrweg nach links Richtung Kuglern wandern. Noch vor dem Ort biegt die Wanderung erneut nach Osten auf einen Feldweg ab. In einem sanften Linksbogen geht es nun bis zur Ortschaft Höning. Hier der Straße bis zur Kreuzung nach Osten folgen. Nun geht es über eine Fahrstraße weiter leicht bergab nach Norden in den Ort Obergeiselbach. Auf dem Weg dahin werden die 3 Bahngleise der Strecke München-Mühldorf gequert. Nachdem der Geiselbach gequert ist, geht es bei nächster Möglichkeit links gen Westen. Die Fahrstraße geht bald in einen Feldweg über, der im Zickzack den Weiler Bernau erreicht. Hier führt die Wanderung auf einen wenig befahren asphaltierten Weg weiter bis zum Weiler Schwarzhölzl. Für wenige Meter verläuft die Strecke nun nach Süden an der Verbindungsstraße zwischen Englpolding und Neufahrn entlang. Bei nächster Gelegenheit sofort nach rechts Richtung Westen abbiegen und nach knapp 100 m über den 4 Kinzlbach gleich wieder nach links Richtung Süden wandern. An der T-Kreuzung westlich (rechts) halten und zunächst den Schienen folgen. Dann führt die Wanderung in einer Rechtskurve Richtung Wald. Am Waldsaum geht es nun nach links gen Westen weiter über freies Feld bis nach Windshub. An der T-Kreuzung der ! Fahrstraße (ED20) entlang für 300 m nach Südwesten Operding folgen. Hier durch den Hof nach links und dann Richtung Südosten auf den Feldweg abbiegen. Bei der nächsten T-Kreuzung am Weiler Schwabersberg geht es weiter nach links gen Osten über die ! Schienen und in den Wald nach rechts hinein. Nun ist Pfadfindergeschick gefragt, denn die Wege sind nicht mehr richtig zu erkennen, da sie langsam zuwachsen. Die 5 Keltenschanze liegt unwegsam ziemlich in der Mitte des Waldes (von hier aus nach Südosten).

Unterwegs geht es immer mal wieder durch kleine Ortschaften und Weiler

Ansonsten lieber am westlichen Waldsaum halten. Bald ist wieder ein Forstweg zu erkennen, der gen Süden auf die nächste T-Kreuzung trifft. Hier geht es Richtung Walpertskirchen nach rechts gen Westen, unter den Schienen durch und dann links in die Straße „Am Hof". Am Ende der Straße nach links in „Bahnhofstraße" abbiegen und zurück zum Bahnhof laufen.

Walpertskirchen

Walpertskirchen wurde 749 erstmals urkundlich erwähnt. Bis vor 100 Jahren war die Gemeinde noch landwirtschaftlich geprägt und mit 600 Einwohnern eher klein. Mittlerweile haben sich hier an die 2000 Einwohner angesiedelt. Der kleine Ort war tatsächlich früher einmal ein als „Station II. Classe" klassifizierter Bahnhof für den Orient-Express, der hier 14 Jahre lang auf seinem Weg von Paris nach Wien die Strecke München-Mühldorf passierte.

Nordöstlich von Walpertskirchen ist – zwar versteckt im Wald – die recht gut erhaltene Keltenschanze zu finden. Auf der Süd- und Westseite sind die Erhöhungen noch deutlich zu erkennen. Die Ostecken sind mittlerweile ziemlich zugewachsen.

Tipp

Das Gemeindegebiet rund um Walpertskirchen verfügt über ein ausgedehntes Wanderwegenetz, das geografisch gesehen zwischen dem Erdinger Moos und dem Tertiären Hügelland liegt. Die Wanderungen führen an Spuren von Römern, Kelten und der Bronzezeit entlang. Erholungssuchende freuen sich zudem über die Ruhe im Hammerbachtal und entlang der Strogen.
Im ehemaligen Klostergarten von Walpertskirchen befinden sich Skulpturen des ortsansässigen Künstlers Erich Heuschneider. Neben dem Wanderweg am Neufahrner Weiher ist ein Kunstwerk des Erdinger Künstlers Konrad Fritz zu bewundern.

Info

H	RB München Mühldorf
P	Walpertskirchen, Bahnhof
Karte	KOMPASS-Wanderkarte München und Umgebung WK 184, Karte 2 (Ost), 1:50000, Kompass Verlag
Gastronomie	Richard Büchlmann Hauptstraße 13 85469 Walpertskirchen Tel.: 08122-2885
Übernachtung	Gästehaus Zehmerhof Hauptstraße 7a 85469 Walpertskirchen Tel.: 08122-959200 www.gaestehaus-zehmerhof.de ÜN Hund: 5 Euro/Nacht
i	Tourismusregion Erding e. V. Landshuter Straße 12 85435 Erding Tel.: 08122-558488 www.erding-tourist.de Gemeinde Walpertskirchen Erdinger Straße 8 A 85457 Wörth/Hörlkofen Tel.: 08122-97590 www.vg-hoerlkofen.de
+	Tierarzt Dr. Martin Mai Bahnhofstraße 3 85435 Erding Tel.: 08122-558485

einsame Wege – unberührte Landschaft – heilige Stätte

Auf Wallfahrt nach St. Christopherus

Hundefreundlichkeit: **Bei dieser schön einsamen Tour geht es angenehm über breite Waldwege, doch Radler trifft man hier selten. Genauso wie Wanderer. Deshalb kann sich der Hund schön frei bewegen. Zwischendrin laden herrliche Bergblicke zu kurzen Pausen ein. Der Ort St. Christopherus ist ein bekannter Wallfahrtsort für die Reisenden, aber auch für Tierbesitzer.**

Tour-Info	↔ 15 km	4 Std.	613/530 m
Kategorie:	leicht – ganzjährig möglich		
Start-Ziel:	Maitenbeth, Kirchplatz		
GPS:	48°08'59.4"N 12°05'35.9"E		
Markierung:	keine Markierung		
Wegecharakteristik:	48 % Weg – 25 % Straße – 21 % Wanderweg – 6 % Nebenstraße		

Vom Kirchplatz der St. Agatha Pfarrkirche in Maitenbeth gleich auf die ! „St. Christopherus Straße" und gen Südwesten wandern. Nach den Häusern führt der Weg direkt in den Mischwald des Großhaager Forstes. Die Straße nach St. Christopherus schlängelt sich immer weiter gen Südwesten. An der Gabelung links halten, bis sie den Franzosengraben überquert. An der Weggabelung rechts halten und an der nächsten Gabelung den westlicheren (rechten) Weg nehmen und den Fahrweg verlassen. Nach ca. 600 m kommt eine 1 Gabelung mit drei Wegen: Hier ist der südlichste (ganz links) die richtige Wahl. Er führt – auch nach einer Wegkreuzung – weiter nach Südwesten bis er nach etwa 1,5 km auf die ! EBE6 trifft. Diese wird gequert und dann geht's gleich weiter – für kurze Zeit weglos – auf die Straße gen Südwesten über Felder und durch den Wald Richtung Schweig. Hier geht es um den Weiler herum und nach rechts gen Südwesten in sanften Kurven den Berg hinunter und wieder hinauf Richtung St. Christopherus.

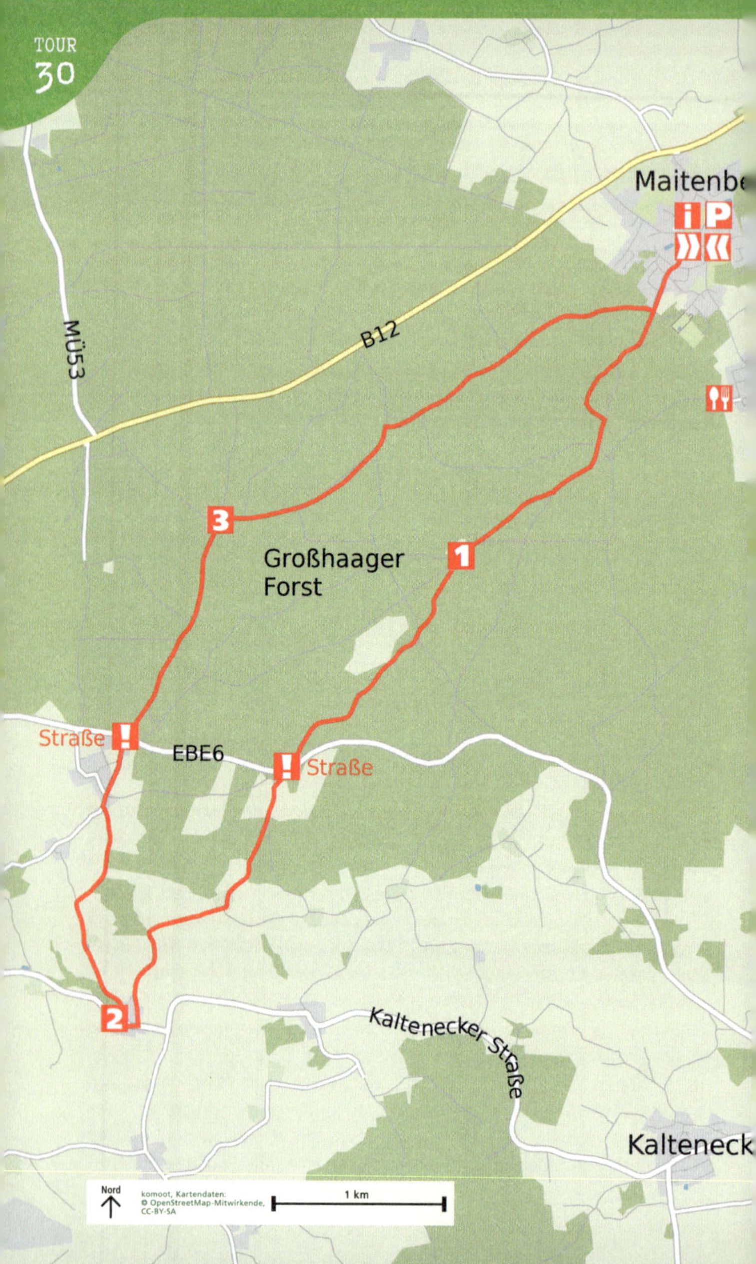

TOUR
30
Maitenbe
B12
MÜ53
3
Großhaager
Forst
1
Straße
EBE6
Straße
2
Kaltenecker Straße
Kalteneck
Nord
komoot, Kartendaten:
© OpenStreetMap-Mitwirkende,
CC-BY-SA
1 km

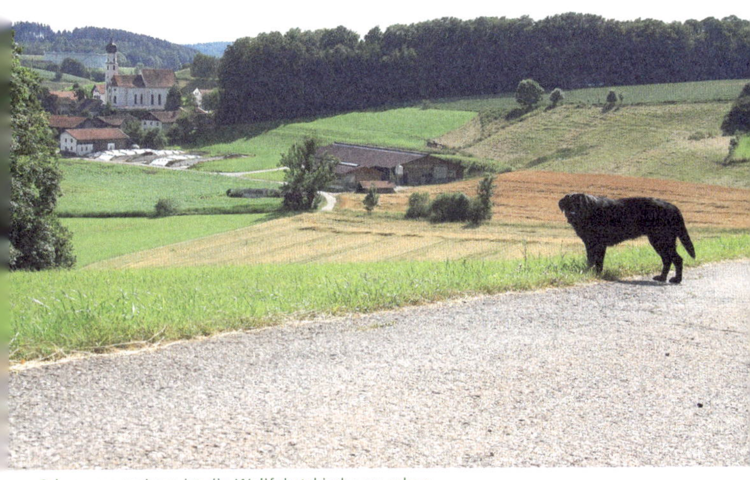

Schon von weitem ist die Wallfahrtskirche zu sehen

An der T-Kreuzung rechts halten, die Fahrstraße verlassen und in einem sanften Bogen zur **2** Wallfahrtskirche hinaufwandern. Es lohnt sich, an diesem berühmten Ort einen Blick ins Kircheninnere zu werfen. Von der Westseite der Kirche geht es kurz über die Fahrstraße nach Osten, um dann gleich die nächste Möglichkeit an alten Bauernhäusern vorbei nach links gen Norden abzubiegen. Der Weg führt nun bergauf nach Winkl bei St. Christoph. Bei der Gabelung nach dem Weiler dem Weg für 600 m nach rechts Richtung Nordosten folgen und dann östlich um den Ort Schützen wandern. Nochmals wird hier die **!** EBE6 gequert. Nun geht es wieder in den Wald hinein. Für 1,3 km führt die Wanderung nun nach Nordosten. An der **3** Kreuzung dem Schild mit dem Hinweis „Schlacht von Hohenlinden" nach Osten folgen. Alle Abzweigungen ignorierend geht es nun weiter gen Nordosten zurück nach Maitenbeth.

Wallfahrtsort St. Christopher

Im Jahre 1315 wurde der Ort Christoff das erste Mal urkundlich erwähnt. Namensgeber des Ortes ist der heilige Christopherus, der vermutlich im 3. oder Anfang des 4. Jahrhunderts gelebt hat. Er soll das Jesuskind als schwere Last über einen Fluss getragen haben und als Märtyrer frühen Christentums gestorben sein. Christopherus gilt vor

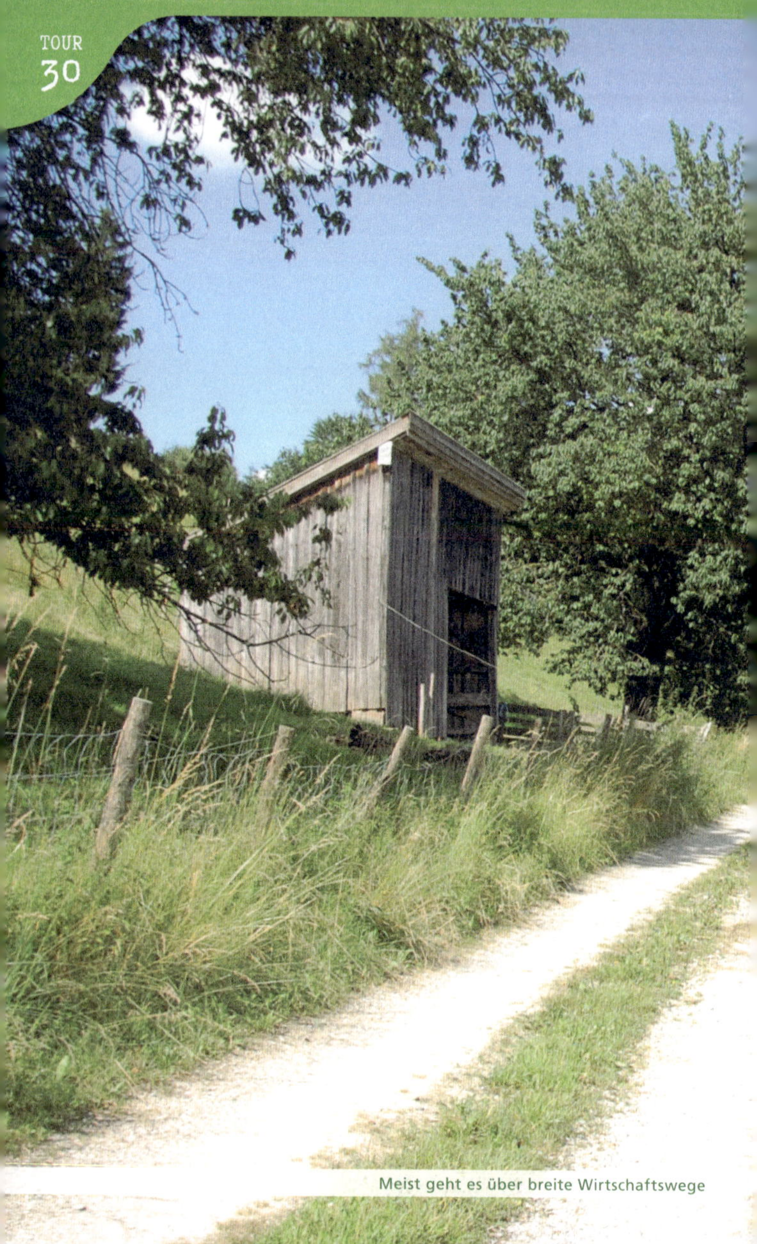

Meist geht es über breite Wirtschaftswege

allem als Schutzpatron der Reisenden. Deshalb werden auch heute noch – mit zeitgemäßen Fortbewegungsmitteln wie Motorrad, Auto, Fahrrad – Wallfahrten z. B. von München nach St. Christopherus unternommen.

Schlacht von Hohenlinden

Während der Napoleonischen Kriege fand am 3. Dezember 1800 die Schlacht von Hohenlinden zwischen Hohenlinden und Maitenbeth statt. Die bayerisch-österreichischen Alliierten erlitten dabei eine schwere Niederlage gegen die französischen Truppen. Nach dieser Niederlage sah sich Kaiser Franz II. gezwungen, am 25. Dezember 1800 den Waffenstillstand von Steyr zu unterzeichnen. Kurz darauf folgte der Frieden von Lunéville, woraufhin Österreich bis 1805 aus dem Krieg gegen Frankreich ausschied.

Tipp

Rund um Maitenbeth gibt es ein weitläufiges Netz von gut ausgebauten Waldwegen, die an Biotopen und Toteiskesseln vorbei durch den Großhaager Forst führen.

Info

kein ÖPNV

am Kirchplatz bei Maitenbeth

KOMPASS-Wanderkarte München und Umgebung WK 184, Karte 2 (Ost), 1:50000, Kompass Verlag

Martin Spagl Gaststätte
Brandstätter Straße
83558 Maitenbeth
Tel.: 08072-1556
Mo./Di. Ruhetag

Pension an der B12
Straßmaier 2
83558 Maitenbeth
Tel.: 08076-887019
www.pensionanderb12.de
ÜN: je nach Hundegröße 0 oder 5 Euro/Nacht

Wirth z´ Moosham
Isener Straße 4
83527 Kirchdorf bei Haag in Oberbayern
Tel.: 08072-95820
www.wirth-z-moosham.de

Tourismus Info
Haager Straße 5
83558 Maitenbeth
Tel.: 08076-91660
www.maitenbeth.de

Tierarzt
Dr. med. vet. Markus Christoph
Am Hang 4
83544 Albaching
Tel.: 08076-9246

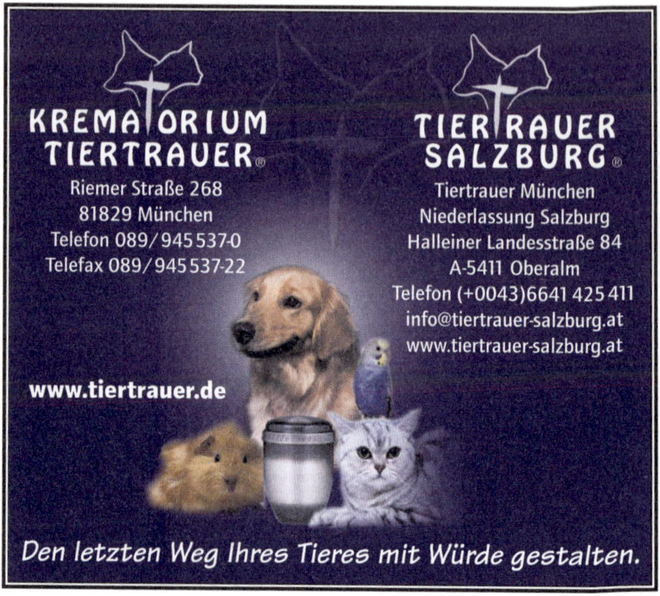

Werbung

Impressum

Bibliografische Informationen der Deutschen Nationalbibliothek
Die Deutsche Nationalbibliothek verzeichnet diese Publikation in der Deutschen Nationalbibliografie; detaillierte bibliografische Daten sind im Internet über http://dnb.d-nb.de abrufbar.

ISBN: 978-3-95693-027-0

Grafisches Gesamtkonzept,
Titelgestaltung, Satz und Layout:
Stefan Berndt – www.fototypo.de

Illustration: Leandro Alzate
(www.leandroalzate.com)

Trotz intensiver Recherchen können sich Telefonnummern etc. und Details, selbst Wege verändern. Wir freuen uns deshalb, wenn Sie uns Verbesserungsvorschläge schicken. Alle Angaben sind ohne Gewähr.

Abbildungsnachweis

alle Abbildungen:
Almut Otto

außer:
S. 7: Sonja Herpich
S. 15, 16: Petra Albrecht

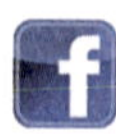

Finde uns auf Facebook unter www.facebook.com/fredundotto